ARCHITECTS'

C000214170

LOS VIAJES DE LOS ARQUITECTOS

ARCHITECTS' JOURNEYS

LOS VIAJES DE LOS ARQUITECTOS

GSAPP BOOKS

BUILDING
TRAVELING
THINKING

CONSTRUIR
VIAJAR
PENSAR

T6) EDICIONES

SPECTRA: ARCHITECTURE IN TRANSIT

RUBÉN A. ALCOLEA
& JORGE TÁRRAGO

ESPECTROS: ARQUITECTURAS EN TRÁNSITO

JOURNEYS ARE NOT always one-way streets that architects travel toward a distant or dreamed-of reality. It is also possible for those distant, seemingly static places and times to physically move toward viewers. During this passage, architecture is often filtered, taking on the category of an ideal or an icon. These secondary *realities* become something perhaps even more real and true than what is tangible. It may even make the first type of journey no longer necessary in the normal sense of the word.

This travel of a building toward its viewers can be seen in the case Richard J. Neutra's trip around the world in 1930. During the spring of that year, he started off on his journey with the objective of making his works known. He embarked in California, crossed the Pacific, and made a stop in Japan to exhibit his work in Tokyo, Kyoto, and Osaka. Upon reaching Europe, he continued to give lectures in several cities such as Amsterdam and Basel, effectively propagating his work. All of these lectures were very similar, placing special emphasis—one could say somewhat disproportionate emphasis—on presenting his most important work at the time: the Lovell Health House. If we imagine that nothing particularly different happened

LOS VIAJES NO son siempre un mecanismo unidireccional en los que el arquitecto se desplaza hacia una realidad lejana o soñada. También es posible que aquellos lugares y momentos, estáticos, se desplacen "físicamente" hacia el espectador. A menudo, en ese tránsito, la arquitectura se filtra e idealiza, asumiendo la categoría de ideal o icono. Esas realidades se convierten en algo quizá más real y cierto que lo tangible, haciendo incluso innecesario el viaje en el sentido común del término.

Ese fue, por ejemplo, el caso del viaje que Richard J. Neutra emprendió por todo el mundo a lo largo de 1930. El objetivo del arquitecto era dar a conocer su obra, por lo que durante la primavera de ese año emprendió el viaje hacia Europa. Para ello, se embarcó en California y atravesó el Pacífico, haciendo escala en Japón. Allí pudo exponer su *Lovell Health House* en Tokio, Kioto y Osaka, y ya en Europa, siguió impartiendo conferencias por varias ciudades, como Amsterdam o Basilea, llevando a cabo una eficaz tarea de difusión de su obra. De hecho, todas las charlas de Neutra tuvieron un contenido muy similar, haciendo un hincapié especial, podría decirse que algo desmesurado, en la presentación de la que era su única obra de relevancia: la *Lovell Health House*. Basta decir que la

in the rest of the cities, Frank Lloyd Wright's acerbic description of
Neutra's lecture in Amsterdam may be taken as representative: "Widjeveld
[sic] invited him to give a conference in Amsterdam, and Neutra bored
the audience with seventy-six images, of which sixty-five were of his
Health House."[1] (1)

Besides their anecdotal value, Neutra's lectures acted as authentic
immersions into the house. In thorough and exhausting descriptions
of the property, listeners almost physically participated in the work
through a virtual trip from Kyoto or Basel to the house's location at 4616
Dundee Drive in Los Angeles. As a result of his talks, Neutra transferred
the house, making small pieces of it reach the most distant places on
the planet.

1 Richard J. Neutra during a talk explaning his work

1 Richard J. Neutra durante una charla explicando su trabajo

conferencia impartida en Amsterdam -y es de esperar que no sucediera
nada especialmente distinto en el resto de ciudades- fue descrita con
esta elocuencia por Frank Lloyd Wright: "Widjeveld [sic] le invitó a dar
una conferencia en Amsterdam, y Neutra aburrió a la audiencia con 76
imágenes, de las que 65 eran de su *Health House*."[1] (1)

Al margen de lo anecdótico, las conferencias de Neutra actuaban
como una auténtica inmersión en la casa. Por medio de la descripción
exhaustiva, casi extenuante, de la vivienda, los oyentes podían participar casi
físicamente de la obra, en una suerte de viaje virtual desde Kioto o Basilea
hasta el 4616 Dundee Drive en Los Angeles, donde reposa la vivienda.
Por medio de sus charlas, el propio Neutra trasladaba la vivienda, haciendo
llegar pequeños pedazos de la casa a los lugares más distantes del planeta.

Throughout the history of modern and contemporary architecture, architects have constantly traveled and exhibited their work, converting its mediatization into an inseparable part of their own existence as myths and icons. As a result of these methodical descriptions, work travels toward listeners, replacing their need to travel toward the work. However this does not merely apply to description, but to a comprehensive and almost overwhelming method through which the recounting of a work by its author could be understood as a new practical application. Adapted to modern times, the mediatization or performance of the theory of spectra, through which *pieces* of the work retained at each presentation are a residue of the work's travel toward the listeners. (2)

Originally attributed by the photographer Nadar to Honoré de Balzac and widely disseminated in the middle of the nineteenth century, this odd

2 Le Corbusier sketching during a conference

2 Le Corbusier dibujando durante una conferencia

La exposición de la propia obra por parte de los arquitectos ha sido una constante a lo largo de la historia de la arquitectura contemporánea, convirtiendo la mediatización de las obras en parte indisociable de su propia existencia como mito o icono. Es mediante estas descripciones, metódicas y exhaustivas, que las obras se desplazan hacia los oyentes, sustituyendo el tránsito del espectador hacia la obra. Sin embargo, no se trata simplemente de una mera descripción, sino que el método exhaustivo y casi extenuante con el que se narran las obras por parte de sus autores podría entenderse como una nueva aplicación práctica, adaptada a nuestra época –la de la mediatización o espectáculo– de la tan conocida y famosa teoría de los espectros, por la que habría "pedazos" de obra retenidos en cada una de esas charlas, haciendo efectivo el tránsito de la obra hacia los oyentes. (2)

theory held that objects, including human beings, are formed from an infinite succession of spectra, or onion-skin-like layers, the outermost of which is removed when photography captures the sitter's image on paper. Thus the photographic image became an inseparable part of this reality; in the absence of the object itself, the photograph could *truly and physically* replace the original. As Rosalind Krauss has argued, the photographic image was "not only considered an effigy, a fetish, or a film that had been detached from the surface of a material object and deposited in another place. It was that this material object had become *intelligible*. Thus the imprint was located at the strange crossroads between science and spiritualism. It seemed to participate in the same way, both absolutely and materially, as the positivists touted, in the order of the pure intelligibility of metaphysics."[2] (3)

3 Fading Away, Henry Peach Robinson, 1858

3 Fading Away, Henry Peach Robinson, 1858

Esta curiosa teoría, atribuida originalmente por el fotógrafo Nadar a Honoré de Balzac y ampliamente difundida a mediados del s. XIX, defendía que los objetos, incluidos seres humanos, estaban formados por una sucesión infinita de "capas" o "espectros", a modo de piel de cebolla, y que la cámara fotográfica arrancaba la más superficial de todas ellas para capturarla en el papel. La imagen fotográfica se convertía, por tanto, en parte indisociable de esa realidad, hasta el punto que, en ausencia del objeto fotografiado, la fotografía sustituía "real y físicamente" al original. Como apunta Rosalind Krauss, la imagen fotográfica "no sólo era considerada como una efigie, un fetiche, una película que hubiese sido despegada de la superficie de un objeto material y depositada en otro lugar. Era ese objeto material que se había vuelto *inteligible*. La huella se situaba así en la extraña encrucijada de la ciencia y del espiritismo,

The first photographer-travelers captured and trapped small particles of reality—already-lost loved ones or distant and exotic architectures—imprisoning them on paper to be displayed later to guests in bourgeois salons. Like these photographers, architects in today's new media–based society confine small samples of their works in each of their public appearances, converting their lectures into authentic architectural biopsies. If our dearly deceased can regain life in this latest frozen spectrum by means of photographic paper or, like the Taj Majal or the Egyptian pyramids, really exist in valuable photo albums, modern architecture exists as a captive, though it is no less real, in its images and myths, breaking apart like a diffuse body whose whole cannot be recognized without each of its parts. (4)

4 Athens Acropolis, William James Stillman, c. 1868

4 La Acrópolis de Atenas, William James Stillman, c. 1868

y parecía participar del mismo modo, tanto de lo absoluto de la materia, como pregonaban los positivistas, como del orden de la pura inteligibilidad de los metafísicos."² (3)

Al igual que los primeros viajeros fotógrafos capturaban y encerraban pequeñas muestras de la realidad, seres queridos ya perdidos o arquitecturas lejanas y exóticas, encarcelándolas en el papel para poder mostrarlos a sus invitados en sus salones burgueses, los arquitectos encierran ahora, en una nueva sociedad mediática, más universal, pequeñas muestras de sus obras en cada una de sus intervenciones públicas, convirtiendo así sus conferencias en auténticas biopsias arquitectónicas. Si entonces los seres perdidos, por medio del papel fotográfico cobraban de nuevo vida en ese último "espectro" congelado, o del mismo modo el Taj Majal o las pirámides de Egipto existían

If the photographic image assumed the category of a manifest icon during the modern movement, embodying its own autonomy with respect to the represented object, now it is contemporary, global, and instantaneous society that allows reality to be recreated in each of our homes. It is no longer necessary to have seen the reality itself—not even through public events at which the author narrates the personal history of his works. These filtered and nuanced trips have has today become personal and intimate shows, allowing audiences to participate in private and almost secret travels through the new media. (5)

This is the case with the notorious house that the Office of Metropolitan Architecture built in 1998 for a physically handicapped man in Bordeaux. As seen in the film *Koolhaas Houselife*, the house has been brought to a worldwide audience through interlinked video sequences. Yet unlike Neutra's lectures, *Koolhaas Houselife* is not so much an attempt to exhaustively describe the house down to its last details. Instead, it views views the architectural icon through largely unseen daily rituals and intimacies.[3] As Rem Koolhaas states, "It's not flattering, it's realistic!"[4] (6)

"realmente" en valiosos álbumes fotográficos, la arquitectura moderna existe prisionera, y no menos real, en sus imágenes y mitos, despedazándose como un cuerpo difuso del que ya no es posible reconocer el todo sin cada una de sus partes. (4)

Si la imagen fotográfica asumió durante el movimiento moderno la categoría de icono manifiesto, incorporando autonomía propia respecto al objeto representado, ahora es la sociedad contemporánea, global e instantánea, la que permite recrear la realidad en cada uno de nuestros hogares, no siendo ya necesario conocer la realidad en sí misma, ni siquiera por medio de actos públicos en los que el autor narra la historia personal de su obra: ese viaje, filtrado y matizado se convierte ahora en un espectáculo personal e íntimo, permitiendo al espectador, mediante nuevos soportes, esos tránsito privados y casi secretos. (5)

Ese es el caso de la célebre casa construida por OMA en 1998 en Bordeaux para un discapacitado físico. Su autor, Rem Koolhaas, en su cinta *Houselife* y previo estreno mundial, acerca la casa al espectador por medio de distintas secuencias de video encadenadas. Sin embargo, *Houselife* y a diferencia de Neutra, no es tanto un intento de describir exhaustivamente

In the interview at the end of the film, Koolhaas registers his surprise about the working methods of Guadalupe, the woman in charge of cleaning the house, not the least after watching her carefully polish steps that are possibly never used. "Such generic cleaning to such an exceptional building... I am surprised...It seems completely insane. You see here two systems colliding: the system of the Platonic conception of cleaning with the Platonic conception of architecture." And this is precisely the main interest of *Koolhaas Houselife*: to depict an absolutely quotidian reality; to give life to a masterwork of architecture, replete with disorder. In revealing through film those incidents that are never shown, it is possible to see daily reality, and yet surpass established myths.

These are examples in which a new way of looking at architecture is presented, undoubtedly expanding its field of representation. Enlarging the field of representation offers a new and distinct perspective on images of homes and pavilions, which we used to think were familiar due to their aggregation and dissemination in specialized and general-interest publications and magazines. Strangely, in *Koolhaas Houselife* it is not the owner but the

la vivienda hasta sus últimos detalles. Más bien, como deja patente la propia sinopsis de la película, se diferencia de la mayoría de documentales sobre arquitectura en que *Houselife* no explica el edificio, su estructura o su virtuosismo, sino que busca introducir al espectador en la burbuja invisible de la intimidad diaria de uno de los iconos de la arquitectura contemporánea.[3] Como apunta el autor, "it's no flattering, it's realistic!", no son halagos a la casa o a la arquitectura, sino que es la propia realidad.[4] (6)

En la entrevista incluida al final de la cinta, el propio Koolhaas manifestaba su sorpresa por los métodos de trabajo de Guadalupe, la encargada de la limpieza, sobre todo después de verla limpiar con esmero unos escalones que quizá nunca se utilicen. "Such generic cleaning to such an exceptional building...I am surprised...seems completely insane. You see here two systems colliding: the system of the platonic conception of cleaning with the platonic conception of architecture." Y ese es precisamente el principal interés de *Koolhaas Houselife*: mostrar esa realidad absolutamente cotidiana, dar vida a una de esas obras maestras de la arquitectura, desarreglada; exhibir esos momentos que nunca se muestran, en los que es posible ver la "realidad" del día a día, una "realidad" tangible que supera y coarta quizá los mitos establecidos.

housekeeper, Guadalupe, and other secondary characters who explain the changes, the transformations, and the most familiar details about the house. This is what expands our field of representation. Through those who know its secrets and manage the house, we are shown the artifices of its

5 Film still, *Houselife*, Ila Bêka and Louise Lemoine, 2009

5 Fotograma de la película, *Houselife*, Ila Bêka y Louise Lemoine, 2009

Son ejemplos en los que se presenta un nuevo modo de mirar la arquitectura, ampliando sin duda su campo de representación. Ampliar el campo de su representación significa ofrecer una nueva y distinta perspectiva, tanto de la casa como del pabellón, que ya conocemos perfectamente por la difusión y la colección de fotografías publicadas

implementation: "Following and interacting with Guadalupe, an unusual and unpredictable viewpoint about the structure of the building opened up."[5] And the fact is that we identify with Guadalupe, as we watch the movie and attend a complete dissection of the house as it actually existed for us.

6 Film still, *Houselife*, 2009

6 Fotograma de la película, *Houselife*, 2009

en medios tanto especializados como de consumo de masas. Es curioso que en *Houselife* sea a través de Guadalupe, la guardesa y asistenta, y de otros personajes secundarios, no de su propietario, que se nos expliquen los cambios, la transformación y los detalles más domésticos de la vivienda, cómo se amplia el campo de su representación. Es a través de aquellos que

The directors of *Koolhaas Houselife,* Ila Bêka and Louise Lemoîne, explicitly propose "to give life to one of these architectural masterpieces that we can see everywhere without ever being able to see how it really is in everyday life," banishing the iconic and idealized aspect of architecture and "demonstrating its vitality, fragility, and vulnerability" by observing the "daily life, habits, and testimonies of the people who live there, using it and maintaining it."[6] Although this is true, or aims to be, while attending a screening of *Koolhaas Houselife*, we are presented with a filtered and different perspective of the house, down to its last detail, sublimated—a guided tour of the house not far from what anyone would intend to do *in vivo*. Whereas architecture once had to be laboriously carried around the world by the architect, today we are all too familiar with projects that have traveled toward us through a wide array of media. The altered sense of the object that appears in *Koolhaas Houselife*, as Sam Jacob has noted, is important precisely because it pulls the building apart from its familiar representations:

conocen sus secretos y manipulan la vivienda, de los artífices de su 'puesta en uso'." Siguiendo e interactuando con Guadalupe, se abre una mirada inusual e impredecible a la estructura del edificio".[5] Y es que Guadalupe somos todos los que visionamos la película, asistiendo a una completa disección de la vivienda: de la vivienda más real posible.

Ila Bêka y Louise Lemoîne, las directoras de Houselife, proponen explícitamente "dar vida a una de esas obras maestras de arquitectura que podemos ver en cualquier parte sin ser nunca capaces de verlas tal como "realmente" son en la vida diaria", desterrar la mirada icónica e idealizada hacia la arquitectura y "demostrar su vitalidad, fragilidad y vulnerabilidad" mediante la observación de la vida diaria, los hábitos y testimonios de la gente que habita en ellas, la usa o la mantiene".[6] Si bien esto es cierto, o pretende serlo, asistiendo a la proyección de *Houselife* se nos presenta ante nosotros, hasta el último detalle, una mirada filtrada y distinta de la casa, sublimada, una visita guiada de la casa no muy alejada de la que cualquiera pretendería 'en vivo'.

Mientras que en el pasado la arquitectura tuvo que ser transportada por el arquitecto alrededor del mundo, ahora estamos acostumbrados a

The space between architecture and media has shrunk to a point where it is hard to distinguish one from another. The power of the spectacular, fresh image has distorted the ways in which we make architecture—as exemplified by the rise of so-called iconic buildings. By prising apart buildings from their typical representations, films like *Koolhaas Houselife* destabilize architectural certainties and allow us to see things that we thought we knew in new ways. They are examples of media that recognize their role in architectural culture, but resist traditional formats and expectations in favor of less circumscribed ambition. They show un-idealized architectural scenarios beyond the rhetoric of architects or the hype of media. By evading these formulas, they demonstrate opportunities to escape from the feedback loop of architecture and media.[7]

The media used for all of these journeys or travels, whether sketchbooks, texts, photographs, or movies, attract us precisely because they come directly from the hands and visions of architect-travelers, who

viajar a muchos proyectos a través de su recepción en un amplio espectro de soportes. El sentido alterado del objeto que aparece en *Houselife*, como apunta Sam Jacob, es importante precisamente porque aparta al edificio de sus representaciones más conocidas:

El espacio entre la arquitectura y la difusión se concentra en un punto en el que es difícil diferenciar a uno de otro. La potencia y la espectacularidad de las imágenes ha distorsionado la forma en la que se hace arquitectura –como pone de manifiesto el éxito de los edificios que alcanzan la categoría de iconos. El considerar esos edificios al margen de sus representaciones más clásicas, hace que películas como *Koolhaas Houselife* hagan reconsiderar las certezas arquitectónicas y nos permitan ver de otra forma aquello que pensábamos que conocíamos bien. Estos son ejemplos mediáticos que asumen su papel en la cultura arquitectónica, y que se resisten a utilizar los formatos tradicionales para poder así plantearse con mayor ambición. Se muestran escenarios arquitectónicos no idealizados, más allá de la retórica de los arquitectos o de la cultura mediática.

bring us fragments of their own work. They are the tangible part of these filtered outlooks. We can recognize other places in them, places we no longer need to travel to because they now come to us. In some way, travelers never go alone. From Jules Verne's novels, to the smallest escapades, to the essence of the most familiar daily events and travel guides, all journeys are filtered and prepared. The perceptions of these places and spaces, both in photographs and in new visual and literary media, are transformed through their own construction, as if they were consciously thought or sought out, describing a fantastic and dreamed reality. Those pioneers, who made or thought of these trips for the very first time, established itineraries that are impossible to dodge or avoid. These objects or places are as *real* as the original because they respond to the Platonic and romantic ideals. They respond directly to the roots of modern principles—visual, formal, or spatial—exemplifying better than the original the reality that is sought, due to their freedom from physical limitations—because they are more real, if possible, than reality itself.

Evadiéndose de estas fórmulas, demuestran que es posible escapar del ciclo vicioso entre arquitectura y mediatización.[7]

El soporte de todos esos viajes o tránsitos, ya sean libretas de dibujos, textos, fotografías o películas nos atraen precisamente porque son obra de la mano y de la mirada directa de los arquitectos viajeros, que nos traen, consigo, fragmentos de sus propias obras. Son la parte tangible de esas mirada filtradas. Y en ellas podemos reconocer esos 'otros lugares', lugares a los que ya no es necesario desplazarse, porque se acercan hasta nosotros. En cierta manera, los viajeros nunca van solos. Desde las novelas de Julio Verne hasta las pequeñas escapadas hacia la esencia de la cotidianeidad más próxima, pasando por las guías de viajes, todos los trayectos se filtran y preparan. La percepción de esos lugares y espacios, tanto en fotografías como en nuevos medios visuales o literarios, se ve transformada mediante su propia construcción, y describen la realidad soñada, tal y como fue pensada o buscada.

Aquellos pioneros, que hicieron o pensaron por primera vez cada uno de esos viajes, marcaron un itinerario imposible de esquivar o rehuir. Esos objetos o lugares son tan "reales" como el original, porque responden al ideal

1   Frank Lloyd Wright to Lewis Mumford, January 1932, in Bruce Brooks Pfeiffer and Robert Wojtowicz, eds., Frank Lloyd Wright and Lewis Mumford: Thirty Years of Correspondence (New York: Princeton Architectural Press, 2001), 126.

2   Authors' translation. Rosalind Krauss, *Lo fotogràcio. Por una teoría de los desplazamientos* [Photography: Toward a Theory of Displacements] (Barcelona: Editorial Gustavo Gili, 1990), 26.

3   "Unlike most movies about architecture, this feature focuses less on explaining the building, its structure, and its virtuosity than on letting the viewer enter into the invisible bubble of the daily intimacy of an architectural icon. This experiment presents a new way of looking at architecture and broadens the field of its representation." *Koolhaas Houselife*, http://www.koolhaashouselife.com.

4   Rem Koolhaas in *Koolhaas Houselife*, MPEG video, http://www.koolhaashouselife.com.

5   Ibid.

6   Ila Bêka and Louise Lemoine, *Living Architectures*, press kit release of *Koolhaas Houselife* http://www.koolhaashouselife.com.

7   Sam Jacob, "Koolhaas Houselife" *Icon*, no. 66, (December 2008).

platónico, romántico. Responden directamente a la raíz de los principios modernos, tanto visuales como formales o espaciales, ejemplificando mejor que el original, libre ya de limitaciones físicas, la realidad buscada. Porque son más reales, si cabe, que la propia realidad.

1   Carta de Frank Lloyd Wright a Lewis Mumford, fechada en enero de 1932, en PFEIFFER, Bruce Brooks, WOJTOWICZ, Robert, Ed., Frank Lloyd Wright & Lewis Mumford. *Thirty years of correspondence*, Princeton Architectural Press, Nueva York, 2001, p. 126.

2   Rosalind Krauss, *Lo fotográfico. Por una teoría de los desplazamientos*, Editorial Gustavo Gili, Barcelona, 1990, p. 26.

3   "A diferencia de la mayoría de las películas de arquitectura, este hecho se centra menos en explicar el edificio, su estructura y su virtuosidad que en permitir al espectador entrar en la burbuja invisible de la intimidad diaria de un icono arquitectónico. Este experimento presenta una nueva manera de mirar la arquitectura y amplía el campo de su representación." *Koolhaas Houselife*, http://www.koolhaashouselife.com

4   Rem Koolhaas in *Koolhaas Houselife*, MPEG video, http://www.koolhaashouselife.com.

5   Ibid.

6   Ila Bêka & Louise Lemoine, *Living Architecture*, Press Kit Release of *Koolhaas Houselife*, www.koolhaashouselife.com.

7   Sam Jacob, "Koolhaas houselife", en *Icon*, no. 66, (December 2008).

TOWARD A
GLOBAL ARCHITECT

BEATRIZ COLOMINA

HACIA UN
ARQUITECTO GLOBAL

This American country is dimensioned for the plane. It seems to me that airline networks will become its efficient nervous system.
−Le Corbusier, *Precisions*, 1929.

Today, after more than a century of electric technology, we have extended our central nervous system itself in a global embrace, abolishing both space and time as far as our planet is concerned.
−Marshall McLuhan, *Understanding Media*, 1964.

TOWARD THE END of his life, in his last retrospective book, *L'Atelier de la recherche patiente* (*My Work*), Le Corbusier publishes a full-page map of global flight paths, probably taken from Air France—the center of the world is Paris—and writes, "The world now has 24 solar hours at its disposal. Marco Polo took his time. Nowadays we say: 'Here are your papers, Sir, your contract and your airline ticket. Leaving at six to-night, you will be in the antipodes to-morrow. You will discuss, you will sign and, if you wish, you can start back the same evening and be home next day.'"[1] (1)

Este país Americano está dimensionado para el avión. En mi opinión, las rutas aéreas se convertirán en su eficaz sistema nervioso.
−Le Corbusier, *Precisions*, 1929

Hoy, después de más de un siglo de tecnología eléctrica, hemos ampliado nuestro propio sistema nervioso central en un abrazo global, aboliendo espacio y tiempo en lo que respecta a nuestro planeta.
−Marshall McLuhan, *Understanding Media*, 1964

HACIA EL FINAL de su vida, en su último libro retrospectivo, *My Work*, (1960), Le Corbusier publica un mapa a página completa de rutas de vuelo del mundo, probablemente tomado de Air France-París es el centro del mundo- y escribe: "El mundo tiene hoy 24 horas solares a su disposición. Marco Polo se tomó su tiempo. Hoy en día decimos: "'Aquí están sus documentos, señor, su contrato y su billete de avión. Si sale esta tarde a las seis, estará en las antípodas mañana. Podrá debatir, firmar y si lo desea, puede regresar esa misma tarde y estar en casa al día siguiente.'"[1] (1)

Air travel was revolutionized in the late 1950s with the arrival of commercial jetliners. The Caravelle and the Boeing 707 introduced by Air France in 1959 cut flying time in half with the company claiming "the two best jets on the world's largest network," then covering 350,000 kilometers. But it is not just that space has collapsed with the introduction of rapid air travel; time has expanded. Le Corbusier already foresees the implications of this new condition for the architect. Practice is no longer local, and time is continuous—almost a banality today when architectural offices with outposts in several cities around the world, connected through the Internet and by video conferencing, work twenty-four hours a day. While the New York office goes to sleep, the office in Beijing, for example, picks up a project that the New York office worked on the day before. And it is not just twenty-four hours but every day of the week. As Bernard Tschumi puts it, "Now you work around the clock, seven days a week. In Abu Dhabi, for example, Sunday is not a holiday. So you travel on Saturday and work on Sunday."[2]

Le Corbusier saw this collapse of traditional space and time as nothing less than the emergence of a new kind of human. En route to India,

Los viajes en avión sufrieron una revolución a finales de los 50 con la introducción de los aviones comerciales. El Caravelle y el Boeing 707, introducidos por Air France en 1959, redujeron el tiempo de vuelo a la mitad y la compañía afirmaba poseer "los dos mejores jets en la más extensa red del mundo," que por entonces cubría 350.000 kilómetros. Pero, no es sólo que el espacio se hubiese desmoronado con la introducción de los vuelos rápidos, sino que el tiempo se había expandido. Le Corbusier predice ya las implicaciones de esta nueva situación para el arquitecto. La actividad profesional ya no es de carácter local y el tiempo es continuo, casi una banalidad hoy en día, en que estudios de arquitectura con sedes en diversas ciudades del mundo, conectadas a través de internet y por video conferencia, trabajan veinticuatro horas al día. Cuando la oficina de Nueva York se va a dormir, la oficina de Pekín, por ejemplo, se hace cargo de un proyecto en el que han trabajado el día antes en el estudio de Nueva York. Y no se trata sólo de veinticuatro horas sino de cada día de la semana. Como lo expresa Bernard Tschumi: "Hoy se trabaja veinticuatro horas al día, siete días a la semana. En Abu Dhabi, por ejemplo, el domingo no es festivo. Así que viajas el sábado y trabajas el domingo."[2]

in his favorite airplane seat, he noted, "January 5, 1960. I am settled in my seat by now acquired number 5, -alone, admirable one-man seat, total comfort. In fifty years we have become a new animal on the planet."[3]

This posthuman is an animal that flies; the airline network is its "efficient nervous system," its web covering the globe. The hyper-mobile architect is a symptom of a globalized society in which humanity will be necessarily transformed. Nearing the end of a fifty-hour set of continuous flights, Le Corbusier noted, "Nov. 30, 1955 (10pm Paris time = 6am Tokyo time). We will arrive in 2 hours. 50 hours in a plane. One could write a Condition Humaine on the basis of discovering-revealing airplane flight."[4]

Already in 1923 in his most famous book, *Vers une architecture*, he had written about the airplane itself as "a product of high selection."

1 Air France flight routes, *My Work*, Le Corbusier, 1960

1 Itinerarios de vuelos de Air France, *My Work*, Le Corbusier, 1960

Le Corbusier consideró este derrumbe del espacio y tiempo tradicionales como, nada menos que, el nacimiento de un nuevo tipo de humano. De camino a la India, en su asiento preferido en el avión, anota, "5 de enero de 1960. Estoy instalado en este asiento que ya me ha sido adjudicado, el número 5, - solo, estupendo asiento para una sola persona, comodidad absoluta. En cincuenta años nos hemos convertido en animales nuevos en el planeta."[3]

Este posthumano es un animal que vuela; las rutas de las líneas aéreas son su "eficaz sistema nervioso", su telaraña que abarca todo el planeta. El arquitecto hiper-móvil es un síntoma de una sociedad globalizada en la que la humanidad se transformará necesariamente. A punto de finalizar cincuenta horas de vuelos continuados, Le Corbusier anota, "30 de nov. de 1955 (10 pm hora de París = 6 am hora de Tokio). Llegaremos

And crossing the Atlantic in the Graf Zeppelin in 1936, he said he had discovered "a new fauna: the machines," which included the "fountain pen that you put in your pocket," as well as "the airplane that handles the overseas transports of people and letters," and which included "this Zeppelin in which I am writing this very moment. I just had a look at the enchanting interior skeleton of the air vessel. What are its laws? Precise, dramatic, rigorous: economy."[5]

The evolution of these machines stimulated an evolution in the very condition of the human. By 1960 Le Corbusier was speaking about electronics as the brain of the new posthuman: "Electronics is born, that is to say, the possibility of letting robots study and establish files, prepare discussions, propose solutions. Electronics is used to make films, to make sound recordings, television, radio, etc. Electronics will offer us a new brain of incomparable capacity."[6] The evolution of the airplane accelerated not only the speed of travel but also the speed of human transformation. The arrival of the ballistic logic of jet travel reconfigured both passenger and world:

en 2 horas. 50 horas en un avión. Podría escribirse una *Condition Humaine* basándose en el descubrimiento-revelación del vuelo en avión."[4]

Ya en 1923, en su libro más famoso, *Vers une architecture,* había escrito sobre el avión como "un producto de alta gama". Y cruzando el Atlántico en el Graf-Zeppelin en 1936, dijo que había descubierto "una nueva fauna: *las máquinas,*" que incluía la "pluma que guardas en el bolsillo", así como "el aeroplano encargado del transporte al extranjero de personas y cartas," y que incluía "este Zeppelin en el que escribo en este preciso momento. Acabo de echar una hojeada al encantador esqueleto interior de esta nave. ¿Cuáles son sus leyes? Precisas, dramáticas, rigurosas: economía."[5]

La evolución de estas máquinas estimula una evolución en la propia condición humana. Ya en 1960 Le Corbusier hablaba sobre la electrónica como el cerebro de este nuevo posthumano. "Ha nacido la electrónica, es decir, la posibilidad de permitir que los robots estudien y realicen archivos, preparen debates, propongan soluciones. La electrónica se utiliza para hacer películas, grabar sonidos, televisión, radio, etc. La electrónica nos ofrecerá un cerebro nuevo de capacidad incomparable."[6]

"The genius of the forms: The Super Constellation is beautiful: it is like a fish; it could have been like a bird...etc. But since the advent of the 'jets,' a new threshold has been crossed: it is a projectile= a perforator and not a glider."[7] (2)

2 Sketch 637, *Le Corbusier Sketchbooks*, Vol. 3, 1956

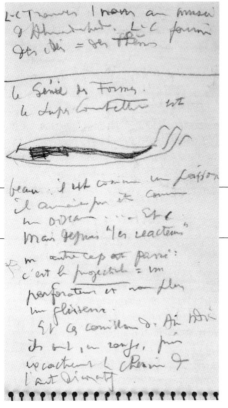

2 Boceto 637, *Le Corbusier Sketchbooks*, Vol. 3, 1956

La evolución del avión acelera no sólo la velocidad de los viajes sino también la velocidad de la transformación humana. La llegada de la lógica de la inmediatez del viaje en avión reconfigura tanto al pasajero como al mundo: "El genio de las formas: El Super Constellation es hermoso: es como un pez, podría haber sido como un pájaro... etc. Pero desde la llegada de los "jets", se ha cruzado un nuevo umbral: es un *proyectil*=un perforador y no un planeador."[7] (2)

Seat Number 5

Le Corbusier could be said to be the first global architect. In an age in which almost every architect is global, it is hard to appreciate how radical Le Corbusier's mode of operation was. As he wrote in one of his sketchbooks on the Ahmadabad-Bombay plane on November 13, 1955:

> Corbu is all over the world, traveling, his dirty raincoat in his arms, his leather satchel stuffed with business papers, with razor and toothbrush, brillantine for a few hairs, and his suit from Paris, which clothes him here in Tokyo or in Ahmadabad (without the vest).[8]

Starting in 1951, when he was hired as a consulting architect by the government of Punjab for the construction of a new capital in Chandigarh, Le Corbusier went to India a total of twenty-three times, traveling twice a year, and staying for more than a month each time. The pace was much slower than what he suggested in 1960. Required by his contract to travel Air India, a company he loved and compared very favorably to Air France, the typical

Asiento número 5

Podría decirse que Le Corbusier es el primer arquitecto global. En una época en que casi todos los arquitectos lo son, es difícil apreciar lo radical del modus operandi de Le Corbusier. Como escribió en uno de sus libros de bocetos en el avión Ahmedabad-Bombay el 13 de noviembre de 1955:

> Corbu está en todas partes, viajando, con su gabardina sucia en el brazo, su cartera de cuero repleta de documentos de trabajo, con navaja de afeitar y cepillo de dientes, brillantina para su poco pelo, su traje de París, que le viste aquí en Tokio o en Ahmedabad (sin el chaleco).[8]

Desde 1951, año en el que fue contratado como arquitecto asesor por el gobierno del Punjab para la construcción de la nueva capital en Chandigarh, Le Corbusier estuvo en India un total de veintitrés veces, viajando dos veces al año, y permaneciendo allí durante más de un mes cada vez. El ritmo era mucho más lento de lo que el sugirió en 1960. Obligado por su contrato a viajar con Air India, compañía que le encantaba y que

itinerary took him from Paris to Geneva or to Rome, then to Cairo, Bombay, and Delhi, where he traveled by car to Chandigarh and moved around by Jeep.[9]

Despite the grueling schedule, he seemed to have been deliriously happy in the air, constantly making staccato entries next to the drawings in his sketchbooks. As he wrote in 1951 on the plane to Delhi:

> Plane
> 2¼ hours Paris-Rome
> 4¼ Rome-Cairo
> 9 Cairo-Bombay
> 3¼ Bombay-Delhi
> I have been in the plane since 2 o'clock Saturday. It is Monday noon.
> I am arriving in Delhi. I have never been so relaxed and so alone,
> engrossed in the poetry of things (nature) and poetry pure and simple
> (Apollinaire's *Alcools* and Gide's *Anthologie*) and meditation.[10]

comparaba de manera muy favorable con Air France, el itinerario típico le llevaba de París a Ginebra o a Roma, después a El Cairo, Bombay y Delhi, desde donde viajaba en coche hasta Chandigarh y se movía después en jeep.[9]

A pesar de ese agotador horario, parece que fue extremadamente feliz en el aire, haciendo constantes apuntes entrecortados junto a los dibujos de sus libros de bocetos. Como escribió en 1951 en el avión a Delhi:

> Avión
> 2¼ horas París-Roma
> 4¼ Roma- El Cairo
> 9 El Cairo-Bombay
> 3¼ Bombay-Delhi
> Llevo en el avión desde las 2 del sábado. Es lunes al mediodía.
> Estoy llegando a Delhi. Nunca me he sentido tan relajado, tan solo,
> absorto en la poesía de las cosas (naturaleza) y en la poesía pura
> y simple (*Alcools* de Apollinaire y *Anthologie* de Gide) y en l
> a meditación.[10]

In the midst of monitoring every detail of the evolving mechanics of air travel (time tables, speed, cabin temperature, outside temperature, food, airports), he repeatedly became ecstatic and lyrical. The sketchbooks are an extraordinary diary of global movements and new perceptions generated by that movement. He wrote about what he was reading on the plane, which not surprisingly often included other polemical travelers. Marco Polo and Don Quixote keep reappearing. Travel became an opportunity to reflect on travel. The plane was an escape from the "cacophony" and "one-upmanship" of the world:

> 1957. Airplane 6:15pm Paris time.
> In this really atrocious, crushing life that I have been leading for so many years (these last years) these first six hours in flight have been a paradise. I am alone (with myself) free....I read, I think, they offer me some whiskey: one, then two. I am free, no one nor anything is bugging me.[11]

A la vez que controla cada detalle de la mecánica en constante evolución de los viajes en avión (horarios, velocidad, temperatura de la cabina, temperatura exterior, comida, aeropuertos) se muestra repetidas veces extasiado y lírico. Los libros de bocetos son un extraordinario diario de los movimientos por el mundo y de las nuevas percepciones que dichos movimientos generan. Escribe sobre lo que está leyendo en el avión que, como es lógico, con frecuencia incluye a otros controvertidos viajeros. Marco Polo y Don Quijote reaparecen constantemente. El viaje se convierte en una oportunidad para reflexionar sobre el viaje. El avión es un escape de la "cacofonía" y del "afán de competitividad" del mundo:

> 1957. Avión 6:15 pm hora de París.
> En esta vida atroz, apabullante que he llevado durante muchos años (estos últimos años) estas primeras seis horas de vuelo han sido un paraíso. Estoy solo (conmigo mismo) libre... leo, pienso, me ofrecen whisky: uno, luego dos. Soy libre, sin nada ni nadie que me moleste.[11]

Le Corbusier claimed to be "at home in airborne India." He even had a seat reserved on Air India, "Number 5, called 'L-C seat.'" The airplane is his "home," an "asylum of salvation." Le Corbusier became one with the airplane

> Zurich, March 3, 1961//1:30pm we take off in Air India, my usual seat Number 5 = huge space in "Super Constellation".... I refused the Boeing because it's American taste, even when run by the Indians! Constellation 550km instead of 1,100. But here I am at home, in airborne India. This airplane asylum of salvation.[12]

If the airplane is the home of the new human, its details are prototypes for a new kind of house on the ground. Le Corbusier took specific inspiration from the airplanes that he was living in, paying attention to every little detail of the design. He admired the interior, the reclining chairs, and the storage bins. He even requested drawings from the designer.[13]

The tight economy of space in the airplane gave him ideas for his projects, just as the ocean liner and the car had once been the source

Le Corbusier afirma estar "en casa en los aviones de Air India".... Tiene incluso un asiento reservado en Air India, "Número 5, denominado 'asiento L-C.'" El avión es su "casa", un "hogar de salvación." Le Corbusier se hace uno con el avión

> Zurich, 3 de marzo de 1961//1:30 pm despegamos con Air India, mi asiento habitual Número 5 = espacio enorme en el "Super Constellation"... Rechacé el Boeing porque es del gusto americano, ¡incluso cuando dirigido por los indios! Constellation 550 km en lugar de 1.100. Pero aquí me siento como en casa, en los aviones de Air India. Este aeroplano hogar de salvación.[12]

Si el avión es el hogar del nuevo humano, sus detalles son los prototipos de un nuevo tipo de casa en tierra. Le Corbusier extrae inspiración concreta de los aviones en los que vive, prestando atención a cada pequeño detalle del diseño. Admira el interior, los asientos reclinables, y los contenedores de almacenamiento. Incluso pide dibujos del diseñador.[13]

of inspiration. In a sketch of a berth of an Air France plane, he wrote, "Constellation arrived New York January 23, 1949 a couchette makes an adorable nest for 2 to chat, oriental fashion. One would not dare build it in a house."[14] Nevertheless, a few months later he used the sketch to plan the rooms of the Unité.[15] And in 1961, on the Boeing to Delhi, he noted that "the cream white casing above the seat" could be used in the "Ville Radieuse dwelling in Marseilles."[16] Even the dishes were of interest to him: "June 15, 1960 Paris ask Air France Boeing//where can I buy some stackable metal dishes, like those used in the New York-Paris plane on June 15th//These are very simple but very adaptable dishes//very shiny//In-flight service."[17] Fellow travelers' equipment became a source of interest as well. He drew a sketch with detailed measurements of a traveling bag, and around it he wrote, "Air India plane//zipper//A serious Japanese man (minister perhaps), has this soft wild boar's hide courier's bag//find out about that to replace mine."[18] (3)

Even the outside decoration of planes became a key source of inspiration. Observing the bright gleaming paint on the metal fuselage, he

El ajustado aprovechamiento del espacio en el avión le proporciona ideas para sus proyectos, del mismo modo que el transatlántico y el automóvil fueron en su día fuente de inspiración. En el boceto de una litera de un avión de Air France escribe: "El Constellation llegó a Nueva York el 23 de enero de 1949. La litera es un adorable nido para que 2 charlen, a la manera oriental. Uno no se atrevería a construirla en una casa.[14] No obstante, unos meses más tarde utiliza el boceto para planear las habitaciones de la Unidad.[15] Y en 1961, en el Boeing a Delhi, anota que "la carcasa blanca situada por encima del asiento" podría utilizarse en las "viviendas de Ville Radieuse en Marsella."[16] Hasta los platos le interesan "15 de junio de 1960, preguntar Boeing de Air France//dónde puedo comprar platos metálicos apilables, como los utilizados en el vuelo Nueva York-París el 15 de junio// Se trata de platos muy simples pero muy adaptables//muy brillantes//vajilla de abordo."[17] También el equipo de sus compañeros de viaje se convierte en una fuente de interés. Dibuja un boceto con medidas detalladas de un bolso de viaje y alrededor escribe, "Avión de Air India//cremallera// Un caballero japonés serio (quizás un ministro), tiene esta cartera de correo de suave piel de jabalí//averiguar sobre ello para reemplazar a la mía"[18] (3)

developed the concept for the enamel painted doors of Chandigarh.[19] (4)
But ultimately he wanted to redesign the space of an airplane himself.
Seeing Air France as inferior to Air India, he repeatedly proposed that the
French company "outfit their planes" in a more modern way.[20] The dream
never materialized, which may explain Le Corbusier's increasing diatribes
against Air France.

3 Sketch 881, *Le Corbusier Sketchbooks*, Vol. 3, 1956

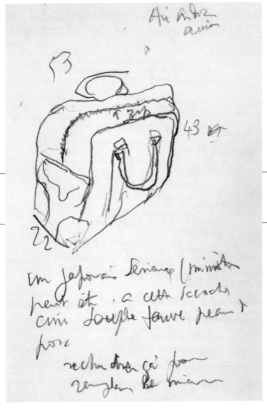

3 Boceto 881, *Le Corbusier Sketchbooks*, Vol. 3, 1956

Incluso la decoración exterior de los aviones es una fuente de
inspiración. Observando la reluciente pintura brillante del fuselaje de metal,
desarrolla la idea de las puertas esmaltadas de Chandigarh.[19] (4) Pero
fundamentalmente lo que desea es rediseñar él mismo el espacio de un
avión. Considerando a Air France inferior a Air India, propone repetidas veces
que la compañía francesa "equipe sus aviones" de manera más moderna.[20]

On a trip to India via Tokyo he writes,

> October 31, 1955. Air France's "Super Constellation" plane is not
> "Super"…The 1st class (cabin) = a line of portholes overlooking engines
> the remainder 5 or 6 lines overlooking wings you don't see a thing.
> Sickening uproar! Air India…1st class cabin = nice portholes, table,
> comfort, elegance of the woodwork.[21]

In 1957 he tried to design the Air France headquarters, writing to the
head of the company, "This state of French inferiority. If L-C does Air France =

4 Zürich-Kloten Airport, Le Corbusier had just flown in from Chandigarh
in an Air India Superconstellation. René Burri, 1960

4 Aeropuerto Zürich-Kloten, Le Corbusier acababa de llegar de Chandigarh
a bordo del Superconstellation de Air India. René Burri, 1960

Ese sueño nunca se materializó lo que podría explicar las crecientes diatribas
contra Air France. En un viaje a India vía Tokio escribe:

> 31 de octubre de 1955. El avión "Super Constellation "de Air France no
> es "Super"…Primera clase (la cabina)=una línea de ventanillas con vistas
> a los motores, el resto 5 o 6 con vistas a las alas no se ve nada. ¡Horrible
> alboroto! Air India… cabina de 1ª clase=agradables ventanillas, mesa,
> confort, elegancia de la carpintería."[21]

En 1957 intentó hacer las oficinas centrales de Air France, escribiendo
al director de la compañía "Este estado de inferioridad francesa. Si L-C hace

international activity."[22] In fact, Le Corbusier's real ambition seems to have been to design international activity itself. Le Corbusier's fascination with jet travel and the new space of global airline networks grew out of the relentless fascination with global communication that structured his career from the beginning.

Global Circuits

Even before transatlantic air travel became possible, Le Corbusier was dreaming of a global practice through publications. In his journal *L'Esprit Nouveau*, 17 (1922), he published a map of the world with the location of subscribers to the journal, a network reaching five continents, with dots all over Europe but also in several countries in Africa, Asia, North and South

5 The subscribers to *L'esprit Nouveau* 17, 1922

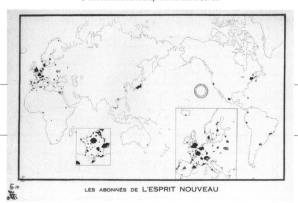

LES ABONNÉS DE L'ESPRIT NOUVEAU

5 Los suscriptores de *L'esprit Nouveau* 17, 1922

Air France=actividad internacional."[22] De hecho, la verdadera ambición de Le Corbusier parece ser diseñar la propia actividad internacional, la fascinación de Le Corbusier por los viajes en avión y el nuevo espacio de las rutas aéreas mundiales surge de la incesante fascinación por la comunicación global que estructuró su carrera desde el principio.

Circuitos mundiales

Antes incluso de que los vuelos transatlánticos fueran posibles, Le Corbusier soñaba con una actividad profesional global a través de las publicaciones. En su revista *L'Esprit Nouveau*, número 17 (1922), publicó un mapa del mundo con la ubicación de los suscriptores de la revista, una red que alcanzaba a seis continentes, con puntos por toda Europa pero también diversos países de África, Asia, América del

America, and even Australia. (5) How important this outreach was for him is evident when, in his last book, which included the route map he had requested from Air France, he quoted the opening words of a speech by the state parliament in 1929, welcoming him to São Paulo: "When the first issue of *L'Esprit Nouveau* reached Brazil, we felt the impact of a great event."[23] His publications had preceded him and even made the invitation to lecture possible in the first place. The situation is also the reverse; the lectures given during his tour in Latin America generated his book *Precisions*. Publication generates travel that generates publication, and in the middle of this cyclical engine, projects are produced. (6)

From the late twenties on, Le Corbusier was repeatedly in South America, lecturing and making urban proposals for Buenos Aires, Montevideo, Rio de Janeiro, Bogota, and ultimately developing projects such as the Ministério da Educação e Saúde (1936–1945), or the Cité Universitaire of Rio de Janeiro, the Curruchet House (1951–55) in La Plata, Argentina, and the unbuilt Errazuris House in Chile (1930).

Norte y del Sur e incluso Australia. (5) Resulta evidente la importancia que este alcance tenía para él cuando, en su último libro, que incluía el mapa de rutas que había solicitado a Air France, citó las primeras palabras de un discurso mediante el cual el parlamento estatal le daba la bienvenida a Sao Paulo en 1929: "Cuando el primer número de *L'Esprit Nouveau* llegó a Brasil, sentimos el impacto de un gran acontecimiento."[23] Sus publicaciones le habían precedido, incluso hicieron posible la invitación para dar conferencias. La situación es también a la inversa: las conferencias pronunciadas durante su gira por América Latina dieron lugar a su libro *Precisions*. La publicación genera viajes que generan publicaciones y en medio de este motor cíclico se producen los proyectos. (6)

Desde finales de los años 20 en adelante, Le Corbusier viaja repetidamente a Sudamérica, para dar conferencias y realizar propuestas urbanas para Buenos Aires, Montevideo, Río de Janeiro, Bogotá y, en última instancia, desarrollar proyectos tales como el Ministério da Educaçao e Saúde (1936-1945), o la Cité Universitaire de Río de Janeiro, la casa Curruchet (1951-55) en La Plata, Argentina, y la casa Errazuri, en Chile (1930), que no llegó a construirse.

On his first trip to South America in 1929, Le Corbusier took his time, traveling by ocean liner to Montevideo and Buenos Aires, and then mostly by plane—accompanied by such pioneer aviators as Jean Mermoz and Antoine de Saint-Exupéry—staying from September to December in Buenos Aires, São Paulo, and Rio de Janeiro. It was on this first trip that he developed the first sketches for the plan for Rio de Janeiro—60 km of elevated highway with housing underneath. He returned in 1936, traveling in the Graf Zeppelin between Frankfurt and Rio de Janeiro via Recife. (7) The flight was sixty-eight hours to Recife alone. Oscar Niemeyer described him arriving like a god, first to step off the zeppelin, after a rough landing that had worried the local architects eagerly waiting for him in the hangar.[24]

6 Le Corbusier upon returning from his journey to South America

6 Le Corbusier de regreso de su viaje a Sudamérica

En su primer viaje a Sudamérica en 1929, Le Corbusier se tomó su tiempo, viajando en transatlántico a Montevideo y Buenos Aires, y después fundamentalmente en avión- acompañado por aviadores pioneros como Jean Mermoz y Antoine de Saint-Exupéry- permaneciendo de septiembre a diciembre en Buenos Aires, Sao Paulo y Rio de Janeiro. Fue en este primer viaje en el que realizó los primeros bocetos del plano para Río de Janeiro- sesenta kilómetros de autopista elevada con viviendas en la parte inferior. Regresó en 1936, viajando en el Graf Zeppelin entre Frankfurt y Río de Janeiro, vía Recife. (7) El vuelo duraba sesenta y ocho horas sólo hasta Recife. Oscar Niemeyer le describió llegando como un dios, el primero en bajar del Zeppelin, tras un brusco aterrizaje que alarmó a los arquitectos locales que le esperaban ansiosos en el hangar.[24]

Le Corbusier published, lectured, and worked all over the world, developing urban plans—some of them unsolicited—for "Algiers, Stockholm, Moscow, Buenos Aires, Montevideo, Rio de Janeiro, Paris, Zurich, Antwerp, Barcelona, New York, Bogota, St. Dié, Marseilles, and Chandigarh,"[25] and completing buildings in such far away cities as Moscow, Rio de Janeiro, La Plata, Tokyo, Baghdad, Ahmadabad, and Boston. As his global reach expanded, the space of his movements increased radically. His practice was finally unthinkable outside jet travel. If in the twenties he was already fascinated with the global distribution of subscribers, in 1960 he was obsessed with the new kind of mobility of the architect. (8)

7 Graf Zepplin near Rio de Janeiro, ca. 1930

7 "Graf Zepplin" cerca de Río de Janeiro, ca. 1930

Le Corbusier publicó, dio conferencias y trabajó por todo el mundo, desarrollando planos urbanos – algunos de ellos no solicitados- para "Argel, Estocolmo, Moscú, Buenos Aires, Montevideo, Río de Janeiro, París, Zurich, Amberes, Barcelona, New York, Bogotá, St. Dié, Marsella y Chandigarh,"[25] y construyendo edificios en ciudades tan distantes como Moscú, Río de Janeiro, La Plata, Tokio, Bagdad, Ahmedabad y Boston. A medida que se ampliaba su alcance mundial, el espacio en el que se movía aumentó radicalmente. Su actividad era finalmente impensable sin los viajes en avión. Si en los años 20 estaba ya fascinado con la distribución mundial de los suscriptores, en 1960 estaba obsesionado con el nuevo modo de movilidad del arquitecto. (8)

Even Le Corbusier's architectural education consisted of traveling. Speaking, as he often did, in the third person, he wrote:

> At nineteen, LC sets out for Italy, 1907 Budapest, Vienna;
> in Paris February 1908, 1910 Munich, then Berlin. 1911,
> knapsack on back: Prague, Danube, Serbia, Rumania,
> Bulgaria, Turkey (Constantinople), Asia Minor. Twenty-one
> days at Mount Athos. Athens, Acropolis six weeks.... Such
> was L-C's school of architecture. It had provided his education,
> opening doors and windows before him—into the future.[26] (9)

8 Le Corbusier and André Malraux, Chandigarh, 1958

8 Le Corbusier y André Malraux, Chandigarh, 1958

Incluso la educación arquitectónica de Le Corbusier consistió en viajar. Hablando, como lo hacía a menudo, en tercera persona, escribió:

> Con diecinueve años, LC partió para Italia, 1907 Budapest, Viena;
> en París en febrero de 1908, 1910 Munich, después Berlín. 1911,
> mochila al hombro: Praga, el Danubio, Serbia, Rumanía, Bulgaria, Turquía
> (Constantinopla), Asia Menor. Veintiún días en el Monte Athos. Atenas,
> Acrópolis seis semanas... Esa fue la escuela de arquitectura de L-C.
> Le proporcionó su formación, abriendo puertas y ventanas ante
> él-hacia el futuro.[26] (9)

Le Corbusier drew a map of his journey, publishing it repeatedly from 1925 onward, until the maps of jet travel took over. The path of the solitary student giving way to the nervous system of a new kind of human... (10)

9 Le Corbusier in Greece, 1911

9 Le Corbusier en Grecia, 1911

Le Corbusier dibujó un mapa de su viaje, publicándolo repetidas veces a partir de 1925, hasta que los mapas de los vuelos en avión se impusieron. La ruta del solitario estudiante dio paso al sistema nervioso de un nuevo tipo de humano... (10)

Global Education

If international travel was the architectural education for Le Corbusier, who never went to architecture school, in the seventies the Architectural Association (AA) in London, under the leadership of Alvin Boyarsky, became the first truly global school of architecture. (11) Boyarsky, who went to the AA from Canada via Chicago, used to boast that the school included students and faculty from thirty countries. That he was already keeping count indicates a high level of self-consciousness. In 1970, before he was elected to be the AA chairman, as director of the International Institute of Design (IID), Boyarsky founded and coordinated from his kitchen table in Chicago the first "Summer

10 Zürich-Kloten Airport, Le Corbusier, the gallery-owner Heidi Weber, and the editor of "Oeuvre Complète," Willy Boesiger, René Burri, 1960

10 Aeropuerto Zürich-Kloten, Le Corbusier, la galerista Heidi Weber, y el editor de la "Oeuvre Complète", Willy Boesiger, René Burri, 1960

Educación global

Si viajar por el mundo fue la educación arquitectónica de Le Corbusier, que nunca asistió a una escuela de arquitectura, en los setenta, la Architectural Association (AA) de Londres, bajo la dirección de Alvin Boyarsky, se convirtió en la primera escuela de arquitectura verdaderamente global. (11) Boyarsky, que llegó a la AA desde Canadá vía Chicago, solía vanagloriarse de que la escuela incluía a alumnos y profesores de treinta países. El hecho de que llevara la cuenta ya indica un alto nivel de introspección. En 1970, antes de ser elegido decano de la AA, como director del International Institute of Design (IID), Boyarsky fundó y coordinó, desde la mesa de

Sessions" that took place at the Bartlett School of Architecture in London. In Boyarsky's account, this summer-school program brought together architects and students from twenty-four countries.[27] The faculty included such figures as Arata Isozaki, Hans Hollein, Nicolaas Habraken, Adolfo Natalini, Yona Friedman, Charles Jencks, Juan Pablo Bonta, Stanislaus von Moos, Peter Cook, Andrea Branzi, Germano Celant, Cedric Price, Gordon Pask, James Stirling, and Reyner Banham, among others. (12)

As if to emphasize the internationalism of the school, the advertisement for the summer session in 1972 had a multiple-exposure image of an airplane (a sleek De Havilland Comet) taking off. The logo of the school was the front elevation of an airplane, the machine that made it all possible. The new Boeing 747 would soon become the fetish of a whole

11 Alvin Boyarsky at the Architectural Association

11 Alvin Boyarsky en la Architectural Association

su cocina, en Chicago, los primeros "Cursos de verano" que tuvieron lugar en la Bartlett School of Architecture en Londres. Según relata Boyarsky este programa de verano reunió a arquitectos y alumnos de "veinticuatro países".[27] El profesorado incluía a figuras como Arata Isozaki, Hans Hollein, Nicolaas Habraken, Adolfo Natalini, Yona Friedman, Charles Jencks, Juan Pablo Bonta, Stanislaus von Moos, Peter Cook, Andrea Branzi, Germano Celant, Cedric Price, Gordon Pask, James Stirling, y Reyner Banham, entre otros. (12)

Como si se quisiera enfatizar el carácter internacional de la escuela, el anuncio de los cursos de verano de 1972 mostraba la imagen en exposición múltiple de un avión (un elegante De Havilland Comet) despegando. El logotipo de la escuela consistía en el alzado frontal

generation of students and teachers. Student Paul Shepheard did his diploma thesis at the AA on the 747, and many faculty, from Dennis Crompton to Bernard Tschumi, obsessed about its modernity, speed, size, comfort, and affordability–as if describing an ideal building. (13)

But it was not only jet travel that brought the summer sessions together, but, in what seems an anticipation of a more contemporary situation of electronic social networking, Boyarsky spoke of the success

12 "Analysis of Nationalities in the Architectural Association," 1972

SHEET 3.1.

ANALYSIS OF NATIONALITIES IN THE ARCHITECTURAL
ASSOCIATION SCHOOL OF ARCHITECTURE

Argentine	1	Pakistan	3
Australia	8	Portugal	3
Austria	2		
		Rhodesia	2
Barbados	1	Rumania	1
Bangladesh	1		
Biafra	1	South Africa	10
Belgium	4	Spain	2
Brazil	2	Sweden	4
		Switzerland	6
Colombia	1		
Canada	9	Tanzania	1
Ceylon	1	Thailand	1
Chile	1	Turkey	3
Cyprus	3		
		Venezuela	5
Denmark	1		
Dominica	1	USSR	2
Egypt	1		
Equador	1	Zambia	1
France	4	USA	83
Germany	8		
Greece	9		
Guyana	1		
Hawaii	1		
Holland	1		
Hong Kong	4		
India	1		
Iran	8		
Iraq	7		
Irish	4		
Israel	8		
Italy			
Jamaica and Trinidad	6		
Japan	1		
Lebanon	1		
Malaysia	6		
Mexico	3		
Norway	6		
Nigeria	2		

41

12 "Análisis de nacionalidades en la Architectural Association," 1972

de un avión, la máquina que lo hacía todo posible. El nuevo Boeing 747 se convertiría pronto en el fetiche de una generación entera de estudiantes y profesores. El estudiante Paul Shepheard realizó su tesis de diplomatura en la AA en el 747 y muchos profesores, desde Dennis Crompton a Bernard Tschumi, se obsesionaron con su modernidad, velocidad, tamaño, confort y asequibilidad- como si estuvieran describiendo un edificio ideal. (13)

of the summer sessions as "cheered on particularly by the 'global village' servicing chats and by the example of the 'linking-up' forays performed by the optimists on the London scene."[28] The objective of the summer sessions, according to Boyarsky, was simply "to provide a forum and a platform in an optimum setting...an opportunity for cross fertilization, interchange and first-hand contact."[29]

Elected chairman of the AA on the basis of the extraordinary success and allure of the summer sessions, Boyarsky extended the same formula to the school itself. What had been a very British school, well known through its publications—many of which were little magazines produced by the students—became a truly global school of architecture. The school

13 Richard Yeend, *Architectural Design*, Cover, April 1971

13 Richard Yeend, *Architectural Design*, Portada, Abril 1971

Pero no fueron solo los viajes en avión lo que posibilitó los cursos de verano sino que, en lo que parece una anticipación de la situación contemporánea de redes sociales electrónicas, Boyarsky habla del éxito de los cursos de verano como "alentadas especialmente por las útiles conversaciones de 'aldea global' y por el ejemplo de los intentos de 'interconexión' llevados a cabo por los optimistas de la escena londinense."[28] El objetivo de los cursos de verano, en opinión de Boyarsky, era simplemente "proporcionar un foro y una plataforma en un escenario óptimo... una oportunidad para el enriquecimiento mutuo, el intercambio y el contacto de primera mano."[29]

Elegido director de la AA debido al extraordinario éxito y atractivo de los cursos de verano, Boyarsky extendió la misma fórmula a la propia escuela.

inaugurated a new form of pedagogy in architecture, the objective of which was not to educate the student architect in the profession (Boyarsky thought that this was something that could be learned in architectural offices) but to immerse the student in a global conversation. The AA had the first commuter teachers. From 1976 onward Bernard Tschumi, for example, went to London from New York every two weeks.[30]

But it was not just the faculty of the AA who were international and mobile. In the mid-seventies the government took away the grants given to British students to support their studies at the AA. Boyarsky traveled around the world to places like Malaysia, Japan, and Korea to recruit students, and the internationalism of the school grew exponentially.[31]

The mobility of students and faculty was part of the philosophy of the school. Boyarsky himself claimed he didn't have a base, despite the fact that he was chairman of the AA and living in London, "I don't have a base. I move around the world, and so I always think of my activities as being involved with international events."[32]

Lo que hasta entonces había sido una escuela muy británica, conocida por sus publicaciones- muchas de las cuales eran pequeñas publicaciones producidas por los alumnos- se convirtió en una verdadera escuela global de arquitectura. La escuela inauguró una nueva forma de pedagogía en arquitectura, en la que el objetivo no era formar el alumno arquitecto en la profesión (Boyarsky pensaba que eso era algo que se podía aprender en los estudios de arquitectura) sino sumergir al alumno en una conversación global. La AA tuvo los primeros profesores viajeros. De 1976 en adelante, Bernard Tschumi, por ejemplo, viajó de Londres a Nueva York cada dos semanas.[30]

Pero no sólo el profesorado de la AA era internacional y móvil. A mediados de los 70 el gobierno retiró las becas que recibían los estudiantes británicos para financiar sus estudios en la AA. Boyarsky viajó por todo el mundo, a lugares como Malasia, Japón y Corea para captar alumnos, con lo que el carácter internacional de la escuela creció de manera exponencial.[31]

La movilidad de los alumnos y del profesorado era parte de la filosofía de la escuela. El propio Boyarsky afirmaba que él no tenía una base de operaciones, a pesar de ser el decano de la AA y vivir en Londres: "No tengo

Eventually Boyarsky was rarely to be seen outside the school. The international network that he had cultivated through his own travel now traveled to the AA. The school itself became a compact global scene, with publications streaming back out of it to the world. What Le Corbusier called the new nervous system of the airline network became the nervous system of the school itself. And as with Le Corbusier, what started as exchange and diffusion of ideas eventually turned into actual projects. The AA generation that circulated ideas through teachers and books would form the core of a new generation of global practitioners. Some of the best and most mobile teachers, such as Rem Koolhaas and Tschumi, and their students, for example, Zaha Hadid and Steven Holl, would lead an international avant-garde with major projects throughout the world. A generation that grew up trafficking in ideas is now trafficking in projects.

An even younger generation, like Foreign Office Architects (Alejandro Zaera Polo and Farshid Mousavi), Asymptote (Hani Rashid and Lise Anne Couture), Reiser + Umemoto (Jesse Reiser and Nanako Umemoto), and Carme Pinos, have had their first real opportunities to build outside of

una base de operaciones. Me muevo por el mundo y siempre pienso en mis actividades como relacionadas con acontecimientos internacionales."[32]

Con el tiempo, era raro ver a Boyarsky fuera de la escuela. La red internacional que había creado con sus propios viajes, viajaba ahora a la AA. La propia escuela se convirtió en una escena global compacta, con publicaciones que partían de nuevo hacia el resto del mundo. Lo que Le Corbusier denominó el nuevo sistema nervioso de las rutas aéreas, se convierte en el sistema nervioso de la propia escuela. Y como en Le Corbusier, lo que comenzó como el intercambio y divulgación de ideas se convirtió con el tiempo en proyectos reales. La generación de la AA que hizo circular ideas a través de profesores y libros, formaría el núcleo de una nueva generación de profesionales globales. Algunos de los profesores mejores y más viajeros, como Rem Koolhaas y Tschumi, y de sus alumnos, como Zaha Hadid y Steven Holl, liderarían una vanguardia internacional con proyectos importantes por todo el mundo. Una generación que creció traficando con ideas trafica ahora con proyectos.

Incluso una generación más joven como Foreign Office Architects (Alejandro Zaera Polo y Farshid Mousavi), Asymptote (Hani Rashid y Lise

the United States and Europe. China, the United Arab Emirates, and Latin America, for instance, have become the places for testing ideas and where new figures are tested. Very often, it is a former student going back to their own country who makes the connection for their teacher to realize a project. These new sites of production are not only experimenting with young architects, they also experiment with all forms of diversity. Women architects and African architects, for example, are increasingly commissioned to design major civic buildings in distant countries. The most radical work now appears continents away from the traditional sites of academic and professional power.

Even the most ordinary local commission has become infused with extraordinary global forces. The new economy of global movement envisaged by Le Corbusier, and prototyped in his own operation, has become normalized. The new kind of human whom he designed for, as if designing for himself, has become the generic client. Everyone moves in countless networks. From computer to cell phone, you no longer have to get on the plane. Everyone is already in seat number 5—a window seat.

Anne Couture), Reiser + Umemoto (Jesse Reiser y Nanako Umemoto) y Carme Pinos han tenido sus primeras oportunidades de construir fuera de los Estados Unidos o Europa. China, los Emiratos Árabes Unidos y América Latina, por ejemplo, se han convertido en lugares en los que se ponen a prueba las nuevas ideas y las nuevas figuras. Con mucha frecuencia, es un antiguo alumno que regresa a su país quien pone en contacto al profesor para la realización de un proyecto. Estas nuevas zonas de producción no experimentan sólo con jóvenes arquitectos, sino que experimentan también con toda forma de diversidad. Mujeres arquitectas o arquitectos africanos, por ejemplo, reciben cada vez más encargos para realizar importantes edificios cívicos en países lejanos. El trabajo más radical aparece ahora en continentes distantes de las zonas tradicionales de poder académico y profesional.

Incluso los encargos locales más corrientes están imbuidos de una extraordinaria fuerza global. La nueva economía de movimiento global imaginada por Le Corbusier y representada por su propia actividad, se ha convertido en algo habitual. El nuevo tipo de humano para el que él diseñó, como si diseñara para sí mismo, se ha convertido en el cliente genérico.

1   Le Corbusier, *Le Corbusier, My Work,* trans. James Palmes (London: Architectural Press, 1960), 152. Originally published in French as *L'Atelier de la recherche patiente* (Paris, 1960).

2   Bernard Tschumi, interview with the author, New York, 25 August, 2009.

3   Le Corbusier, sketch 501, 1960, in *Le Corbusier Sketchbooks*, vol. 4 (Cambridge: MIT Press, 1985).

4   Le Corbusier, sketch 337, 1955, in *Le Corbusier Sketchbooks*, vol. 3 (Cambridge: MIT Press, 1985).

5   Le Corbusier, "Les tendances de l'architecture rationaliste en rapport avec la collaboration de la peinture et de a sculpture," written "on board the Zeppelin (Equator) 11 July 1935," presented at the Volta Congress, Rome, October 1936, FLC U3 (17) 90, p. 2. Published in *Convegno di Arti* (Rome: Fondazione Alessandro Volta, Reale Accademia d'Italia, 1937), quoted by Jean-Louis Cohen in "Sublime, Inevitably Sublime: The Appropriation of Technical Objects," in *Le Corbusier: The Art of Architecture,* ed. Alexander von Vegesack et al., exhibition catalog, Vitra Design Museum, Weil am Rheim (London: Vitra Design Museum 2007), 224.

6   Le Corbusier, "Preface to the Second French Printing," in *Precisions: On the Present State of Architecture and City Planning,* trans. Edith Schreiber Aujame (Cambridge: MIT Press, 1991). Originally published in French in *Précisions sur un état présent de l'architecture et de l'urbanisme* (Paris: Vincent & Fréal, 1960).

7   Le Corbusier sketch 637, 1956, in *Le Corbusier Sketchbooks*, vol.3.

Todo el mundo se mueve en incontables redes. Desde el ordenador al teléfono móvil, ya no hace falta subir a un avión. Todos estamos sentados en el asiento 5, asiento con ventana.

1   Le Corbusier, *Le Corbusier, My Work,* Traducción de James Palmes (London: Architectural Press, 1960), 152. Publicado inicialmente en francés como *L'Atelier de la recherche patiente* (Paris, 1960).

2   Bernard Tschumi, entrevista con la autora, Nueva York, 25 de agosto de 2009.

3   Le Corbusier, boceto 501, 1960, en *Le Corbusier Sketchbooks*, vol. 4. (Cambridge: MIT Press, 1985).

4   Le Corbusier, boceto 337, 1955, en *Le Corbusier Sketchbooks*, vol. 3. (Cambridge: MIT Press, 1985).

5   Le Corbusier, "Les tendances de l'architecture rationaliste en rapport avec la collaboration de la peinture et de a sculpture," escrito "a bordo del Zeppelin (Ecuador) el 11 de julio de 1935" presentado en el Congreso Volta, Roma, octubre de 1936, FLC U3 (17) 90, p. 2. Publicado en *Convegno di Arti*, Fondazione Alessandro Volta, Reale Accademia d'Italia (Roma, 1937), citado por Jean-Louis Cohen en "Sublime, Inevitably Sublime: The Appropriation of Technical Objects," en *Le Corbusier: The Art of Architecture,* ed. Alexander von Vegesack et al., exh. cat., Vitra Design Museum, Weil am Rheim. (Londres: Vitra Design Museum, 2007), 224.

8   Le Corbusier, sketch 440, 13 November 1955, in *Le Corbusier Sketchbooks*, vol. 3.

9   I am grateful to Vikram Prakash for his help figuring out Le Corbusier's movements in India.

10   Le Corbusier, sketches 628–629, 1951, in *Le Corbusier Sketchbooks*, vol. 2 (Cambridge: MIT Press, 1985).

11   Le Corbusier, sketch 881,1957, in *Le Corbusier Sketchbooks*, vol. 3.

12   Le Corbusier, sketches 688–90, 3 March 1961, in *Le Corbusier Sketchbooks*, vol. 4.

13   In 1951, for example, he reminds himself in a sketchbook: "On return [to] Paris//Write to Tata= congratulate him on plane Bombay-Delhi leaving October 29, 1951 at 8:30am ask him for drawings of the plane + drawings of the reclining armchairs (remarkable)//for

226 x 226 x 226." Le Corbusier, sketch 625, 1951, in *Le Corbusier Sketchbooks*, vol. 2.

14   Le Corbusier, sketch 330, 1949, in *Le Corbusier Sketchbooks*, vol. 1 (Cambridge: MIT Press, 1985).

15   "June 11, 1949. Room 1//room 2//cross section inspired by Air France Constellation February 22, 1949 Paris New York," Le Corbusier, sketch 331, 22 February 1949, in *Le Corbusier Sketchbooks*, vol. 1.

16   Le Corbusier, sketch 791, 1961, in *Le Corbusier Sketchbooks*, vol. 4.

17   Le Corbusier, sketch 575, June 15, 1960, in *Le Corbusier Sketchbooks*, vol. 4.

18   Le Corbusier, sketch 104, 1958, in *Le Corbusier Sketchbooks*, vol. 4.

6   Le Corbusier, "Preface to the Second French Printing," *Precisions: On the Present State of Architecture and City Planning*, traducción Edith Schreiber Aujame (Cambridge: MIT Press, 1991), x. Publicado inicialmente en francés en *Précisions sur un état présent de l'architecture et de l'urbanisme*, (París: Vincent & Fréal, 1960).

7   Le Corbusier, boceto 637, 1956, en *Le Corbusier Sketchbooks*, vol. 3.

8   Le Corbusier, boceto 440, 13 de noviembre de 1955, en *Le Corbusier Sketchbooks*, vol.3.

9   Mi agradecimiento a Vikram Prakash por ayudarme a comprender los movimientos de Le Corbusier en India.

10   Le Corbusier, bocetos 628-629, 1951, en *Le Corbusier Sketchbooks*, vol. 2. (Cambridge: MIT Press, 1985).

11   Le Corbusier, boceto 881, 1957, en *Le Corbusier Sketchbooks*, vol. 3

12   Le Corbusier, bocetos 688-90, 3 de marzo de 1961, en *Le Corbusier Sketchbooks*, vol. 4.

13   En 1951, por ejemplo, escribe como recordatorio en un libro de bocetos: "cuando vuelva [a] París//escribir a Tata=felicitarle por el vuelo Bombay-Delhi que partió el 29 de octubre, 1951, a las 8:30 am preguntarle por dibujos del avión+dibujos de los sillones reclinables (admirables)//para 226 x 226 x 226." Le Corbusier, boceto 625, 1951, en *Le Corbusier Sketchbooks*, vol. 2.

14   Le Corbusier, boceto 330, 1949, en *Le Corbusier Sketchbooks*, vol. 1. (Cambridge: MIT Press, 1985).

15   "11 de junio, 1949, Habitación 1// habitación 2//sección inspirada en el Constellation de Air France, 22 de febrero

19 Le Corbusier, sketches 276–77, 360, 1959, in *Le Corbusier Sketchbooks*, vol. 4.

20 Le Corbusier, sketch 123, 24 July 1954, in *Le Corbusier Sketchbooks*, vol. 3.

21 Le Corbusier sketch 323, 31 October 1955, in *Le Corbusier Sketchbooks*, vol. 3.

22 Le Corbusier, sketch 817, 1957, in *Le Corbusier Sketchbooks*, vol. 4.

23 Le Corbusier, *My Work*, 49. Also "American Prologue," in *Le Corbusier, Precisions*.

24 Le Corbusier traveled to Rio de Janeiro in the Graf Zeppelin, "the magnificent 237-metre German airship that, between 1928 and 1937, made 143 impeccable transatlantic flights. 'I went to meet him.'... Le Corbusier descended from the air, 'a mighty god visiting his pygmy worshippers,' says Niemeyer." Jonathan Glancey, "I Pick Up My Pen. A Building Appears," *The Guardian*, The Arts, 1 August 2007, 23. "The 13th of July of 1936, all the architects of the project of the MES were waiting for him in the hangar of the Zeppelin, 45 km from the center of Rio de Janeiro. A wretched landing had them very worried but Le Corbusier was first off the plane." Interview with Carlos Leao, Rio de Janeiro, 1981, quoted in Elizabeth D. Harris, *Le Corbusier: Riscos Brasileiros* (Sau Paulo: Nobel, 1987).

25 Le Corbusier, *My Work*, 50.

26 Ibid., 21.

27 Boyarsky described it as "an unusually active commuting axis embroidered by a network of lecture circuits and sundry snoops on both sides of the Atlantic" and went on to talk about the "kaleidoscopic nature" of applicants coming from "every corner of the world": "Oslo, Santiago, Zurich. Cincinnati, Stuttgart, Trondheim, Sydney,

de 1949, París-Nueva York". Le Corbusier boceto 331, 22 de febrero de 1949, en *Le Corbusier Sketchbooks*, vol. 1.

16 Le Corbusier boceto 791, 1961, en *Le Corbusier Sketchbooks*, vol. 4.

17 Le Corbusier boceto 575, 15 de junio de 1960, en *Le Corbusier Sketchbooks*, vol. 4

18 Le Corbusier boceto 104, 1958, en *Le Corbusier Sketchbooks*, vol. 4

19 Le Corbusier bocetos 276-77, 360, 1959, en *Le Corbusier Sketchbooks*, vol. 4.

20 Le Corbusier boceto 123, 24 de julio de 1954, en *Le Corbusier Sketchbooks*, vol. 3.

21 Le Corbusier boceto 323, 31 de octubre de 1955, en *Le Corbusier Sketchbooks*, vol. 3.

22 Le Corbusier boceto 817, 1957, en *Le Corbusier Sketchbooks*, vol. 4.

23 Le Corbusier, *My Work*, 49. También, "American Prologue" en *Precisions*.

24 Le Corbusier viajó a Río en el Graf Zeppelin, "el magnífico dirigible alemán de 237 metros que, entre 1928 y 1937, realizó 143 viajes transatlánticos impecables. 'Fui a recibirle.'... Le Corbusier descendió del aire 'un dios todopoderoso visitando a sus fieles pigmeos' dice Niemeyer." Jonathan Glancey, "I Pick Up My Pen. A Building Appears," *The Guardian,* The Arts, (1 de agosto, 2007), 23. "El 13 de Julio de 1936, todos los arquitectos del proyecto del MES le esperaban en el hangar del Zeppelin, a 45 km del centro de Río de Janeiro. Un espantoso aterrizaje les tuvo muy preocupados pero Le Corbusier fue el primero en bajar del dirigible." "Entrevista con Calos Leao" Río de Janeiro 1981, citado en *Le Corbusier: Riscos Brasileiros* de Elizabeth D, Harris (Sao Paulo: Nobel, 1987).

Buenos Aires, Helsinki, New Delhi, Ljubljana, Washington, DC, etc." Alvin Boyarsky, "Summer Session, 1970," *Architectural Design* 41, no. 4 (April 1971), 220. By the next summer session in 1971, the outreach had expanded even further to Tokyo, Lima, Ankara, Guadalajara, Brisbane, Ahmadabad, Yokohama, Stockholm, Chicago, etc.

28   Ibid.

29   Ibid.

30   Bernard Tschumi, interview with the author, August 2009.

31   Ibid.

32   Alvin Boyarsky, interview by Bill Mount, 1980, in Alvin Boyarsky's archives in London. Cited by Irene Sunwoo, "Pedagogy's Progress: Alvin Boyarsky's International Institute of Design," *Grey Room* 34 (Winter 2009), 31.

25   Le Corbusier, *My Work*, 50

26   Ibíd., 21.

27   Boyarsky lo describió como "una estructura de viajes excepcionalmente activa tejida por una red de circuitos de conferencias y variadas miradas a ambos lados del Atlántico" y continuaba hablando sobre la "naturaleza caleidoscópica" de alumnos aspirantes que procedían de "todos los rincones del mundo": "Oslo, Santiago, Zúrich. Cincinnati, Stuttgart, Trondheim, Sidney, Buenos Aires, Helsinki, Nueva Delhi, Liubliana, Washington, DC, etc." Alvin Boyarsky, "Summer Session, 1970," *Architectural Design* 41, no. 4 (abril de 1971), 220. El año siguiente, en los cursos de 1971, el alcance se había ampliado todavía más a Tokio, Lima, Ankara, Guadalajara, Brisbane, Ahmedabad, Yokohama, Estocolmo, Chicago, etc.

28   Ibíd.

29   Ibíd.

30   Bernard Tschumi, entrevista con la autora, agosto de 2009.

31   Ibíd.

32   Alvin Boyarsky, entrevista de Bill Mount, 1980, en los archivos de Alvin Boyarsky en Londres. Citado por Irene Sunwoo, "Pedagogy's Progress: Alvin Boyarsky's International Institute of Design," *Grey Room* 34 (invierno de 2009), 31.

ON THE ROAD: AN AD MEMOIR

KENNETH FRAMPTON

EN EL CAMINO: MEMORIAS DE AD

THIS JOURNEY TAKES place as much within my own mind as on the road, tracing a path through a period of time, but also through the pages of *Architectural Design* (*AD*), which I edited with Monica Pidgeon, between 1961 and 1965.[1] It begins with the South African architect Theo Crosby, who for eight years played a seminal role in the postwar evolution of *AD*. As Monica's first Technical Editor, Theo helped to shift the magazine from being a journal of record toward becoming a magazine with a polemical edge, which eventually enabled it to challenge the British liberal establishment, represented, at the time, by the *Architectural Review*. Why Crosby should have selected me as his successor still remains unclear to me, since I was not part of his intimate circle, which comprised Alison and Peter Smithson, the graphic artist Edward Wright, and the sculptors Eduardo Paolozzi and William Turnbull. In retrospect I am brought to conclude that he must have sensed my capacity to succeed him from the reviews I had written for the British art newspaper, *Art News and Review*—where Reyner Banham also cut his journalistic teeth—and perhaps, above all, from my review of the emerging British Pop artists David Hockney and Peter Philips,

ESTE VIAJE TIENE lugar tanto en mi propia mente como en el camino, siguiendo una ruta a través de un periodo de tiempo, pero también a través de las páginas de *Architectural Design* (*AD*), publicación de la que fui editor, junto con Monica Pidgeon, entre 1961 y 1965.[1] Comienza con el arquitecto sudafricano Theo Crosby quien durante ocho años tuvo un papel fundamental en la evolución de *AD* tras la guerra. Como primer editor técnico de Monica, Theo contribuyó al cambio de la revista, de ser una publicación meramente informativa a convertirse en una revista con un enfoque polémico que, con el tiempo, le permitió retar al sistema liberal británico, representado entonces por *Architectural Review*. Por qué Crosby me eligió como su sucesor es algo que aún no llego a entender, ya que yo no formaba parte de su círculo más cercano, que incluía a Alison y Peter Smithson, el artista gráfico Edward Wright y los escultores Eduardo Paolozzi y William Turnbull. A posteriori, llego a la conclusión de que debió intuir mi capacidad para sucederle en las reseñas que yo había escrito para el periódico de arte británico, *Art News and Review* -en el que también Reyner Banham se curtió como periodista- y quizás, sobre todo, por mi reseña sobre los prometedores artistas pop británicos, David Hockney y Peter Philips,

who, together with the American émigré Ron Kitaj, graduated from the Royal College of Art in 1960. I still cherish the memory of Kitaj's haunting canvas *The Murder of Rosa Luxembourg*, now in the Tate. I slipped into Theo's chair at the editorial table with uncanny ease and soon found myself writing and editing copy and manipulating the yellow trace, which we used to layout the magazine.

It is difficult to convey over a lapse of some fifty years how stimulating it was to divide my time between mornings in the service of Douglas Stephen & Partners, where I was designing and supervising the construction of an eight-story block of flats in Bayswater, and afternoons devoted to editing the magazine in Bloomsbury. This work rhythm continued a pattern that Monica and Theo had long since established, namely to work on their own in the mornings and to come together to edit the magazine in the afternoons. In this manner, *Architectural Design* was produced by two editors working half-time, five days a week, assisted by a support team comprising a full-time secretary and editorial assistant. Such a skeletal staff would have hardly been able to sustain the pace of producing a monthly

quienes, junto con el exiliado estadounidense Ron Kitaj, se licenciaron en el Royal College of Art en 1960. Todavía conservo el recuerdo del evocador lienzo de Kitaj "El Asesinato de Rosa Luxemburgo", hoy en la Tate. Me instalé en la silla de Theo, en la mesa de redacción, con asombrosa facilidad y enseguida me encontré redactando y editando textos, y manipulando el papel de calco que solíamos usar para la maquetación de la revista.

Es difícil transmitir, unos cincuenta años después, lo estimulante que resultaba dividir mi tiempo entre las mañanas al servicio de Douglas Stephen & Partners, donde en ese momento estaba diseñando y supervisando la construcción de un bloque de pisos de ocho alturas en Bayswater, y las tardes dedicadas a editar la revista en Bloomsbury. Este ritmo de trabajo seguía el modelo establecido tiempo atrás por Monica y Theo, a saber, trabajaban solos por las mañanas y se reunían para editar la revista por las tardes. De esta manera, *Architectural Design* era realizada por dos redactores que trabajaban a tiempo parcial, cinco días a la semana, ayudados por un equipo de apoyo consistente en una secretaria a tiempo completo y un ayudante de redacción. Una plantilla tan esquelética apenas podría haber mantenido la producción de una revista mensual si no hubiese

journal, had it not been for the fact that the publishers—the Standard Catalogue Company—owned the Whitefriars Press, who put up with our last minute modifications and absorb the extra costs that these necessarily entailed.

Architectural Design 9, September 1962

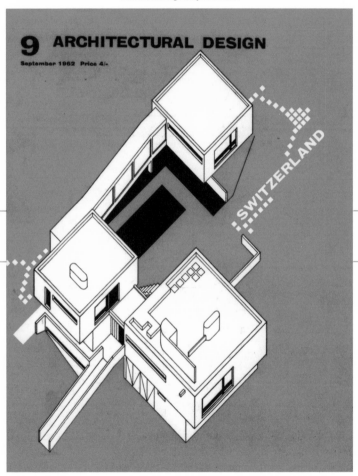

Architectural Design 9, Septiembre 1962

sido por el hecho de que la editorial- Standard Catalogue Company- era la propietaria de Whitefriars Press, quienes tenían que aguantar nuestras modificaciones de última hora, y absorber el coste extra que dichas modificaciones necesariamente acarreaban.

From the outset, my inclination was to assemble special issues whenever I could, and throughout my tenure at *AD*, my ideal model was Ernesto Nathan Rogers's brilliant *Casabella Continuità* (1954–1965)– particularly the special issues featuring such figures as Adolf Loos, Hans Poelzig, and H.P. Berlage. Needless to say, I could not come close to this ideal, above all because the publisher's rather fixed ideas as to economic paper sizes could hardly countenance the extravagantly square format of Rogers's *Casabella*. This was hardly the only impediment to my

Architectural Design 10, October 1962

Architectural Design 10, Octubre 1962

Desde el principio, mi deseo, siempre que me era posible, era preparar números especiales y, durante mi tiempo en *AD*, mi modelo ideal fue la genial *Casabella Continuità* (1953–1965) de Ernesto Nathan Rogers, en particular los números especiales dedicados a figuras como Adolf Loos, Hans Poelzig y H.P. Berlage. Ni que decir tiene que no logré acercarme a este ideal, sobre todo porque las ideas bastante fijas de la editorial en cuanto a la economía en el tamaño del papel no podían aceptar el extravagante formato cuadrado de la *Casabella* de Rogers. Pero esto no era lo único que me impedía emular a Rogers, ya que carecía tanto del talento gráfico como del

emulating Rogers, since I lacked both the graphic flair and the mature cultivation that emanated from its pages. The most I could do, apart from using large photos à la Rogers, was to push for the luxury of the fold-out page, which I would use whenever it seemed appropriate.

Monica and Theo had already set the pace of the magazine long before I came on the scene, beginning with such features as the 1956 "This is Tomorrow" exhibition at the Whitechapel Gallery, documented by Theo on the spot, so to speak, to be followed by Peter Smithson's "Letter to America" of March 1958 and John McHale's special issue on Buckminster Fuller in July 1961, an issue that included the initial publication of the fold-out map of Fuller's geodesic Air-Ocean World. Theo would follow this with a memorial issue on Wright, (January 1960), incorporating a testament by his son, John Lloyd Wright, before moving on to the work of Team 10, guest edited by Alison Smithson, which came out in May of the same year. Aside from this, and not unlike Rogers in *Casabella,* Theo went out of his way to document certain buildings at length, particularly when the quality and density of their architectonic form demanded such treatment, as in the case of David

maduro refinamiento que emanaba de sus páginas. Lo más que podía hacer, aparte de utilizar fotos grandes "à la Rogers" era presionar para incluir el lujo de una página desplegable, que utilizaba siempre que parecía apropiado.

Monica y Theo ya habían marcado el paso de la revista mucho antes de que yo entrara en escena, comenzando con trabajos como la exposición *This is Tomorrow* de 1956, en la Whitechapel Gallery, documentada por Theo in situ, por así decirlo, a la que siguieron "Letter to America" de Peter Smithson, en 1959 y el número especial de John McHale sobre Buckminster Fuller en 1960, número que incluía la primera publicación del mapa desplegable del geodésico Mundo Aire-Océano de Fuller. Theo continuó con un número en memoria de Wright, incluyendo el testimonio de su hijo, John Lloyd Wright, antes de pasar al trabajo del Team 10, con Alison Smithson como redactora invitada, que salió en mayo del mismo año. Aparte de esto, y como Rogers en *Casabella*, Theo hizo un esfuerzo por documentar ciertos edificios con detenimiento, en especial cuando la calidad y densidad de su forma arquitectónica demandaba ese tratamiento, como es el caso del Trades Union Building de David du R. Aberdeen de 1957 o la Embajada de Estados Unidos en Londres de Eero Saarinen de1960.

du R. Aberdeen's Trades Union Building of 1957 and Eero Saarinen's U.S. Embassy in London of 1960.

In this regard, Monica left me free to carry on where Theo had left off. That is, not only to design the covers of the magazine, but also to shape and inflect our mutual approach to the content and layout of the material. Like Theo, I had no formal training in graphic design, although he was something of a natural in this regard, as his subsequent entry into Pentagram as a partner would suggest. As far as my own graphic capacity is concerned, I was able to come up with the most arresting cover designs when these concerned work I particularly admired, as in the case of Stirling and Gowan's Leicester Engineering Building (February 1964) and in the case of the New Brutalist dormitory for Gonville and Caius College Cambridge, designed by the Leslie Martin office with Patrick Hodgkinson taking the lead (November 1962).

To a greater degree perhaps than the *Architectural Review*, *AD* stockpiled a great deal of unsolicited matter, and this would gradually accumulate as potential copy to flesh out any issue of the magazine, provided it was of sufficient merit and not out-of-date. This was a key

A este respecto, Monica me dió total libertad para continuar donde Theo lo había dejado. Es decir, no solo para diseñar las portadas de la revista, sino también para dar forma y conjugar nuestro enfoque mutuo sobre el contenido y maquetación del material. Al igual que Theo, yo carecía de formación académica en diseño gráfico aunque en él era algo innato, como sugiere su posterior entrada en Pentagram como socio. En lo que respecta a mi habilidad en cuestiones gráficas, yo era capaz de elaborar los más llamativos diseños de portada cuando se trataba de obras que admiraba especialmente, como es el caso de la Escuela de Ingeniería de la Universidad de Leicester (febrero de 1964) de Stirling y Gowan o la residencia de estudiantes neobrutalista para el Gonville and Caius College de la Universidad de Cambridge, diseñada por el estudio de Leslie Martin con Patrick Hodgkinson a la cabeza (noviembre de 1962).

En mayor medida quizás que *Architectural Review*, *AD* hizo acopio de una gran cantidad de material que se iba acumulando poco a poco como material potencial para elaborar cualquier número de la revista, siempre que tuviera mérito suficiente y no estuviera desfasado. Esto formaba parte de la estrategia pragmática de Monica para que los números continuaran saliendo,

aspect of Monica's all-too-pragmatic strategy for keeping the issues flowing, and it was just this random, rather ad hoc policy that enabled me to cobble together my first special issue in September 1963 which, with an arresting red and white axonometric on the cover, was largely devoted to recent Swiss work, including Andre Studer's brilliant neo–Wrightian *Zur Palme* office building in Zurich, executed through the office of Haefli, Moser, Steiger, and

Architectural Design 11, November 1963

Architectural Design 11, Noviembre 1963

y fue esta política de selección aleatoria y no siguiendo una criterio concreto, la que me permitió elaborar mi primer número especial en septiembre de 1963 que, con una atractiva perspectiva axonométrica en rojo y blanco en la portada, estaba dedicado en gran parte a obras suizas recientes, incluido el magnífico edificio neo-wrightiano de oficinas *Zur Palme*, de Andre Studer en Zúrich, realizado dentro del estudio de Haefli, Moser, Steiger y la iglesia

Ernst Gisel's Brutalist concrete- and copper-clad church at Effretikon, near Zurich, of 1959–both, in my view, remaining as unique and forgotten minor masterworks. Switzerland was always a point of reference, largely because I stayed in the Siedlung Halen outside of Bern, designed by Atelier 5, with my friend Colin Glennie, soon after it was completed. Glennie lived there after he emigrated from England.

Architectural Design 2, February 1964

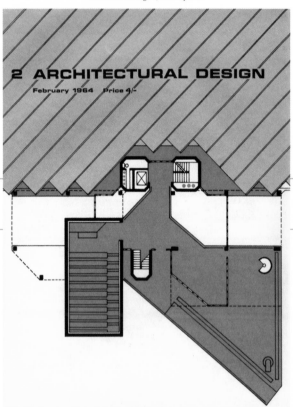

Architectural Design 2, Febrero 1964

brutalista de hormigón y recubrimiento de cobre de Effretikon, cerca de Zurich, realizada por Ernst Gisel en 1959, ambos, en mi opinión, obras maestras menores únicas y olvidadas. Suiza fue siempre para mí un punto de referencia, en gran parte porque yo pasé un tiempo en Siedlung Halen, diseñado por Atelier 5 a las afueras de Berna, poco tiempo después de que fuera terminado, con mi amigo Colin Glennie, quien vivió allí tras emigrar procedente de Inglaterra.

In general, I was able to bring a critical stance to *AD* that went beyond the transatlantic Anglo-American cultural agenda of the Independent Group, as well as transcending the Team 10 line of the Smithsons, who were in the habit of using *AD* as a vehicle to disseminate their own ideas. Without being opposed to either of these lines, I tried to shift the focus of the magazine further afield and to focus on a certain number of peripheral

Architectural Design 3, March 1964

Architectural Design 3, Marzo 1964

En general pude aportar una postura crítica a *AD* que fue más allá de la agenda cultural transatlántica anglo-americana del Independent Group, y superó también la frontera del Team 10 de los Smithsons que tenían la costumbre de utilizar *AD* como un vehículo para difundir sus ideas. Sin oponerme a ninguna de estas dos líneas, intenté trasladar el centro de atención de la revista hacia otros lugares para centrarme en una serie

European architects, who, at the time, were largely ignored by the Anglo-American press. I have in mind such figures as Gino Valle in Udine, Aris Konstandtinidis in Athens, and Mangiaroti and Morasutti in Milan, not to mention the crew-cut Max Bill in Zurich whose Crystal Palace redux pavilion—built for the Swiss National Exhibition, Lausanne of 1963—was surely one of the high points of his architectural career. The November issue of that year also featured the high-tech work of Frei Otto and Jean Prouvé, along with Mike Webb's poetically technocratic Sin Palace project. Around this time I have a vague memory of visiting Jack Coia in the Glasgow office of Gillespie, Kidd, and Coia, to which we had been attracted by the rising young members of the firm—Andy MacMillan and Isi Metzstein, whose work, for whatever reason, we sadly failed to publish. In retrospect, I feel that my subsequent preoccupation

Architectural Design 5, May 1964

Architectural Design 10, October 1964

Architectural Design 5, Mayo 1964

Architectural Design 10, Octubre 1964

de arquitectos de la periferia europea que, en ese momento, eran en gran parte ignorados por la prensa anglo-americana. Tengo en mente figuras como Gino Valle en Udine, Aris Konstantinidis en Atenas, y Mangiaroti y Morasutti en Milán, por no mencionar a Max Bill, con su corte de pelo militar, en Zurich, cuyo pabellón del Palacio de Cristal construido para la Swiss National Exhibition celebrada en Lausanna en 1963, fue sin duda uno de los momentos culminantes de su carrera como arquitecto. El número de noviembre de ese año incluyó también la obra de alta tecnología de Frei Otto y Jean Prouvé, junto con el proyecto poéticamente tecnocrático Sin Palace, de Mike Webb. Más o menos en esta época tengo un vago recuerdo de haber visitado a Jack Coia en el estudio de Glasgow, Gillespie, Kidd y Coia, al que nos había atraído sus prometedores nuevos miembros, Andy MacMillan

with Critical Regionalism had some of its root origins in this moment, when I first began to look upon the culture of European "city state" with a different eye.

Again inspired by Rogers, my stance at *AD* was to push for what the Italians would have called "a magazine of tendency." Hence the line of critique I attempted to cultivate went beyond Theo's somewhat insular transatlantic focus by trying to shift the emphasis of the magazine more toward a latter-day humanist line, as was represented by Joseph Rykwert's translation of Guilio Carlo Argan's seminal essay "On Typology in Architecture," published in December 1963—a prologue, so to speak, to Rykwert's subsequent essay on the work of Gino Valle in Udine, which we carried in the March issue of the following year. One way or another, I tried to feature the writing of a London-based critical elite who were equally removed from both the Independent Group and Team 10, coming out with such pieces as Alan Colquhoun's "Symbolic and Literal Aspects of Technology" of 1962, Neave Brown's critique of Siedlung Halen of 1963, and Gunther Nitschke's reportage on Hans Scharoun's Philharmonic in Berlin, and later, as he moved his base from London to Kyoto, his work on the Japanese Metabolists . At the same

y Isi Metzstein, cuyo trabajo, por alguna razón no llegamos a publicar. A posteriori tengo la sensación de que mi preocupación ulterior con el regionalismo crítico tuvo parte de su origen en este momento en el que, por primera vez, comencé a considerar la cultura de la "ciudad estado" europea con una mirada distinta.

De nuevo inspirado por Rogers, mi postura en *AD* era intentar que fuera lo que los italianos habrían llamado "una revista de tendencias". Por tanto, la línea de crítica que intenté cultivar iba más allá del enfoque, digamos insular-transatlántico de Theo, desplazando el énfasis de la revista hacia una línea humanista contemporánea como la representada por la traducción de Joseph Rykwert del fundamental ensayo de Guilio Carlo Argan "On Typology in Architecture" publicado en diciembre de 1963, un prólogo, por así decirlo, al posterior ensayo de Rykwert sobre el trabajo de Gino Valle en Udine, que publicamos en el número de marzo del año siguiente. De un modo u otro, intenté incluir los escritos de la élite crítica londinense, tan distante del Independent Group como del Team 10, y con trabajos como "Symbolic an Literal Aspects of Technology", de Alan Colquhoun (1962), la crítica de Neave Brown al Siedlung Halen en 1963

time, I was susceptible to what one could see as the more technologically utopian approach to the imminent future. Thus we were the first to publish an English translation of Constant Nieuwenhuys's Situationist thesis, "New Babylon: An Urbanism of the Future," in June 1964. On the other hand, in the name of an emerging semiotic line, we published in October 1963 an excerpt from Peter Eisenman's Cambridge thesis "Towards an Understanding of Form in Architecture." The special issue we devoted to the work of Pietro Lingeri and Giuseppe Terragni in April of the same year was a reassessment of the heroic period of modern architecture, with a critical overview of Italian Rationalism written by a close colleague, Panos Koulermos. In effect, this was the first attempt at recovering this lost wing of the Modern Movement since the end of the Second World War.

Monica's worldly drives and her gregarious and generous disposition were greatly enriching for me, since it was through her that a day at *AD* always carried with it a range of socio-cultural surprises from our unrehearsed lunchtime meetings at *L'Escargot* with yet one more persona passing through London to solicit our patronage, to a particularly memorable

y el reportaje de Gunther Nitschke sobre el edificio de la Filarmónica de Berlín, de Hans Scharoun, y, posteriormente, su trabajo sobre los metabolistas japoneses, escrito al trasladar su base de Londres a Japón. Al mismo tiempo me incliné hacia lo que podía entenderse como un enfoque más utópico desde el punto de vista tecnológico del futuro inminente. Así, fuimos los primeros en publicar, en junio de 1964, una traducción al inglés de la tesis situacionista de Constant Nieuwenhuy "New Babylon: An Urbanism of the Future". Por otra parte, en nombre de una emergente corriente semiótica, publicamos un extracto de la tesis de Peter Eisenman en Cambridge "Toward≠ an Understanding of Form in Architecture". De igual manera, ese mismo año, mediante la revisión del heroico periodo del movimiento moderno, publicamos el número especial dedicado a la obra de Pietro Lingeri y Giuseppe Terragni, con una perspectiva crítica del racionalismo italiano escrita por un colega cercano, Panos Koulermos. En efecto, este fue el primer intento de recuperar esa ala perdida del movimiento moderno desde el final de la Segunda Guerra Mundial.

El espíritu cosmopolita de Monica y su temperamento sociable y generoso fueron para mí muy enriquecedores ya que, con ella, un día en

lunch near Chancery Lane, when we were riotously entertained by the irrepressible wit of David Alford and Brian Henderson, the rising partners of YRM. At least once a week, the day would end with an event or a gallery opening of one kind or another, which we invariably attended together. Alternatively, we were duty bound to entertain a distinguished passing figure with a night on the town: to a theatre and then dinner, as in the case of Lucio Costa and his daughter just prior to our publication of Brasilia in May 1964, or simply a dinner with Bucky Fuller and his wife, when we inadvertently landed ourselves with the task of reassuring Fuller after he had been severely criticized in public by a radical student. I shall never forget Fuller's transcendental reflection when we took him back to Whites Hotel overlooking Hyde Park. "I don't know what the dear lord is trying to tell me by this" were his parting words. A comparable transatlantic melancholia could be felt when entertaining Vincent Scully at the Prospect of Whitby overlooking the Thames, shortly after the assassination of President Kennedy, mourning the violent death of an Irish-American prince with whom Scully understandably felt a profound affinity. Equally memorable for me

AD traía consigo una serie de sorpresas socioculturales; desde nuestras improvisadas reuniones a la hora de comer en *L'Escargot*, con más de un personaje de paso por Londres, que solicitaba nuestro patrocinio, hasta un almuerzo particularmente memorable cerca de Chancery Lane en el que nos divertimos enormemente con el incontenible ingenio de David Alford y Brian Henderson, los prometedores socios de YRM. Al menos una vez a la semana, el día terminaba con la inauguración de una galería o algún acontecimiento del tipo que fuera, al que siempre acudíamos juntos. O bien teníamos la obligación de entretener a alguna distinguida figura de paso, con una velada en la ciudad: acudiendo al teatro y después a cenar como en el caso de Lucio Costa y su hija, justo antes de nuestra publicación de Brasilia, o simplemente a cenar, como con Bucky Fuller y su esposa, cuando sin darnos cuenta asumimos la tarea de tranquilizar a Fuller que había sido duramente criticado en público por un estudiante radical. Nunca olvidaré la transcendental reflexión de Fuller cuando le llevamos de vuelta al Whites Hotel, con vistas a Hyde Park. "No sé que intenta decirme el Señor con esto", fueron sus palabras de despedida. Sentimos una melancolía transatlántica parecida cuando, con Vincent Scully en el restaurante Prospect of Whitby,

was a soirée at the British Museum with Nigel Henderson, where I first met Camilla Gray, the author of *The Great Experiment* (1962), and with whom I shared an enthusiasm for Russian Constructivism. This was the same Camilla in whose company five years later I would witness Berthold Lubetkin in tears before a private showing of Lutz Becker's assembly of archival documentary excerpts of the revolution in action—the film Art in Revolution (1971). Camilla would later marry the son of Prokofiev and tragically lose her life giving birth to their child in the Soviet Union.

Working with Monica, one came to be treated almost as though one was a member of her extended family. This was never more the case than on the trip that we took together to West Germany, when we met one interesting protagonist after another, including the wife of Oswald Mathias Ungers, in the brick and concrete house that Ungers had built for himself and his family in the Mungersdorf, Cologne, in 1960. The seminal piece of Brutalist brick architecture, documented by Rogers in *Casabella*, still remains for me the high point of Ungers's entire career. From Cologne we went on to visit the Hochschule für Gestaltung in Ulm, where we were

a orillas del Támesis, al poco tiempo del asesinato de Kennedy, lamentamos la muerte de un príncipe americano de origen irlandés con quien, comprensiblemente, Scully sentía una gran afinidad. Igualmente memorable para mí fue una velada en el Museo Británico con Nigel Henderson donde conocí a Camilla Gray, autora de *The Great Experiment*, y con quien compartí mi entusiasmo por el constructivismo ruso. La misma Camilla con quien, cinco años después, fui testigo de las lágrimas de Berthold Lubetkin antes del pase privado de la película *Art in Revolution* (1971) de Lutz Becker, montaje de extractos de archivos documentales sobre la revolución en acción. Posteriormente, Camilla se casó con el hijo de Prokofiev y murió trágicamente dando a luz a su hijo en la Unión Soviética.

Trabajando con Monica te sentías como un miembro más de su extensa familia. Y fue así especialmente en el viaje que emprendimos juntos por Alemania occidental, en el que conocimos a un interesante protagonista tras otro, incluida la esposa de Oswald Mathias Ungers en la casa de ladrillo y hormigón que Ungers había construido para él y su familia en Mungersdof, Colonia en 1960. Esta pieza fundamental de arquitectura brutalista en ladrillo, tratada por Rogers en *Casabella* sigue siendo para mí el punto

warmly received by Claude Schnaidt and Tomás Maldonado. Schnaidt
was a committed left-wing Swiss architect and historian, whose early
documentation of the work of Hannes Meyer remains unsurpassed to this
day, while Maldonado would later exercise a profound influence on me when
I taught with him at Princeton at the end of the 1960s. As he was in the
habit of putting it, "While one cannot make anything without waste, this is
distinguishable from an ideology of waste." A greater aphoristic indictment
of capitalism would be hard to imagine. After Gelsenkirchen, Mannheim, and
Dusseldorf, we ended up in the burnt-out, poetic landscape of West Berlin,
arriving through the elegant welded steel portico of Templehof Airport to be
warmly received by the rising firm of Duttman, Heinrichs, Muller, and by the
architectural department of the Technische Universität Berlin—including
the erudite Julius Posener, who had only recently returned to Germany
from Africa. Equally memorable, on this whirlwind trip, was being invited to
tea by Hans Scharoun in Charlottenberg. In those years West Germany was
more than we bargained for, displaying an unexpected spiritual richness,
which stayed with us, although somehow we failed to do justice to this

culminante de la carrera de Ungers. Desde Colonia continuamos nuestro
viaje para visitar la Hochschule für Gestaltung de Ulm, donde fuimos
calurosamente recibidos por Claude Schnaidt y Tomás Maldonado. Schaidt
era un comprometido arquitecto e historiador suizo de izquierdas cuyo
trabajo sobre la obra de Hannes Meyer no ha sido superado hasta hoy,
mientras que Maldonado ejercería posteriormente una gran influencia en
mí cuando impartí clases con él en Princeton a finales de los 60. Como él
solía expresarlo, "Aunque uno no puede hacer nada sin desperdicios, hay
que distinguir esto de una ideología del desperdicio." Sería difícil imaginar
un mejor aforismo acusatorio para el capitalismo. Tras Gelsenkinchen,
Mannheim y Dusseldorf, concluimos en el calcinado y poético paisaje de
Berlín oeste, al que llegamos a través del elegante pórtico de acero soldado
del Aeropuerto Templehof para ser calurosamente recibidos por el estudio
de Duttman, Heinrichs, Muller y por el departamento de arquitectura de la
Technische Universität de Berlín, con el erudito Julius Posener incluido, que
había regresado recientemente de África. Igualmente memorable en este
vertiginoso viaje fue la invitación a tomar el té de Hans Scharoun en
Charlottenberg. En aquellos años, Alemania occidental era más de lo

spirit in the pages of our June 1963 special issue on Germany, despite the extensive treatment given to Egon Eiermann's brilliant neo-Constructivist Neckermann Mail Order Building, just completed outside Frankfurt.

Somewhat fortuitously, the magazine also afforded me frequent journeys to Paris, including contacts with Le Corbusier at 35 rue de Sevres, when in June 1964 we published his last Unité, built in Briey-en-Foret; with Georges Vantongerloo in his science-fiction studio near Mêtro Alessia, after I reviewed his retrospective at the New London Gallery; and with Yona Friedman, at the time when we published his project for a bridge over the Channel in April 1963. An early Israeli dissident, refugee, and generic Parisian intellectual, Friedman was a member of the Franco-German Group d'Etudes de l'Architecture Mobile, otherwise known as GEAM—an anarchic connection that I thought was somehow at odds with his African fairy tales, his Boolean logic, and his skepticism as to the role of modern art, about which he had the provocative habit of saying, "I think there is one art and that is cooking." With Michael Carepetian I would collaborate on the documentation of Pierre Chareau's Maison de Verre in rue Ste Guillaume,

que esperábamos, mostrando una riqueza espiritual inesperada, que permaneció con nosotros, aunque, por alguna razón, no conseguimos hacer justicia a este espíritu en las páginas de nuestro número especial de junio de 1963 sobre Alemania, a pesar del amplio tratamiento dado al brillante edificio neoconstructivista Neckermann Mail Order Building, de Egon Eiermann, recién terminado a las afueras de Frankfurt.

De manera algo fortuita, mi trabajo en la revista me permitió también realizar frecuentes viajes a París, donde me reuní con Le Corbusier en la rue de Sevres nº 35, con motivo de la publicación de su última Unidad, construida en Briey-en-Forêt; con Georges Vantongerloo en su estudio de ciencia-ficción cerca de Mêtro Alessia, tras mi reseña sobre su retrospectiva en la New London Gallery; y con Yona Friedman, cuando publicamos su proyecto para un puente sobre el Canal en abril de 1963. Disidente israelí refugiado y un intelectual genérico de París, Friedman era miembro del Franco-German Group d'Etudes de l'Architecture Mobile, conocido también como GEAM, una anárquica conexión que me parecía en cierto modo en desacuerdo con sus leyendas africanas, su lógica booleana y su escepticismo en cuanto al papel del arte moderno, sobre el que tenía la

Paris, at a time when the original clients were still alive and living in the building. This was surely a fruitful journey, as were the measured drawings produced by myself in collaboration with Robert Vickery. All of that material was redrawn in the US and eventually published in Yale School of Architecture's magazine, *Perspecta* 12 (1969).

It was experiences such as those that cured me once and for all of the naïve notion that the camera was a neutral instrument. From editing *AD*, I soon learned that an entire world separated Richard Einzig's plate camera images of Stirling and Gowan's Leicester Engineering Building from John Donat's high-speed, grainy shots of Gonville and Caius College, Cambridge. Einzig's photos were so refined as to give one a sense of the materials—themselves, that is to say, they seemed to be etched into the negative, whereas—Donat's vision of tactile material dramatized the substance of its fabric with rich black shadows. Both photographers had a totally different sensibility from the middle-ground Hasselblad veracity of Sam Lambert's photos of Craven Hill Gardens— the eight-story block of flats that still consumed my mornings—a work

provocadora costumbre de decir: "Creo que hay un arte, y es la cocina." Con Michael Carepetian colaboré en la documentación de la Maison de Verre de Pierre Chareau, en la rue Ste Guillaume, en una época en la que todavía vivían en el edificio los clientes para quienes fue construida. Este fue, sin duda, un viaje fructífero, como lo fueron los medidos dibujos que yo mismo realicé en colaboración con Robert Vickery. Todo ese material fue redibujado en Estados Unidos y después publicado en la revista de la Escuela de Arquitectura de Yale, *Perspecta* 12 (1969).

Fueron experiencias como estas las que me curaron para siempre de la ingenua noción de que la cámara era un instrumento neutro. Desde mi trabajo como editor en *AD* comprendí enseguida que un abismo separaba las imágenes en placas de la Escuela de Ingeniería de Leicester, de Stirling y Gowan, tomadas por Richard Einzig, de las tomas granuladas a alta velocidad que John Donat realizó del Gonville and Caius College, Cambridge. Las fotos de Einzig eran tan refinadas que dejaban percibir los materiales, esto es, parecían grabadas en el negativo, mientras que el tratamiento de Donat del material táctil era dramatizar la sustancia de su tejido con ricas sombras negras. Ambos fotógrafos tenían una sensibilidad totalmente

which I was eventually able to publish in *AD* in September 1964. All of this was to be iconographically transcended by another set of photographs by Michael Carepetian: his elegiac image of the RCA Building under snow and his equally evocative images of the Economist Building, the Smithson masterpiece with which I ended my time at *AD* in February 1965.

Postcard from Kenneth Frampton to Monica Pidgeon, July 22, 1969

36 TIMES SQUARE AND PARAMOUNT BUILDING, NEW YORK CITY

Postal de Kenneth Frampton a Monica Pidgeon, 22 de julio de 1969

distinta de la veracidad ofrecida por la Hasselblad, en las fotos que Sam Lambert tomó de Craven Hill Gardens—el bloque de pisos de ocho alturas que todavía consumía mis mañanas- un trabajo que posteriormente pude publicar en *AD* en septiembre de 1964. Todo esto sería superado desde el punto de vista de la iconografía por otro grupo de fotografías realizadas por Michael Carepetian, su elegíaca imagen del edificio de RCA cubierto de

Like Theo, I was as much concerned with art as with architecture, although our tastes in both of these areas, despite certain overlaps, were distinct. I had close affinities with the British Constructivist artists, above all with Anthony Hill and Gillian Wise, who, together with Kenneth and Mary Martin, Stephen Gilbert and the American émigré John Ernest, had been

Reverse of Postcard from Kenneth Frampton to Monica Pidgeon

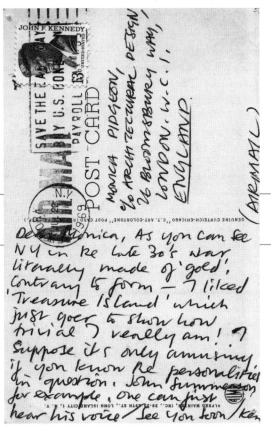

Reverso de la postal de Kenneth Frampton a Monica Pidgeon

nieve y sus igualmente evocadoras imágenes del Edificio del Economist, obra maestra de Smithson con la que puse fin a mi época en *AD* en febrero de 1965.

Al igual que Theo, yo estaba tan interesado en el arte como en la arquitectura, aunque nuestros gustos en ambos campos, a pesar de ciertas coincidencias, eran distintos. Yo tenía gran afinidad con los

profoundly influenced by Charles Biederman's *Art as the Evolution of Visual Knowledge* of 1948. It is this same affinity that led me on my visits to Zurich to seek out the Swiss concrete artist and graphic designer Richard Lohse. At the same time, I was equally fascinated by the Duchamp-inspired work of Richard Hamilton. It was a great pleasure for me to publish his gloss on his mixed-media painting *She* of 1958-1961 in the October 1963 issue, which provided an occasion to visit his studio, where I was impressed by his unique collection of Harvey Earl furniture.

The intellectual and physical journeys that began at *AD* continued long after my own relatively brief time at the magazine. And here my debt extends beyond Monica to my successor, Robin Middleton, who, while he ultimately took a quite different tack, nonetheless remained aligned with some of the tendencies that Theo and I had cultivated, as is evidenced above all perhaps in the *AD* "Housing Primer" issue of September 1967, whose cover carried an aerial view of Michael Neylan's sensitively inflected Bishopsfield Housing, Harlow. While I had left London for the United States in 1966, Robin continued to extend a certain editorial patronage to me,

artistas constructivistas británicos, sobre todo con Anthony Hill y Gillian Wise, quienes junto con Kenneth y Mary Martin, Stephen Gilbert y el exiliado estadounidense John Ernest se habían visto profundamente influenciados por la obra de Charles Biederman *Art as the Evolution of Visual Knowledge*, de 1948. Fue esta misma afinidad la que me condujo, en mis visitas a Zurich, a buscar al diseñador gráfico y artista del hormigón Richard Lohse. En esa misma época me sentía igualmente fascinado por el trabajo de Richard Hamilton, inspirado en Duchamp. Fue un gran placer para mí publicar su glosa sobre la pintura mixta *She*, de 1958-61, en el número de octubre de 1963, que me brindó la ocasión de visitar su estudio en el que quedé impresionado por su colección única de muebles de Harvey Earl.

Los viajes intelectuales y físicos que había comenzado en *AD* continuaron mucho tiempo después del relativamente breve periodo que pasé en la revista. Y aquí mi deuda va más allá de Monica a mi sucesor Robin Middleton quien, aunque en última instancia tomó un camino bastante distinto, permaneció no obstante en línea con algunas de las tendencias que Theo y yo mismo habíamos cultivado, lo cual se evidencia sobre todo en el número de septiembre de 1967, *AD Housing Primer*, cuya portada mostraba una vista aérea de la obra,

carrying my critical review of Scharoun's Berlin Philharmonic, and later inviting me to write a critique of Kevin Roche's Ford Foundation in New York under the title, "A House of Ivy League Values." (July 1968) As acquisitions editor for Thames & Hudson, Robin commissioned me in 1970 to write *Modern Architecture: A Critical History*, which took a decade to complete and would never have been brought to its final form had it not been for the specialist scholars he linked me up with, and his own testy but pertinent editorial voice, interjecting from time to time, "You don't need this sentence, you've said it already; you don't need this adjective, it adds nothing." In the end, I internalized this voice and hereafter my writing owes whatever conciseness and pertinence it has to his perennial presence whenever I pick up a pen.

1   A previous version of this memoir
appeared as AA Files 60 (2010) 22–7.

moldeada con sensibilidad, Bishopsfield Housing, Harlow, de Michael Neylan. Aunque dejé Londres y me marché a Estados Unidos en 1966, Robin continuó desarrollando un cierto patrocinio editorial sobre mí, publicando mi reseña crítica del edificio de la Filarmónica de Berlín, de Scharoun y, posteriormente, invitándome a escribir una crítica sobre la Ford Foundation de Kevin Roche en Nueva York con el título "A House of Ivy League Values". Como editor de adquisiciones para la editorial Thames & Hudson, Robin me contrató para escribir en 1970, algo que me llevó una década terminar y nunca habría alcanzado su forma final si no hubiese sido por los especialistas académicos con quienes me puso en contacto, y por su hosca pero pertinente voz de editor, que de vez en cuando terciaba: "No te hace falta esta frase, ya lo has dicho; no necesitas este adjetivo, no añade nada." Al final, internalicé esa voz y, desde entonces, mis escritos deben la concisión y pertinencia que puedan tener a su presencia permanente cada vez que cojo un bolígrafo.

1   Una versión anterior de esta memoria
apareció en AA Files 60 (2010) 22–7.

ALDO VAN EYCK AND THE DOGON IMAGE

KARIN JASCHKE

ALDO VAN EYCK Y LA IMAGEN DOGON

The image is a pure creation of the mind. It cannot arise from
a comparison but from the juxtaposition of two more or less distant
realities. The more distant and right the relationship between the
two juxtaposed realities, the stronger the image will be—the more
emotional power and poetic reality it will have.
—Pierre Reverdy

THE TRAVELS OF Aldo van Eyck can be traced through images, from
the photographs he took, to the collection of images that made up his
architectural *musée imaginaire*, to poetic *images*, figures of thought beyond
representation that Van Eyck evoked in his publications and lectures.
Images were the means by which Van Eyck engaged with the Other, that
is, with non-Western cultures and places, the geographically, historically,
and culturally remote.[1] This essay takes an oblique look at a number of
unpublished images from two destinations that Van Eyck visited and that
played important but substantially different roles in his architectural work
and thought: the Sahara desert and the sub-Saharan Dogon region.[2]

La imagen es una pura creación de la mente. No puede surgir de la
comparación sino de la yuxtaposición de dos realidades más o menos
distantes. Cuanto más distantes y justas sean las relaciones entre las
dos realidades yuxtapuestas, más fuerte será la imagen, más fuerza
emotiva y más realidad poética tendrá.
—Pierre Reverdy

LOS VIAJES DE Aldo van Eyck pueden trazarse a través de imágenes, de las
fotografías que hizo, la colección de imágenes que conforman su *musée
imaginaire* arquitectónico, y las 'imágenes' poéticas, figuras de pensamiento
más allá de la representación que Van Eyck evocaba en sus publicaciones
y conferencias. Las imágenes eran el medio por el que Van Eyck participaba
de lo Otro, es decir, de culturas y lugares no occidentales, lo remoto geo-
gráfica, histórica y culturalmente.[1] Este ensayo ofrece una mirada indirecta
a una serie de imágenes sin publicar de dos destinos que Van Eyck visitó
y que tuvieron un papel importante pero sustancialmente diferente en su
obra arquitectónica y en su pensamiento: el desierto del Sáhara y la región
Dogon subsahariana.[2]

Van Eyck traveled to North Africa on a number of occasions in the years following World War II with his wife, colleagues, and friends. (1) In 1952, he and Hannie went with fellow architect Sandy van Ginkel and his wife Lucia to Algeria, to "simply experience the Sahara and not to explore architecture."[3] Photographs from this and other trips cover the range of motifs that one might expect from the ordinary, if enterprising, European tourist: local people, landscapes, buildings, and the travelers themselves. (2) At the same time, they speak of the particular experience that the desert

A PICTURE FROM THE SAHARA: HANNIE VAN EYCK, ON A DESERT PLAIN, BRACED AGAINST THE WIND, HER SKIRTS BILLOWING, HER SHADOW CAST SHARPLY IN FRONT OF HER. SHE IS LOOKING THROUGH A LARGE PAIR OF BINOCULARS ACROSS THE FLAT, UNIFORM LANDSCAPE, SAND AND RUBBLE TO THE HORIZON, FOCUSING, IT SEEMS, ON SOMETHING THAT IS NOT THERE AND YET ACUTELY PRESENT—THE VASTNESS AND EMPTINESS OF THE DESERT. HER HUSBAND IS STANDING BEHIND HER AT AN ANGLE, CLOSER TO THE CAMERA, HIS HANDS BURIED IN THE POCKETS OF HIS TRENCH COAT; HE TOO IS LOOKING OUT INTO THE DISTANCE.

Van Eyck viajó al norte de África con su esposa, colegas y amigos, en diversas ocasiones durante los años posteriores a la Segunda Guerra Mundial. (1) En 1952, él y Hannie, viajaron a Argelia con el también arquitecto Sandy van Ginkel y su esposa Lucia, "simplemente para experimentar el Sahara y no para estudiar arquitectura".[3] Las fotografías de éste y otros viajes abarcan los motivos que podrían esperarse del turista europeo corriente, aunque con iniciativa: gentes del lugar, paisajes, edificios y los propios viajeros. (2) Al mismo tiempo, hablan de la experiencia

journeys afforded Van Eyck. The conjuncture of the desolate barrenness of the landscape and the suggestion of domestic intimacy and *at-homeness*, or the presence of the homely amidst the sublimely *unheimlich*, mirror early modern concerns with the oneiric, surreal, and *primitive*. In a letter to his friend and mentor Carola Giedion-Welcker, Van Eyck suggested as much saying, "We had an amazing time penetrating the Sahara (Hoggar mountains) this winter. It's our world all right. The Tademait plateau; the tidikelt the tafedest; we've never really felt so at home anywhere—we were

UNA FOTOGRAFÍA DEL SAHARA: HANNIE VAN EYCK, EN UNA LLANURA DESIERTA, DE PIE CONTRA EL VIENTO, SU ROPA ONDULANDO AL VIENTO, SU SOMBRA PROYECTÁNDOSE NÍTIDA DELANTE DE ELLA. CON GRANDES PRISMÁTICOS CONTEMPLA EL PAISAJE LLANO Y UNIFORME, ARENA Y SUCIEDAD HASTA EL HORIZONTE, FIJÁNDOSE, PARECE, EN ALGO QUE NO ESTÁ ALLÍ, Y SIN EMBARGO SUMAMENTE PRESENTE, LA INMENSIDAD Y EL VACÍO DEL DESIERTO. SU MARIDO ESTÁ DE PIE JUNTO A ELLA EN UN ÁNGULO, MÁS CERCA DE LA CÁMARA, LAS MANOS EN LOS BOLSILLOS DE SU GABARDINA; ÉL TAMBIÉN MIRA HACIA LA DISTANCIA.

1

personal que los viajes por el desierto aportaron a Van Eyck. La conjunción del desolador vacío del paisaje con la sugerencia de intimidad doméstica y la sensación de 'estar en casa', o la presencia de lo acogedor entre lo sublimemente *unheimlich*, son reflejo de la temprana preocupación moderna por lo onírico, surrealista y 'primitivo'. En una carta a su amiga y mentora Carola Giedion-Welcker, Van Eyck sugiere cuanto "Hemos disfrutado de un momento extraordinario adentrándonos en el Sahara (las montañas Hoggar) este invierno. Es realmente nuestro mundo.

actually inside Ernst's *Histoire Naturelle*. Tell me tale—…hats off! We've verified him now. Its the truth—& both sides of the dream…. We came back—corroded clean…"[4] Van Eyck's experience was clearly refracted by the mythopoeic sensibility of the group of avant-garde artists that he called the Great Gang, with whom he felt intensely connected.[5] By extension he also found in the Sahara reflections of the architectural agenda that drove him during this early part of his career and that he described at the Congrès International d'Architecture Moderne (CIAM) congress in Bridgwater as "the discovery of the imagination."[6] He also described the need for "a universal revaluation of the elementary."[7] This discovery came despite the assertion that the journeys were not intended as architectural travels. In 1952,

2

ANOTHER PICTURE: A COUPLE, PROBABLY SANDY AND LUCIA VAN GINKEL, IN FRONT OF A LOW MOUNTAIN RANGE. THEY ARE LYING ON A MAKE-SHIFT BED ON THE DESERT GROUND, PROPPED UP ON THEIR ELBOWS, MUGS IN HAND. THEY SEEM TO BE HAVING BREAKFAST AFTER A NIGHT SPENT IN THE OPEN. TIRE TRACKS PASS BELOW THEIR CAMP, AN INDEX OF THEIR LIFELINE TO CIVILIZATION.[2]

La meseta de Tademait; el tidikelt el tafedest; nunca nos habíamos sentido tan en casa en ninguna otra parte -nos sentíamos realmente dentro de la *Histoire Natrelle* de Ernst. No es cuento… ¡fuera sombreros! Lo hemos verificado. Es la verdad -y ambos lados del sueño…. Volvimos limpios por dentro…"[4] La experiencia de Van Eyck fue claramente refractada por la sensibilidad mitopoyética del grupo de artistas de vanguardia que él llamó la "Great Gang" y con el que se sentía intensamente conectado.[5] Por extensión, encontró en el Sáhara reflejos de la agenda arquitectónica que le guió durante esta primera parte de su carrera y que él describe en el Congrès International d'Architecture Moderne (CIAM), celebrado en Bridgwater, como el "descubrimiento de la imaginación"[6] y la necesidad

Van Eyck published an article in the journal *Forum* entitled "Bouwen in de zuidelijke oasen," or Building in the Southern Oases, which featured his own photographs (as was pointed out in the headline).[8] These consisted mainly of images of traditional mud buildings and compounds from a number of desert towns, framed by the portrait of a young boy on the first page and a map of the area on the last. (3) The article was less exalted than Van Eyck's personal account, but as before, the Sahara was cast as an ethereal world apart: the black and white images of empty town squares, apparently abandoned buildings, and isolated places of worship were set alone or in pairs on otherwise blank pages, with only the sparsest of commentary and

OTRA FOTO: UNA PAREJA, PROBABLEMENTE SANDY Y LUCIA VAN GINKEL, DELANTE DE UNA CADENA DE MONTAÑAS NO MUY ELEVADAS. ESTÁN TUMBADOS EN UNA CAMA IMPROVISADA EN EL DESIERTO, ACOSTADOS SOBRE LOS CODOS, CON TAZAS EN LA MANO: PARECE QUE ESTÁN DESAYUNANDO TRAS HABER PASADO LA NOCHE AL AIRE LIBRE. HUELLAS DE NEUMÁTICO PASAN POR DETRÁS DEL CAMPAMENTO, UN SÍMBOLO DE SU CONEXIÓN CON LA CIVILIZACIÓN.[2]

2

de una "revalorización universal de lo elemental."[7] Este descubrimiento se produjo, a pesar de su afirmación de que los viajes no tenían un propósito arquitectónico. En 1952 Van Eyck publicó un artículo en la revista *Forum* titulado "Bouwen in de zuidelijke oasen", o "Construir en los oasis del sur", que incluía sus propias fotografías (tal y como se apuntaba en el titular).[8] Se trataba fundamentalmente de imágenes de edificios tradicionales de adobe y construcciones de diversas ciudades del desierto, enmarcadas por el retrato de un joven en la primera página y de un mapa de la zona en la última. (3) El artículo tenía un tono menos exaltado que el relato del propio Van Eyck pero, como anteriormente, el Sáhara se proyectaba

captions. The texts were poetic in tone and suggestive of the timelessness and, indeed, the placelessness of the Saharan settlements, unchanged for millenia and utterly remote—archetypal expressions of cycles of building and decay and the confrontation of human culture and the natural environment. "It cannot have been so very different in Ur 5000 years ago," wrote Van Eyck.[9] Much later, he commented on the pains of labor that he experienced in committing these words to paper—the delivery of a fundamental existential truth.[10] Van Eyck's interest in the elementary and his aestheticizing stance during this period was not just a rehearsal of avant-garde themes but a provocation against the functionalist tendencies within CIAM. In his built work, particularly the playground projects in Amsterdam, this translated into a concern with form-giving and place-making. With regard to his early travels, this came at the price of essentializing, or at least abstracting from, the specific and concrete aspects of Saharan communities, building traditions, and culture. Over the course of the 1950s, this attitude changed into a more complex engagement with non-Western cultures and a use of images that would incorporate, but go beyond, the aesthetic and the elementary.

como un distante mundo etéreo: las imágenes en blanco y negro de plazas vacías en las ciudades, edificios aparentemente abandonados y aislados lugares de culto, fueron dispuestas solas o en parejas en páginas en blanco, acompañadas únicamente con un breve comentario o pie de foto. Los textos tenían un tono poético, sugiriendo la no pertenencia al tiempo y, desde luego, al lugar, de los asentamientos del Sáhara, inalterables durante milenios y extremadamente remotos -expresiones arquetípicas de ciclos de construcción y decadencia y de la confrontación de la cultura humana con el medio natural. "No debió ser muy diferente en Ur hace 5000 años", escribió Van Eyck.[9] Mucho después, se refirió a los dolores de parto que experimentó al poner estas palabras por escrito: el nacimiento de una verdad existencial fundamental.[10] El interés de Van Eyck por lo elemental y su influencia estética durante este periodo no fue sólo el ensayo de temas de vanguardia sino una provocación contra las tendencias funcionalistas dentro del CIAM. En su obra arquitectónica, especialmente en los proyectos de parques infantiles de Amsterdam, se tradujo en una inquietud por dar forma y construir un lugar. Con respecto a sus primeros viajes, esto se produjo a costa de esencializar, o al menos abstraer, los aspectos

At the CIAM conference in Aix-en-Provence in 1953, Van Eyck was still concerned with Saharan themes, as co-chair of the commission on the role of aesthetics in the habitat. The commission issued a statement, the "Position on natural conditions and archaic civilizations" emphasizing the need for humility and scope for learning from "archaic civilizations," in aesthetic terms.[11] This was somewhat in contrast to other contributions, such as those of the Moroccan and Algerian groups who presented their research on indigenous urban quarters in Casablanca and Algiers, and who embraced ethnographic methods and a stance of enlightened paternalism in contrast to Van Eyck's late-primitivist agenda. Yet another group, student delegates from Paris, exhibited documentation on *L'Habitat au Cameroun*, a study of traditional settlements in West Africa. Despite the differences in outlook, there was a shared feeling that modern architecture needed to expand its field of vision beyond the confines of the West. In Van Eyck's view, "so far there has probably been nothing more moving in the development of CIAM than the confrontation with the problem of 'foreign and humble' countries."[12] When he took over the editorship of the journal *Forum* in

específicos y concretos de las comunidades saharianas, sus tradiciones constructivas y su cultura. Durante los años 50, esta actitud se transformó en un compromiso más complejo con las culturas no occidentales y un uso de las imágenes que incorpora, pero supera, lo estético y lo elemental.

En la conferencia del CIAM celebrada en Aix-en-Provence en 1953, Van Eyck estaba todavía interesado en temas del Sáhara, como copresidente de la comisión sobre el "Role of Aesthetics in the Habitat". La comisión realizó la declaración sobre la "Position on natural conditions and archaic civilizations" haciendo hincapié en la necesidad de humildad y perspectiva para aprender de las "civilizaciones arcaicas" en términos estéticos.[11] De alguna manera esto contrastaba con otras contribuciones como las de los grupos marroquíes y argelinos que presentaron sus investigaciones sobre barrios urbanos autóctonos en Casablanca y Argel y adoptaron métodos etnográficos y una postura de paternalismo ilustrado en contraste con la agenda tardo-primitivista de Van Eyck. También otro grupo, representantes de estudiantes de París, mostró documentación sobre *L'Habitat au Cameroun*, un estudio de los asentamientos tradicionales en África oriental. A pesar de las diferencias en el punto de vista, existía un

1959, he and his co-editors devoted large sections of a number of issues to the joint display of images from Western and non-Western contexts, drawn from the editors' image collections, which they called their *musée imaginaire*.[13] The emphasis in these publications indicated a shift away from aesthetic concerns toward the cultural and political dimensions of the Western-non-Western relationship. It was shortly after that Van Eyck had the chance to explore these issues in a concrete situation.

In mid-February 1960, the Van Eycks set off on a journey to the Dogon region in French Sudan, together with their friend and colleague Herman Haan.[14] This journey became the basis of two articles on Dogon architecture, a short one in *Architectural Forum* in 1961 and a much longer version in *Forum* six years later, which has come to stand for Van Eyck's interest in non-Western cultures.[15] In contrast to the Saharan journeys' implicit relationship with Van Eyck's architectural work, the Dogon trip was presented as a direct correlate of architectural concerns. Indeed, Van Eyck's declared aim in traveling to the region was architectural: he set out to document Dogon villages and the characteristic mud buildings that

sentimiento compartido de que la arquitectura moderna necesitaba ampliar su campo de visión más allá de los confines de occidente. En opinión de Van Eyck, "hasta ahora probablemente no ha habido nada que haya dado más impulso al desarrollo del CIAM que la confrontación con el problema de los países 'extranjeros y humildes'".[12] Cuando se ocupó de la dirección de la revista *Forum* en 1959, él y sus coeditores dedicaron amplias secciones de diversos números a la muestra conjunta de imágenes de contextos occidentales y no occidentales, tomadas de las colecciones de imágenes de los editores o, lo que ellos llamaban, su *musée imaginaire*.[13] El énfasis en estas publicaciones indicaba un alejamiento de las preocupaciones estéticas hacia las dimensiones culturales y políticas de la relación occidental-no occidental. Fue al poco tiempo cuando Van Eyck tuvo la oportunidad de explorar estos temas en una situación concreta.

A mediados de febrero de 1960, los Van Eyck emprendieron un viaje a la región Dogon en el Sudán francés, junto con su amigo y colega Herman Haan.[14] Este viaje supuso la base de dos artículos sobre la arquitectura Dogon, uno breve, en *Architectural Forum* en 1961 y una versión mucho más extensa en *Forum* seis años después, que ha venido a representar el

he had first seen in a series of articles by the ethnographer Marcel Griaule, and the resulting photographs and sketches that were subsequently published in the articles. What was more important to Van Eyck than the buildings themselves, though, was their apparent embeddedness in the cultural and social fabric of Dogon society. Based on Griaule's writings, and on conversations with two ethnopsychoanalysts from Zurich whom he had met on-site, Van Eyck claimed that in a culture like the Dogon, "...cities, villages and houses —even baskets—were persuaded by means of symbolic form and complex ritual to contain within their measurable confines that which exists beyond and is immeasurable: to represent it symbolically. The artifact— whether small or large, basket or city, was identified with the universe or with the power or deity representing the cosmic order. It thus became a 'habitable' place, comprehensible from corner to corner, familiar and tangible."[16] This was in line with Van Eyck's affinity with mythopoeic themes, but his interest in anthropological theory, as well as in the social and psychological mechanisms that underpinned the cohesive cultural make-up he perceived in the Dogon, were part of the shift away from the late-primitivist interest in the *elementary*

interés de Van Eyck por las culturas no occidentales.[15] En contraste con la relación implícita de los viajes al Sahara con la obra arquitectónica de Van Eyck, el viaje Dogon se presentaba como un correlato directo de sus inquietudes arquitectónicas. De hecho, el propósito declarado de Van Eyck de viajar a la región era arquitectónico: partió con la intención de documentar los poblados Dogon y sus característicos edificios de adobe, que había visto en una serie de artículos del etnógrafo Marcel Griaule, y las consiguientes fotografías y bocetos que realizó, se publicaron posteriormente en los artículos. Pero para Van Eyck, más importantes que los propios edificios era su aparente integración en el tejido cultural y social de la sociedad Dogon. Basándose en los escritos de Griaule y en conversaciones con dos etnopsicoanalistas de Zurich que conoció in situ, Van Eyck afirmaba que en una cultura como la Dogon, "... se induce a las ciudades, pueblos y casas -incluso a las cestas- a creer, por medio de su forma simbólica y un complejo ritual, que contienen dentro de sus confines mensurables lo que está más allá y es inconmensurable, que lo representan simbólicamente. El artefacto, ya sea grande o pequeño, cesta o ciudad, se identificaba con el universo o con el poder o deidad que representaba

5 Dak moskee te Djenne, Soedan Foto Aldo van Eyck

nog steeds niet kunnen scheiden en met elkaar fluisteren, vliegt een vogel

Dogon

mand - huis - dorp - wereld

tekst: Dr. Paul Parin
Dr. Fritz Morgenthaler
Aldo van Eyck

foto's: Aldo van Eyck

Voor Artur Glikson
in nagedachtenis.

DOGON

afb. 1, 2 en fig. a
De kolossale rotswand van Bandiagara strekt zich over een afstand van 200 km uit in NO-ZW richting. Dat dit markant topografisch gegeven in het bestaan van de dogon, die aan de voet ervan leven en honderden meters hoger op het plateau, een grote rol heeft gespeeld is duidelijk — in dat van hun voorgangers, de tellem, gezien de talloze haast ontoegankelijke bouwsels welke deze tot op enorme hoogte en in wisten te bouwen wellicht een nog grotere. In overeenstemming met dit gegeven zijn er twee dorpsoorten, enerzijds (afb. 11-26) die op de hoogvlakte, vaak van rand tot rand op de vlakke bovenkant van tafelachtige rotsmassa's gebouwd en meestal in groepen bij elkaar; anderzijds (afb. 1-10) die aan de voet van de rotswand gelegen in een lange nauwelijks onderbroken ketting. De eerste zijn uiteraard compact met vele straatjes en pleinen, de tweede, losser als gevolg van de stijle helling en de her en der liggende rotsblokken (fig. a))

'Heel veel anders zal het in Ur 5000 jaar geleden niet geweest zijn: het zijn dezelfde moeizaam gevormde stenen van zanderig klei en wat water, nu als toen; dezelfde zon die ze zwakjes bindt en heftig ontbindt; dezelfde ruimte om een binnenhof; dezelfde embryonale geborgenheid; dezelfde absolute gang van donker naar licht; van binnen naar buiten; dezelfde koelte na hitte; dezelfde sterrennachten; dezelfde angsten misschien; dezelfde slaap.'
Ik herinner mij de moeite, welke het mij kostte om dit zinnetje op papier te krijgen. Het staat bij een reeks foto's, die ik in het voorjaar van 1951 en 1952 in de Sahara maakte. Die foto's heb ik (Forum 1, 1953) zo juist weer bekeken: 'een huis, meerdere huizen, een plein, een dorp, een deur, een trap, een plek voor offergaven en een op fascinerende wijze ondergedimensioneerde marabout'; voorop, een glimlachende jongen — toen als nu. 5000 jaar! 15 jaar! Dat zijn lange perioden.
Ik neig intussen onverminderd naar het onveranderlijke. Mijn genegenheid voor die milde woestijn-dorpen is daarom ook niet verminderd. Het is een soort verlangen, waarvan ik mij door er uitvoerig over te schrijven niet wil vervreemden. Wel zou ik willen dat iets van die wonderbaarlijke mildheid ook hier terecht kwam — in ónze nederzettingen.
Intussen is er in die 15 jaar toch wat veranderd (voor Mabrouk ben Hamou ligt er zelfs een lange wrede oorlog tussen); de 8 en Opbouw bijvoorbeeld kwam toen nog geregeld samen: er werd over veel gesproken — en ook zinrijk gesproken — maar over mijn woestijndorpen helaas niet — het zat er gewoon niet in. De foto's en de regels die ik er bij schreef kwamen tenslotte in een speciaal afrika nummer terecht! Ofschoon zij een onuitgesproken credo inhielden welke niet Afrika gold, maar de bron van het wonen in het algemeen.
Voorbij het Hoggar massief in de centrale sahara (2500 km ten zuiden van Algiers) konden wij toen niet komen — Timbuktu lag in ieder geval 1500 km voorbij ons laatste kampement — geen afstand tenslotte voor een fabelstad! Des te vaker spraken wij — Haan, Corneille, mijn vrouw en ik — over de Niger en over Bandiagara, ten zuiden van Timbuktu gelegen, want daar in de buurt lag het Dogon gebied. Marcel Griaule's Dogon verslag in Minotaur had ik in de oorlog gevonden; de platen kende ik uit mijn hoofd. Zo lag Ogol dus al jaren vlak om de hoek!
Later in Parijs en elders probeerde ik vooral over de dorpen en huizen materiaal te verzamelen, maar zonder veel succes — en dit terwijl juist aan de Dogon lange studies over deel aspecten van hun cultuur zijn gewijd. Het viel mij op dat het bouwen steeds alleen zijdelings ter sprake komt; ook dat keer op keer gebruik wordt gemaakt van dezelfde paar opnamen die ik al jaren kende. Zo ontstond het idee er zelf heen te gaan om het tekort alvast enigszins goed te maken. De hier gepubliceerde foto-reeks vormt een kleine keuze uit de vele, welke ik in de winter van 1959 maakte (een uitvoerigere publikatie in boekvorm is in voorbereiding).
Toen mijn vrouw en ik in Ogol arriveerden

— Haan sloot zich na een moeizame omweg via het zuiden een week later ons aan — waren Dr. Paul Parin en D Fritz Morgenthaler reeds maanden m diepgaand onderzoek ter plaatse bez aanwezigheid was een grote verrassi want zonder de enorme kennis van z waarover zij beschikten en een bewc renswaardig interpretatievermogen verwijs de lezer naar het magistrale resultaat van hun onderzoek onlangs Zwitserland als boek verschenen *) z veel van wat zich afspeelde, toen wij waren, onverklaarbaar zijn gebleven. En het was veel, want alleen al de begrafenisrituelen te Sanga voor de jager en de grote Dama voor de ges chef van de maskerkultus hielden on en nachten achter elkaar op de been Bovendien kenden beide geleerden c dorpelingen persoonlijk zeer goed; g wel verdiend, het volledige vertrouw hun gastheren. Ik spreek hierover on het mede hieraan te danken is dat ik alleen de huizen en dorpen, maar oo makers en bewoners van hetgeen ik zolang bewonderde, heb leren kenne nu beschouw ik als een bijzonder vc Het was voor mij duidelijk dat Paul F Fritz Morgenthaler de aangewezen p waren om de Dogon hier in te leiden hebben dan ook speciaal voor dit nu een bijdrage geschreven.
Ik laat nu eerst Dr. Parin's inleiding Daarna zal ik in het kort enkele alge aspecten naar voren brengen, die oc eerder in Forum ter sprake kwamen.
Dr. Morgenthaler deze aspecten in de werkelijkheid heeft geplaatst, volgt e kleine reeks samenhangende opnam het grote plein in boven Ogol — alle dezelfde dag en min er vanaf o plek genomen. Wat ik er bij vertel sli vragen in die ik niet beantwoorden k een ieder daarom maar op eigen wij stellen moet.
* Die Weissen denken zuviel, Atla Verlag, Zürich.

Inleiding Dr. Paul Parin

Das Volk der Dogon zählt heute ung ¼ Million Angehörige. * Es sind Ne 'sudanesischen' Rasse, Menschen e untersetzter, kräftiger Gestalt, meist sehr dunkler, brauner Hautfarbe, mit gekräuselten Haar, rundköpfig, brei mit ziemlich wulstigen Lippen. Von i Nachbarn, den Peulh, den Bambara sogar von den weit im Süden wohne Bantu physisch wenig unterschieder sie als Volk doch sehr deutlich abge Ihr Gesellschaftsgefüge und ihre Ku trägt die Züge des geographischen historischen Raumes, in dem sie leb trockenen Steppen Westafrikas süd Sahara. Alle Aeusserungen ihres Le sind aber von solcher Eigenart, dass keinem anderen Volk Afrikas oder c ganzen Erde gleich sind. Beim Stud Lebensäusserungen des Volkes der oder beim Anblick einer der Errung schaften ihrer Kultur, ihrer Dörfer u Wohnstätten werden wir eindrücklic die Erkenntnis hingewiesen, dass ur abendländische Kultur nur ein Spez jener ungezählten Möglichkeiten ist,

30

3 Page spread from Van Eyck, "Dogon: Mand–Huis–Dorp–Wereld"

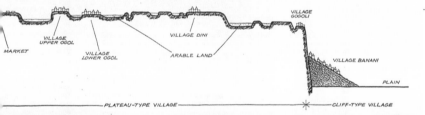

3 Página tomada de Aldo van Eyck, "Dogon: Mand–Huis–Dorp–Wereld"

toward a concern with relational principles, or indeed a single encompassing principle that Van Eyck termed "relativity." This extended from the arts and sciences to a comprehensive theory of social integration, cultural identity, and mental well-being, fundamentally based on the correspondence of social and physical environments. In Van Eyck's view, Dogon culture offered a living example of such a set-up. This evident idealization of Dogon society, in tune with prior accounts such as Marcel Griaule's, was leaving little scope for noting potentially less desirable aspects of Dogon society.[17] Where Van Eyck acknowledged difficult issues, such as the balance between collective and individual needs, he found that these were resolved in exemplary ways.

4

TWO PICTURES FROM A DOGON VILLAGE: A MARKET SCENE—HERMAN HAAN CARRIES A STACK OF EMPTY BASKETS ON HIS SHOULDER. BEHIND HIM A CHILD BALANCES A BASKET ON THE HEAD. WARES ARE LAID OUT ON THE FLOOR NEXT TO HAAN. IN THE BACKGROUND ARE MARKET-GOERS. VAN EYCK CROUCHES IN FRONT OF A DISPLAY OF WARES, ONIONS PERHAPS. A WOMAN IN A WHITE BOUBOU AND HEAD-DRESS LEANS DOWN TO ASSIST. HAAN'S BASKETS SIT ON THE FLOOR BESIDE THEM.

el orden cósmico. De esta manera se convertía un lugar 'habitable', comprensible de esquina a esquina, familiar y tangible."[16] Esta afirmación estaba en línea con la afinidad de Van Eyck con temas mitopoyéticos, pero su interés por la teoría antropológica así como por los mecanismos sociales y psicológicos que apuntalaban la cohesiva estructura cultural que percibió en la región Dogon, formaban parte de un alejamiento de su interés tardo primitivista por lo "elemental" hacia una preocupación con principios relacionales, o, sobre todo, con un único principio guía que Van Eyck deno-minó "relatividad". Éste se extendía desde las artes y las ciencias a una teoría comprensiva sobre integración social, identidad cultural y bienestar mental

This uncritical attitude was in keeping with his architectural agenda and clearly the result of a late-colonial desire to make good on the historical denigration of traditional cultures by extolling their qualities.

Van Eyck's broad critique of Western architecture, culture, and society extended to hegemonic attitudes toward non-Western societies, a correlate in Van Eyck's view of "the abhorrent notion of consecutive progress and the refusal to accept—except by exterior force—as equally valid other cultural patterns that do not comply with this self-righteous illusion, for such patterns are regarded as 'lagging behind,' primitive or inferior; at most

DOS FOTOGRAFÍAS DE UNA ALDEA DOGON: UNA ESCENA DE MERCADO, HERMAN HANN LLEVA UNA PILA DE CESTAS VACÍAS SOBRE SU HOMBRO. DETRÁS DE ÉL, UN NIÑO MANTIENE UNA CESTA EN EQUILIBRIO SOBRE LA CABEZA, HAY MERCANCÍA EN EL SUELO CERCA DE HAAN. EN UN SEGUNDO PLANO GENTE HABITUAL DEL MERCADO. VAN EYCK AGACHADO DELANTE DE MERCANCÍA EXPUESTA, TAL VEZ CEBOLLAS. UNA MUJER CON TÚNICA BLANCA Y TOCADO SE AGACHA PARA AYUDAR. LAS CESTAS DE HAAN ESTÁN EN EL SUELO CERCA DE ELLOS.

4

basada fundamentalmente en la correspondencia de los medios social y físico. En opinión de Van Eyck, la cultura Dogon ofrecía un ejemplo vivo de dicha organización. Esta evidente idealización de la sociedad Dogon, en sintonía con relatos anteriores como el de Marcel Griaule, dejaba poco espacio para fijarse en aspectos potencialmente menos deseables de la sociedad Dogon.[17] Cuando Van Eyck reconoce temas difíciles, tales como el equilibrio entre las necesidades colectivas e individuales, encuentra que se resuelven de manera ejemplar. Esta actitud 'poco crítica' estaba en conformidad con su agenda arquitectónica y era claramente el resultado

interesting for their strange ways, but sufficiently 'advanced' to be exploited or taught the lesson of progress!"[18] Against this, Van Eyck, informed by the writings of cultural anthropologists—particularly Franz Boas and Ruth Benedict—held up the idea of cultural diversity. Closely linked to post–World War II humanist ideas, such as those promoted by Edward Steichen's exhibition "Family of Man," with its claims for *unity in diversity*, these ideas were rehearsed in the image-based storylines of *Forum*. Though Van Eyck did not actually embrace the universalizing vision of a global community underlying much post–World War II cultural-political discourse, he was concerned with the questions this raised.

During their stay in Sanga, the central Dogon village, the Van Eycks met and befriended the ethnopsychoanalysts Paul Parin and Fritz Morgenthaler, who would later contribute to the long Dogon article in *Forum*. This chance encounter not only shaped Van Eyck's understanding of Dogon culture, but also appears to have influenced his behavior toward the local people. Like the researchers, according to Hannie Van Eyck, she and her husband remained in or near Sanga for most of their journey,

de un deseo tardo colonial de compensar la denigración histórica de las culturas tradicionales ensalzando sus cualidades.

La amplia crítica de Van Eyck a la arquitectura, cultura y sociedad occidentales se extiende a actitudes hegemónicas hacia las sociedades no occidentales, lo cual guarda correlación con la opinión de Van Eyck sobre la "detestable noción de progreso continuado y la negativa a aceptar -excepto por una fuerza exterior- como igualmente válidos otros modelos culturales que no cumplen con esta ilusión con pretensiones de superioridad, ya que se considera que dichos modelos se han quedado atrás, son primitivos o inferiores; como mucho interesan por ser extraños, pero lo suficientemente 'avanzados' como ¡para ser explotados o para enseñarles la lección del progreso!"[18] Frente a esto, Van Eyck, influido por los escritos de antropólogos culturales, especialmente de Franz Boas y de Ruth Benedict, defendió la idea de diversidad cultural. Estrechamente ligadas a las ideas humanistas de postguerra, tales como las fomentadas por la exposición de Edward Steichen *Family of Man* que reclama 'unidad en diversidad', estas ideas fueron ensayadas en la línea argumental, basada en imágenes, de *Forum*. Aunque Van Eyck realmente no adoptó la visión universalizadora de una comunidad

making a conscious effort not to interfere with local people's business and considering themselves passive observers rather than active participants in village life. They promised Parin restraint and "that we would not take anything that had any significance for those people. What we took was one of those earthenwares that they use for everyday things, but nothing of any special interest because if one did that, and it was discovered who gave it to you, that person would have been excommunicated.... [This] we wouldn't "have known, had we not met Parin and Morgenthaler."[19]

In his endeavor to photograph Dogon villages, Van Eyck was determined to be as unobtrusive as possible.[20] He may even have seen photography as a means of choice for negotiating the demands of tact and the desire to engage with Dogon culture. However, it appears that the good intentions in part lost out against the practicalities of photographing and the attraction of motifs that presented themselves. Pictures of people were taken despite the fact that many locals, especially women, for religious and other reasons, resented being photographed (a circumstance that could hardly have escaped Van Eyck's attention), and funeral celebrations were

mundial global que subyace en gran parte del discurso cultural y político de postguerra, sí le preocupaban las cuestiones que surgen de la misma.

Durante su estancia en Sanga, la aldea central de la región Dogon, los Van Eyck conocen y entablan amistad con los etnopsicoanalistas Paul Parin y Fritz Morgenthaler, quienes más tarde contribuirán al extenso artículo Dogon en *Forum*. Este encuentro casual no sólo determina la compresión de Van Eyck de la cultura Dogon sino que parece haber influido también en su comportamiento hacia las gentes del lugar. Según Hannie Van Eyck, ella y su marido permanecieron, al igual que los investigadores, en o cerca de Sanga durante la mayor parte de su viaje, e hicieron un esfuerzo deliberado para no interferir en los asuntos de la población local, considerándose observadores pasivos más que participantes activos en la vida de la aldea. Le prometieron a Parin moderación, y "que no cogerían nada que fuera significativo para esta gente. Lo que cogimos fue uno de esas vasijas de barro cocido que utilizan para las tareas diarias, pero nada de especial interés ya que si lo hacías y se descubría quién te lo había dado, esa persona habría sido excomulgada". Esto "no lo habríamos sabido si no hubiésemos conocido a Parin y a Morgenthaler".[19]

documented despite their ritual nature. This slippage between aims and actions was also evident with regard to their initial proposition not to buy ritual or otherwise-valuable objects on-site. While the Van Eycks refrained from buying much during the trip, at some point they acquired a Dogon Kanaga mask from a European dealer for their extensive ethnographic collection, in a move that from today's point of view, appears all but incongruous with their stated beliefs.

Even before confronting the paradox of unilaterally defining a coherent position in an intercultural encounter, the conflicting demands of the Western tourist's desire and broader ethical and cultural considerations were clearly not easily reconcilable for Van Eyck. It is telling, though, that at least in theory, Van Eyck chose to remain on the sidelines rather than engaging fully and seeking to experience Dogon culture as a participant rather than as a distant observer (an approach embraced with a vengeance by their travel companion, Herman Haan, to the dismay of the Van Eycks and the Swiss researchers). (4) Off-site, Van Eyck seems to have opted for a similarly reserved stance, especially in his political engagements,

En su tarea de fotografiar las aldeas Dogon, Van Eyck estaba decidido a ser lo más discreto posible.[20] Puede que incluso viera la fotografía como el medio elegido para ajustar la exigencia de tacto con el deseo de participar de la cultura Dogon. Sin embargo, parece que parcialmente las buenas intenciones pierden ante el pragmatismo de fotografiar y la atracción de los motivos que se presentan. Se toman fotos de personas a pesar del hecho de que muchos de los habitantes locales, especialmente las mujeres, por razones religiosas y de otro tipo, podían sentirse ofendidas al ser fotografiadas (una circunstancia que sin duda no habría escapado a la atención de Van Eyck) y se documenta la celebración de funerales a pesar de su naturaleza ritual. Este desfase entre los propósitos y las acciones resulta también evidente en relación a su propósito inicial de no comprar objetos valiosos o rituales in situ. Mientras que los Van Eyck se abstuvieron de comprar muchas cosas durante el viaje, en un determinado momento compraron una máscara Dogon Kanaga a un comerciante europeo para su extensa colección etnográfica, en un movimiento que, desde el punto de vista actual, parece casi incongruente.

resulting in similar tensions. Although he was known for his outspoken and at times irate interventions in architectural and local political affairs, his response to the critical issues that he targeted in his writings—including Western imperialism, colonialism, and militarism—was not an explicitly political one. With a degree of guarded irony, Van Eyck called himself an anarchist and participated in Dutch public debates and political life, such as the leftist youth movement known as *Provo*.[21] He also took more than a cursory interest in the politics of African decolonization (as indicated by the presence of books by Frantz Fanon in his library, as well as remarks in his writings), but he steered clear of involvement with political parties and ideological positions.[22] Not coincidentally, in the late 1960s, a generation of politicized students accused him and others from the *Forum* group of political naiveté, effectively marking the end of Van Eyck's dominant position in Dutch architectural education.[23] Where then, if not through personal contact or political struggle, did Van Eyck expect change in the relationship between cultures—especially Western and non-Western— to come from?

Incluso antes de enfrentarse a la paradoja de definir unilateralmente una posición coherente en un encuentro intercultural, parece claro que las contradictorias demandas del deseo de un turista occidental y las más amplias consideraciones éticas y culturales no eran fácilmente reconciliables para Van Eyck. No obstante, es revelador que, al menos en teoría, Van Eyck hubiese elegido permanecer a un lado antes que involucrarse totalmente y buscar experimentar la cultura Dogon como participante y no como un observador distante (enfoque adoptado con decisión por su compañero de viaje, Herman Haan, para consternación de los Van Eyck y de los investigadores suizos). (4) Fuera de este contexto, Van Eyck parece haber optado por una postura igualmente reservada, en especial en sus compromisos políticos, dando lugar a tensiones similares. Aunque era conocido por sus categóricas y a veces airadas intervenciones en cuestiones sobre arquitectura y política local, su respuesta a los temas críticos que abordaba en sus escritos -incluidos el imperialismo, colonialismo y militarismo occidentales- no fue de carácter explícitamente político. Con un cierto grado de cautelosa ironía Van Eyck se autodenominó anarquista y participó en debates públicos y en la vida política holandesa, por ejemplo, en el

Van Eyck's abstinence from affiliations with particular political parties and ideological movements was a correlate of an idealistic belief that the problems of Western society were an issue of worldview and mindset rather than economics or ideology, and therefore that they needed to be addressed in philosophical or even poetic terms, rather than politically. In conjunction with this belief, Van Eyck pointed to the limitations of

6

> A PICTURE FROM A DOGON VILLAGE: AN ALLEY BETWEEN EARTH-COLORED HOUSES, A COUPLE OF GOATS GRAZING: IN THE MIDDLE GROUND A JUNCTION OF PATHS THAT FORM A LITTLE SQUARE. A GROUP OF WOMEN HAS GATHERED AROUND BIG MORTARS CARVED FROM TREE TRUNKS TO POUND MILLET. LARGE PESTLES ARE RAISED, READY TO DROP WITH THE THUMPING SOUND THAT ACCOMPANIES THE PREPARATION OF MILLET. THE SCENE IS BATHED IN RED SUNLIGHT—ON THE SOIL, THE BUILDINGS, THE WOMEN, A TODDLER SITS IN A NARROW BAND OF SHADE AGAINST A WALL. IN THE BACKGROUND IS THE BARE-DOMED ROOF OF A GRANARY. TWO WOMEN CARRY BABIES ON THEIR BACKS. THEY LOOK OVER THEIR SHOULDERS TOWARD THE PHOTOGRAPHER.

movimiento juvenil izquierdista conocido como *Provo*.[21] Además tuvo un interés más que superficial en la política de la descolonización de África (tal como indica la presencia de libros de Frantz Fanon en su biblioteca, así como los comentarios de sus escritos) pero se mantuvo lejos de participar en partidos políticos y posturas ideológicas.[22]
No por casualidad, a finales de los 60, una generación de estudiantes

scientific data and theory in understanding and approaching other cultures. Van Eyck accepted the value of ethnographic enquiry and acknowledged the usefulness of a methodical, scientific approach such as Parin's and Morgenthaler's, to the understanding of other cultures. He also found, however, that "it is not...the way the mind works as such, not the mechanism

UNA FOTO DE UNA ALDEA DOGON: UN CALLEJÓN ENTRE CASAS DE COLOR TIERRA, UN PAR DE CABRAS PASTANDO: EN EL PUNTO MEDIO UN CRUCE DE CAMINOS FORMA UNA PEQUEÑA PLAZA. UN GRUPO DE MUJERES SE HA REUNIDO ALREDEDOR DE GRANDES MORTEROS TALLADOS A PARTIR DE TRONCOS DE ÁRBOL PARA TRITURAR MIJO. GRANDES MAZOS SE ELEVAN, PREPARADOS PARA CAER CON EL SONIDO SORDO QUE ACOMPAÑA LA PREPARACIÓN DEL MIJO. LA ESCENA ESTÁ BAÑADA POR UNA ROJIZA LUZ DEL SOL QUE CAE SOBRE LA TIERRA, LOS EDIFICIOS, LAS MUJERES; UN NIÑO ESTÁ SENTADO EN UNA ESTRECHA FRANJA DE SOMBRA APOYADO EN UNA PARED. AL FONDO EL TEJADO ABOVEDADO DE UN GRANERO. DOS MUJERES LLEVAN SUS BEBÉS EN LA ESPALDA. MIRAN POR ENCIMA DE SUS HOMBROS HACIA EL FOTÓGRAFO.

5

politizados le acusó a él y a otros miembros del grupo *Forum* de ingenuidad política, poniendo realmente fin a la posición dominante de Van Eyck en la enseñanza de la arquitectura en Holanda.[23] ¿De dónde entonces, si no a través del contacto personal o de la lucha política, esperaba Van Eyck que

of reason, I think, which induces human insight—I would not have disliked philosophy from Descartes to Hegel if it was due to this—but the degree to which the mind allows itself to become interiorized through awareness of relativity."[24] What Van Eyck claimed, in his idiosyncratic terminology, was some form of non rationalist epistemology, or, at least, the complementing of scientific thought by a mode of inquiry based in the imaginative rather than rational faculties of the mind. Together with his co-editor Joop Hardy, early *Forum* issues promoted a mode of intellectual engagement based on associative processes rather than rational analysis. "What do you do," Hardy wrote elsewhere, but in the same vein, "when you start doubting rational thought? You then have to fall back on other options, and these options lie in associations—and by association I mean a creative connection of imagination, of images—association and intuition. And a bit of commonsense; that of course remains."[25] While departing from actual images, this rested on a notion of *image* as figure of thought—a means and metaphor through which architecture, culture, and, more importantly, cultural diversity and intercultural encounter could be envisaged—much

pudiera llegar un cambio en la relación entre culturas, especialmente entre culturas occidentales y no occidentales?

La falta de afiliación de Van Eyck a partidos políticos y a movimientos ideológicos concretos guarda correlación con la creencia idealista de que los problemas de la sociedad occidental eran una cuestión de visión del mundo y de mentalidad, más que de economía o de ideología y, por tanto, había que abordarlos en términos filosóficos o incluso poéticos, más que desde la política. En conjunción con esto, Van Eyck señaló las "limitaciones" de los datos científicos y de la teoría a la hora de entender y acercarse a otras culturas. Van Eyck aceptaba el valor de la investigación etnográfica y reconocía la utilidad de un enfoque metódico, científico, como el de Parin y Morgenthaler, para comprender otras culturas. Sin embargo, consideraba también que "no es… la manera en la que funciona la mente como tal, ni el mecanismo de la razón, creo, lo que induce el conocimiento humano -no me habría disgustado la filosofía, desde Descartes a Hegel si hubiese sido por este motivo- sino el grado en el que la mente se permite ser interiorizada mediante la toma de conciencia de la relatividad".[24] Lo que Van Eyck afirmaba con su idiosincrática terminología era una forma de

in the sense of the description by the surrealist writer Pierre Reverdy of the image as a resultant of the "juxtaposition of two more or less distant realities."[26] As part of this, concepts such as *labyrinthian clarity* and the *kaleidoscope of the mind* suggested that the human mind was naturally disposed to inhabit a multiplicity of perspectives or frames of reference. This, in turn, was relevant to the question of intercultural encounter and understanding. Van Eyck's writings suggest that the cognitive givenness to *relativity* would provide a shared grounding between different cultures and allow for the engagement in alternative cultural perspectives (such as through traveling or artistic creation). The cognitive approach denoted by the concept of the 'image' would allow for a process of mutual recognition, appreciation, and ultimately transformation. Van Eyck conceived of the *image* and *relativity* not only as particular forms of knowledge, akin to mythopoeic thought, but as the foundation of a genuinely modern mindset. He invoked this in his article about the Dogon, in the context of a warning against literal interpretations of the *Dogon image* that he sought to conjure.

epistemología no racionalista o, al menos, complementar el pensamiento científico mediante una forma de investigación basada en mayor medida en las facultades imaginativas de la mente que en las racionales. Junto con su coeditor Joop Hardy, en los primeros números de *Forum* fomentó un modo de actividad intelectual basado en procesos asociativos más que en análisis racional. "¿Qué haces," escribió Hardy en otra parte, pero en la misma línea, "cuando comienzas a dudar del pensamiento racional? Debes volver a otras opciones, y esas opciones radican en asociaciones -y por asociación entiendo una conexión creativa de la imaginación, de imágenes- asociación e intuición. Y un poco de sentido común; eso, por supuesto, queda."[25] Aunque se parte de imágenes reales, esta reflexión descansa en una noción de 'imagen' como figura de pensamiento, un medio y una metáfora a través de la cual pueden concebirse la arquitectura, la cultura y sobre todo la diversidad cultural y el encuentro intercultural -en el sentido de la descripción de la imagen por parte del escritor surrealista Pierre Reverdy, como resultado de "la yuxtaposición de dos realidades más o menos distantes".[26] Como parte de esto, conceptos tales como "claridad laberíntica" y el "caleidoscopio de la mente" sugerían que la mente

There are perils lurking behind any desire to pen the mind to the kind of image chosen here. If we attempt to transfer too directly what we have become aware of again into a construed opinion, thereby freezing the meaning of it through arbitrary influence or ready-made definition, we will not only blunt the acquired awareness but also lame the formative potential this awareness would, without such false exploitation of data, be able to guide. We must, in fact, keep nourishing this awareness; allow it to embrace the dormant meanings it detects, assimilates, and carries with it–apprehended though left significantly undefined.[27]

There is an interplay here, between the *image of culture* (photographic and mental) and the notion of *culture as image*, whereby the mobilization of the former appears to find its complement in the latter. As Van Eyck stated at the last CIAM conference in Otterlo in 1959, "what I've been doing for years, it's my hobby almost, is to simply–I wouldn't say study, but I'd say *enjoy*–enjoy just the way people have lived and behaved in all ages and at all times."[28] His extensive photography during

humana estaba dispuesta de manera natural a habitar una multiplicidad de perspectivas o marcos de referencia. Esto, a su vez, era relevante para la cuestión del encuentro y el entendimiento interculturales. Los escritos de Van Eyck sugieren que la entrega cognitiva a la 'relatividad' proporcionaría una base común entre distintas culturas y permitiría participar de perspectivas culturales alternativas (como sucede a través de los viajes o la creación artística). El enfoque cognitivo denotado por el concepto de "imagen" permitiría un proceso de reconocimiento, apreciación y, en última instancia, transformación mutuos. Van Eyck concibió 'imagen' y 'relatividad' no sólo como una forma particular de conocimiento, similar al pensamiento mitopoyético, sino como los cimientos de una mentalidad genuinamente moderna. Apeló a ello en su artículo los Dogon, en el contexto de una advertencia en contra de las interpretaciones literales de la 'imagen Dogon' que él quería evocar.

"Hay peligros acechando tras el deseo de encerrar la mente en el tipo de imagen elegida aquí. Si intentamos transferir de nuevo demasiado directamente aquello de lo que hemos tomado conciencia a una

the Dogon journey and others was clearly a correlate of this sentiment, a way of literally framing his experience for visual consumption. (5) At the same time, taking pictures became a method of engaging the observer (photographer and reader) in the creation of a mental figure, of *culture as image*, or the conversion of aesthetic contemplation into a form of knowing. Van Eyck remained vague on the conceptual detail and actual workings of this, but in its outlines, the idea of figuring culture as *image* resonated with aspects of the approach of Ruth Benedict and her colleagues. Benedict drew direct parallels between cultural formations and works of art, arguing that the "integration of cultures is not in the least mystical. It is the same process by which a style in art comes into being and persists."[29] As her colleague Margaret Mead wrote in the 1958 preface to *Patterns of Culture*, Benedict "came to feel that each primitive culture represented something comparable to a great work of art or literature."[30] Cultures could be seen in analogy to and even *as* works of art—as forms of creativity and aesthetic achievement. Accordingly, they could be approached through aesthetic theories such as those of Wilhelm Worringer and Gestalt psychology:

opinión definida, congelando así su significado por medio de una influencia arbitraria o una definición ya hecha, no sólo debilitaríamos esa toma de conciencia sino que, además, dejaríamos cojo el potencial formativo que, sin ese falso aprovechamiento de los datos, dicha toma de conciencia sería capaz de guiar. De hecho, debemos seguir nutriendo esa toma de conciencia; permitir que acoja los significados latentes que detecta, asimila y lleva consigo -aprehender aunque dejándolo significativamente indefinido."[27]

Se produce aquí una interacción entre la "imagen de cultura" (fotográfica y mental) y la noción de "cultura como imagen", según la cual la movilización de la primera parece encontrar su complemento en ésta última. Como afirmó Van Eyck en la última conferencia del CIAM en Otterlo, en 1959, "lo que he hecho durante años -es casi mi hobby- es simplemente, no diría que estudiar, sino *disfrutar*, disfrutar del modo en que la gente ha vivido y se ha comportado en toda época y en todo momento".[28] Su extensa producción fotográfica durante el viaje Dogon, y otros viajes, estaba claramente en correlación con este sentimiento,

Benedict found that like Gestalt configurations, the integration of cultural forms needed to be thought in terms of the relation of parts to whole. This structural aesthetics was in turn echoed in Van Eyck's two-fold concern with the *elementary* and *relativity*, and it was borne out in the experience of Dogon culture at a relative distance—an experience that in some ways was akin to the contemplation of a work of art. It is at this point that the story of Van Eyck's travels to non-Western places comes full circle: from the black and white images of Saharan settlements to the contemplation of Dogon culture as art and the Dogon *image*, markers of Van Eyck's vision of culture *and* prescription for intercultural exchange. From Van Eyck's point of view, this was relevant to architects quite simply because "the fulfillment of art— hence of architecture also—rests in its potential to perpetuate awareness as such," or in other words, in its ability to create an *image of culture* not just through photographs and writings but through buildings.[31]

una manera de enmarcar literalmente su experiencia de consumo visual. (5) Al mismo tiempo, hacer fotos se convirtió en un método de involucrar al observador (fotógrafo y lector) en la creación de una figura mental, de la "cultura como imagen" o de la conversión de la contemplación estética en una forma de conocimiento. Van Eyck queda impreciso en el detalle conceptual y en el funcionamiento real de esta idea, pero en sus bosquejos la idea de entender la cultura como 'imagen' tiene reminiscencias del enfoque de Ruth Benedict y sus colegas. Benedict trazó paralelismos directos entre las formaciones culturales y las obras de arte, argumentando que "la integración de las culturas no es en absoluto mística. Es el mismo proceso por el cual un estilo artístico cobra vida y persiste."[29] Como su colega Margaret Mead escribió en el prefacio de 1958 a *Patterns of Culture,* "...[Benedict] llegó a sentir que cada cultura primitiva representaba algo comparable a una gran obra de arte o de literatura..."[30] Las culturas podrían verse en analogía con, e incluso *como*, obras de arte, como formas de creatividad y logro estético. En consecuencia, podrían abordarse mediante teorías estéticas como las de Wilhelm Worringer y la psicología *Gestalt*. Benedict encontraba que, como las configuraciones *Gestalt*, la integración

1   Aldo van Eyck and his colleagues Joop Hardy and Herman Haan all adopted the notion of the *musée imaginaire* to describe their use of images. Translated into English as *Museum without Walls*, this notion was coined by the French novelist, art historian, and politician André Malraux in his major work *The Psychology of Art, trans. by Stuart Gilbert.* (New York: Pantheon Books, 1950).

2   Photographs viewed in Aldo and Hannie Van Eyck's private archive, Loenen, Netherlands, summer 2004 and 2005.

3   Letter to author by Blanche Lemco van Ginkel, 17 May 2004, relating her husband's recollections of this trip with his first wife.

4   Aldo van Eyck, undated letter to Carola Giedion-Welcker, private archive Andre Giedion, Zürich. Minor corrections by author.

5   This group included Constantin Brancusi, Paul Klee, Piet Mondrian, Joan Miro, James Joyce, Arnold Schönberg, and many others.

6   Aldo van Eyck, "Report Concerning the Interrelation of the Plastic Arts and the Importance of cooperation," submitted to the CIAM, ETH Zürich, Archiv GTA, Giedion, 42-SG-9-79 – 42-SG-9-84, 1947, 2. Also published: Aldo van Eyck, "Report Concerning the Interrelations of the Plastic Arts," in Francis Strauven and Vincent Ligtelijn, eds., *Aldo van Eyck: Writings, Collected Articles and Other Writings 1947-1998,* (Amsterdam: Sun Publishers, 2008), 34.

7   Aldo van Eyck, "Statement Against Rationalism," in *Aldo van Eyck.* See also: Aldo van Eyck in *A Decade of New Architecture, ed. Sigfried Giedion* (Zurich: Girsberger, 1951), 37.

de las formas culturales debe pensarse en términos de la relación de las partes con el todo. Esta estética estructural tiene a su vez eco en el doble interés de Van Eyck por lo "elemental" y la "relatividad" nacido de experimentar la cultura Dogon a cierta distancia, una experiencia en cierto modo similar a la contemplación de una obra de arte. Es en este punto en el que la historia de los viajes de Van Eyck fuera de occidente vuelve a donde empezó: desde las imágenes en blanco y negro de los asentamientos saharianos hasta la contemplación de la cultura Dogon "como arte" y de la "imagen" Dogon, que conforman la visión de la cultura de Van Eyck y su receta para el intercambio cultural. Desde el punto de vista de Van Eyck este era un tema relevante para los arquitectos por el mero hecho de que "el cumplimiento del arte -y por tanto también de la arquitectura- reside en su potencial para perpetuar la toma de conciencia como tal" o, en otras palabras, en su capacidad para crear una "imagen de la cultura" no sólo a través de fotografías y escritos sino a través de las construcciones.[31]

8   Aldo van Eyck, "Bouwen in De Zuidelijke Oasen" [Building in the Southern Oases] *Forum* 8, no. 1 (1953).

9   Ibid., 30. Translation by the author, based on a translation in Francis Strauven, *Aldo van Eyck: The Shape of Relativity* (Amsterdam: Architectura & Natura, 1998), 149. Also in Aldo van Eyck, "Building in the Southern Oases," Strauven and Ligtelijn, eds., *Aldo van Eyck*.

10   Aldo van Eyck, "A Miracle of Moderation," Strauven and Ligtelijn, eds., *Aldo van Eyck, 373.*

11   "CIAM 9 Aix-En-Provence 19-26 Juillet 1953 Rapports De Commissions," 42-JT-x-1, CIAM Archive, Archives of the Institute for History and Theory of Architecture, Eidgenössische Technische Hochschule, Zurich.

12   Aldo van Eyck and et al., "Het Verhaal Van Een Andere Gedachte," *Forum* 14, no. 7 (1959): 224.

13   Three issues in particular featured images from non-Western backgrounds: Aldo van Eyck, "Drempel En Ontmoeting: De Gestalte Van Het Tussen," *Forum* 14, no. 8 (1959) Aldo van Eyck, "Deur En Raam," *Forum* 15, no. 3 (1960/ 1961).

14   Shortly after, in September 1960, French Sudan became the independent Republic of Mali.

15   Aldo van Eyck, "Architecture of the Dogon," *Architectural Forum* 115, no. 3 (1961). Aldo van Eyck, "Dogon: Mand-Huis-Dorp-Wereld," *Forum* 17, no. 4 (1963, published 1967). Republished most recently in Van Eyck, "A Miracle of Moderation."

16   This version: Van Eyck, "Dogon: Mand-Huis-Dorp-Wereld," 7.

1   Aldo van Eyck y sus colegas Joop Hardy y Herman Haan adoptaron el concepto de *musée imaginaire* (museo imaginario) para describir su utilización de las imágenes. Traducido al inglés como *Museum without Walls*, este concepto fue acuñado por el novelista, historiador del arte y político francés André Malraux en su obra *The Psychology of Art*, trans. by Stuart Gilbert. (New York: Pantheon Books, 1950).

2   Fotografías vistas en el archivo privado de Aldo y Hannie Van Eyck, Loenen, Países Bajos, verano 2004 y 2005.

3   Carta al autor de Blanche Lemco van Ginkel, 17.5.2004, en la que relata los recuerdos de su esposo de este viaje con su primera mujer.

4   Carta sin fechar de Aldo van Eyck a Carola Giedion-Welcker, archivo privado de Andre Giedion, Zurich. Correcciones menores del autor.

5   Este grupo incluía a Constantin Brancusi, Paul Klee, Piet Mondrian, Joan Miro, James Joyce, Arnold Schönberg y muchos otros.

6   Aldo van Eyck 'Report concerning the interrelation of the plastic arts and the importance of cooperation', presentado en el CIAM en 1947, página 2. ETH Zúrich, Archiv GTA, Giedion, 42-SG-9-79 – 42-SG-9-84. También publicado: Aldo van Eyck, "Report Concerning the Interrelations of the Plastic Arts," en *Aldo van Eyck: Writings, Collected Articles and Other Writings 1947-1998*, ed. Francis Strauven y Vincent Ligtelijn (Amsterdam: Sun Publishers, 2008), p. 34.

7   Aldo van Eyck, "Statement against Rationalism," en *Aldo van Eyck: Writings, Collected Articles and Other Writings 1947-1998*, ed. Francis Strauven and Vincent Ligtelijn (Amsterdam: Sun Publishers, 2008). Véase también: Aldo van Eyck en Sigfried Giedion, ed. *A Decade of New Architecture* (Zurich: Girsberger,1951), p. 37.

17 Dirk van den Heuvel notes that Van Eyck should have been aware of and taken a critical stance on female circumcision practices, based on their metaphorical description in Dogon mythology. Perhaps expecting such perceptiveness and engagement in an early 1960s context is stretching the critical historical perspective too far. However, Van Eyck did learn about female circumcision later and expressed his dismay at the practice. See: Van den Heuvel, Dirk. "Mythopoiesis–Dutch Forum and the Story of Another Idea." Paper presented at the Ninth International Docomomo Conference, Istanbul and Ankara, Turkey, September 2006.

18 Aldo van Eyck, "The Gathering Body of Experience," in Strauven and Ligtelijn, eds., *Aldo van Eyck*, 121. This text was part of the book manuscript that Van Eyck compiled and wrote in parts between 1960 and 1962.

19 Hannie van Eyck, interview with the author, Amsterdam.

20 Hannie van Eyck, interview with the author, Loenen, Netherlands.

21 There are books by Alexander Berkman (*ABC of Anarchism*) and George Woodcock (*Anarchism*) in van Eyck library and references to Peter Kropotkin and Mikhail Bakunin in his writings. See Aldo van Eyck, "The Ball Rebounds" in *Aldo van Eyck: Writings, Collected Articles and Other Writings 1947–1998*, ed. Francis Strauven y Vincent Ligtelijn (Amsterdam: Sun Publishers, 2008). The "Provo" was a short-lived but influential anarchist youth movement in Holland in the second half of the 1960s. Its greatest impact was in Amsterdam, where activists staged non violent happenings and organized free bicycle rental schemes and counter cultural initiatives.

8 Aldo van Eyck, "Bouwen in De Zuidelijke Oasen," *Forum 8*, n° 1 (1953).

9 Ibid.: p. 30. Traducción del autor basada en la traducción en Francis Strauven, *Aldo van Eyck: The Shape of Relativity* (Amsterdam: Architectura & Natura, 1998), p. 149. También en Aldo van Eyck, "Building in the Southern Oases," en *Aldo van Eyck: Writings, Collected Articles and Other Writings 1947–1998*, ed. Francis Strauven and Vincent Ligtelijn (Amsterdam: Sun Publishers, 2008).

10 Aldo van Eyck, "A Miracle of Moderation," in *Aldo van Eyck: Writings, Collected Articles and Other Writings 1947–1998*, ed. Francis Strauven and Vincent Ligtelijn (Amsterdam: Sun Publishers, 2008), p. 373.

11 "CIAM 9 Aix-En-Provence 19-26 Juillet 1953 Rapports De Commissions," 42-JT-x-1, CIAM Archive, Archives of the Institute for History and Theory of Architecture, Eidgenössische Technische Hochschule, Zurich.

12 Aldo van Eyck and et al., "Het Verhaal Van Een Andere Gedachte," *Forum 14*, n° 7 (1959): p. 224.

13 Tres temas en particular mostraban imágenes de contextos no-occidentales: Aldo van Eyck, "Drempel En Ontmoeting: De Gestalte Van Het Tussen," *Forum 14*, n° 8 (1959). Aldo van Eyck, "Deur En Raam," *Forum 15*, n° 3 (1960 / 1961).

14 Poco después, en septiembre de 1960, el Sudán francés se convirtió en la República independiente de Mali.

15 Aldo van Eyck, "Architecture of the Dogon," *Architectural Forum* 115, n° 3 (1961). Aldo van Eyck, "Dogon: Mand-Huis-Dorp-Wereld," *Forum 17*, n° 4 (1963, publicado en 1967). Reeditado más recientemente en Eyck, "A Miracle of Moderation."

22 Franz Fanon, *Toward the African Revolution: Political Essays*, Trans. Haakon Chevalier (New York: Grove Press, 1967) and *A Dying Colonialism*, Trans. Haakon Chevalier (New York: Grove Press, 1967).

23 Van Eyck's friend and colleague Joop Hardy was ousted as professor as part of this rebellion against the *art-architecture* of the *Forum* generation. See 'Kunst nu taboe in architectuur?', *THD Nieuws*, June 1976.

24 Van Eyck, "The Gathering Body of Experience," Strauven and Ligtelijn, eds., *Aldo Van Eyck*, 120.

25 Joop Hardy, *Cultuurbeschouwing* (Amsterdam: Eric Joustra and Erik Steenkist, 1987), 211. Translation by author.

26 Pierre Reverdy, quoted in Philippe-Alain Michaud, *Aby Warburg and the Image in Motion* (New York: Zone Books, 2007), 191.

27 Van Eyck, "A Miracle of Moderation," 374-75.

28 *Recording of 10th Ciam Meeting at Otterlo, 1959*. Tape 20a 01, Transcribed and edited by author.

29 Ruth Benedict, *Patterns of Culture* (Boston: Houghton Mifflin, 1989), 47.

30 Margaret Mead, preface to Patterns of Culture, by Ruth Benedict, xii.

31 Van Eyck, "A Miracle of Moderation," Strauven and Ligtelijn, eds., Aldo Van Eyck, 376.

16 Esta versión: Van Eyck, "Dogon: Mand-Huis-Dorp-Wereld," apéndice p. 7.

17 Dirk van de Heuvel señala que Van Eyck debería haber sido consciente y haber adoptado una postura crítica sobre las prácticas de ablación femenina, basadas en su descripción metafórica en la mitología Dogon. Tal vez, esperar tal perspectiva y compromiso a principios de los 60 es llevar la perspectiva histórica crítica demasiado lejos. No obstante, Van Eyck supo de esa práctica más adelante y expresó su consternación. Véase: Van den Heuvel, Dirk. "Mythopoiesis-Dutch Forum and the Story of Another Idea." Comunicación presentada en la Novena Conferencia Internacional Docomomo, Istanbul and Ankara, Turkey, September 2006.

18 Aldo van Eyck, "The Gathering Body of Experience," en *Aldo van Eyck: Writings, the Child, the City and the Artist*, ed. Francis Strauven and Vincent Ligtelijn (Amsterdam: Sun Publishers, 2008), p. 121. Este texto formaba parte del libro manuscrito que Van Eyck recopiló y escribió en fragmentos entre 1960 y 1962.

19 Hannie Van Eyck, entrevista con el autor, Amsterdam.

20 Hannie Van Eyck, entrevista con el autor, Loenen, Países Bajos.

21 Hay libros de Alexander Berkman (*ABC of Anarchism*) y George Woodcock (*Anarchism*) en su biblioteca y referencias a Peter Kropotkin y Mikhail Bakunin en sus escritos. Véase: Aldo van Eyck, "The Ball Rebounds" en *Aldo van Eyck: Writings, Collected Articles and Other Writings 1947-1998*, ed. Francis Strauven y Vincent Ligtelijn (Amsterdam: Sun Publishers, 2008). "Provo" fue un movimiento juvenil anarquista de corta vida aunque influyente en Holanda en la segunda mitad de los 60. Su mayor impacto se notó en Amsterdam, donde sus activistas organizaron acontecimientos no violentos, planes de alquiler gratuito de bicicletas e iniciativas contra-culturales.

22   Franz Fanon, *Toward the African Revolution: Political Essays*, Trans. Haakon Chevalier (New York: Grove Press, 1967) and *A Dying Colonialism*, Trans. Haakon Chevalier (New York: Grove Press, 1967).

23   El amigo y colega de Van Eyck, Joop Hardy fue destituido como profesor, como parte de esta rebelión contra el "arte-arquitectura" de la generación de *Forum*. Véase: *Techno-Magazine*, 'Kunst nu taboe in architectuur?', *THD Nieuws*, junio 1976.

24   Van Eyck, "The Gathering Body of Experience," Strauven and Ligtelijn, eds., *Aldo Van Eyck*, 120.

25   Joop Hardy, *Cultuurbeschouwing* (Amsterdam: Eric Joustra and Erik Steenkist, 1987), p. 211. Traducción del autor.

26   Pierre Reverdy, citado en Philippe-Alain Michaud, *Aby Warburg and the Image in* Motion (New York: Zone Books, 2007), 191. (1917-1926), Paris: Flammarion, 1975, pp. 73-75, citado en: Philippe-Alain Michaud, *Aby Warburg and the Image in Motion* (New York: Zone Books, 2007), 191.

27   Van Eyck, "A Miracle of Moderation," p. 374, 75.

28   *Grabación de la 10ª reunión del Ciam en Otterlo, 1959*. Cinta 20a 01. Transcrita y editada por el autor.

29   Ruth Benedict, *Patterns of Culture* (Boston: Houghton Mifflin, 1989, p. 47.

30   Margaret Mead, preface to Patterns of Culture, by Ruth Benedict, xii.

31   Van Eyck, "A Miracle of Moderation," Strauven and Ligtelijn, eds., Aldo Van Eyck, 376.

THE INNER JOURNEY OF LUIS BARRAGÁN

CARLOS LABARTA

EL VIAJE INTERIOR DE LUIS BARRAGÁN

Looking Inward

AS WITH THAT of many other architect travellers, the architecture of Luis Barragán cannot be understood divorced from his travels. In his case the difference lies in the desire to internalize them in the sensory experiences that take place, creating an imaginary of beauty—a universal memory for his local experiences. His travels reveal new sensations to us and a confrontation with reality that enhances the value of perception. Barragán described the art of seeing as recovering the primacy of perception as a source of learning and knowledge: "It is essential for the architect to know how to see, I mean, to see in such a way without being overpowered by purely rational analysis."[1]

From childhood onward, Barragán traveled near and far; indeed he once noted that he had been "etching out my career and the things I've been doing with travels."[2] These long, calming journeys, so removed from haste, provided the necessary breath of air, allowing him to continue his ongoing search for beauty. The first trips that impacted his architecture were summer travels as an adolescent to family properties in the area of Sierra

La interiorización de la mirada

COMO OCURRE CON tantos otros viajeros modernos la arquitectura de Barragán no puede comprenderse al margen de sus viajes. En su caso la diferencia estriba en la voluntad de interiorización de los mismos, de las experiencias sensibles en ellos acontecidas, creando un imaginario de belleza, una memoria de carácter universal, que se suma a sus experiencias locales. Los viajes nos descubren nuevas sensaciones y el enfrentamiento con la realidad intensifica el valor de la percepción. El arquitecto describirá el arte de ver, recuperando la primacía de la percepción, como fuente del aprendizaje y del conocimiento: "Es esencial al arquitecto saber ver, quiero decir, ver de manera que no se sobreponga el análisis puramente racional."[1]

Viajes próximos, de infancia, y lejanos, de juventud y madurez, que, oportunamente espaciados en el tiempo –como referirá Barragán "yo he ido cortando mi carrera y el ejercicio de las cosas que he estado haciendo con viajes"[2]- indican el carácter educador y vital de los mismos. Como si de ellos, viajes largos y calmados ajenos a las prisas, dependiera el aire necesario para seguir profundizando en la búsqueda permanente de la belleza. Los primeros viajes, determinantes para su arquitectura, son desplaza-

del Tigre, Jalisco. At the age of 22 he took his first trip to Europe, from May 1924 to October 1925. From January to March 1930, he travelled to Chicago accompanied by his father, who then died. The following year he travelled to New York for three months and another three months to Europe again, where he met with Le Corbusier and got to know Ferdinand Bac personally in Mentón. On August 16, 1931, he visited the gardens of Les Colombières—a visit that was to mark his career, perhaps even more than the influence of the modern master of architecture. In 1938 he travelled around Mexico accompanied by Richard Neutra. In October 1951 he travelled to California to lecture on the Gardens at El Pedregal. January 1952 and 1953 brought him back to Europe and North Africa and to Stockholm to attend the International Garden Congress. In the summer of 1964, he made his last trip to Europe.[3] His quiet revolution, woven from his personal development, was fed by his traveling experiences. Kenneth Frampton reminds us of the significance of Barragán's first trip to Europe, since afterwards Barragan, who had studied engineering, began defining himself as an architect.[4] From 1940,

mientos en su adolescencia, durante los veranos, en las propiedades de su familia en la zona de la Sierra del Tigre, Jalisco. Con 22 años inicia su primer gran viaje a Europa, desde mayo de 1924 a octubre de 1925. De enero a marzo de 1930 viaja a Chicago acompañando a su padre enfermo en busca de curación, si bien fallece. Al año siguiente viaja durante tres meses a Nueva York y otros tres nuevamente a Europa donde se entrevista con Le Corbusier y conoce personalmente a Ferdinand Bac en Mentón, el 16 de Agosto, visitando los jardines de Les Colombières, encuentro éste que marcará definitivamente su carrera, más allá incluso de la influencia del maestro de la arquitectura moderna. En 1938 viaja por Méjico acompañando a Richard Neutra. En octubre de 1951 viaja a California para dar una conferencia sobre los Jardines de El Pedregal. Entre 1952 y 1953 viaja nuevamente por Europa y el norte de África y asiste al Congreso Internacional de Jardinería en Estocolmo. En el verano de 1964 realiza su último viaje a Europa.[3] Su calmada revolución, tejida desde la evolución personal, fue alimentada en su experiencias viajeras. El primer viaje a Europa es de tal importancia que, como nos recuerda Kenneth Frampton,[4] Barragán, que había cursado estudios de ingeniería, no comenzó a definirse

or the beginning of the most fruitful and well-known period of his work, he abandoned all previously conceived definitions of beauty, as well as any speculation. He committed himself to the realities that arose from intuition, experience, and memory. But alongside Barragán's European trips, we can consider other trips, including his inward journey.

The architect himself evokes the autobiographical condition of his work, the memories of his infancy and youth, and the transposition of this nostalgia to the contemporary world. This transposition is not automatic but requires constant observation. The apparent simplicity of Barragán´s work is the consequence of an accumulative memory, as well as a process of internalization. Intuitive knowledge for Barragán is rethinking to the point of exhaustion, not thinking for once and for all. Francisco Gilardi, the owner of the house constructed by Barragán in 1976, vividly describes the insecurity and doubt that were integral elements of Barragán's process: "As far as the house was concerned, he was entirely insecure both when projecting it and during the construction process. He always asked if you liked it, if you were

a sí mismo como arquitecto hasta después de dicho viaje. Barragán abandonó desde 1940, es decir, desde el inicio del periodo más fecundo y conocido de su obra, toda definición a priori de belleza, así como cualquier especulación teórica. Olvidando toda definición previa de belleza apuesta por las realidades que surgen de la intuición, la experiencia y la memoria. Así junto a los viajes europeos de Barragán podemos considerar otros viajes, incluido su propio viaje interior.

El mismo arquitecto evoca la condición autobiográfica de su obra, los recuerdos de su infancia y juventud, y la trasposición de esa nostalgia al mundo contemporáneo. Esta trasposición no es automática sino que requiere de constante observación. La aparente sencillez de la obra de Barragán es consecuencia de una memoria acumulativa así como de un proceso de interiorización. El conocimiento intuitivo en Barragán es repensar hasta el agotamiento, no es pensar de una vez para siempre. Francisco Gilardi, propietario de la mágica vivienda construida por Barragán en 1976, describe la inseguridad y la duda como elementos integrantes del proceso de Barragán: "Era totalmente inseguro a nivel de la casa, bien cuando estaba proyectándola o ya en el proceso de construcción.

in agreement, if you approved of the window or the colour of the flat, something that not even an architect with only a small part of his talent would not ask."[5] (1)

If the inner journey was marked by doubt, travel was also a source of pleasure for Barragán. Since his first journey to Europe the architect he understood that travel was a path to fruitful learning—a path he decided to prolong, even provoking the concern of his family, who wrote "With this life we can loose the habit of work. You have been away long enough to have done what you want, it´s time to come home to your parents and to start to work again."[6] The pleasure of feeling well in a place led him to cultivate the feeling of well-being architecturally, so present at a later stage in his work. One of the keys to understanding Barragán´s proposals is a consequence of this perception of place. He noted, "I felt at home in the south of Spain, in the north of Africa, in Algeria, in Morocco. All this architecture, was, I felt profoundly connected to the ground."[7] Perception transformed emotions to create a source of architectural knowledge.

Él siempre te preguntaba si te gustaba, que si estabas de acuerdo, si te parecía bien la ventana o el color del piso, una cosa que cualquier otro arquitecto de la décima parte de su categoría ni siquiera te preguntaría."[5] (1)

Si el viaje interior estaba marcado por la duda, el viaje físico suponía también una fuente de placer para Barragán. Ya desde su primer viaje a Europa comprendió que el mismo constituía un fecundo camino de aprendizaje, un camino que decidió prolongar no sin la incomprensión de su familia que le requería: "... con esa vida puedes perder el hábito del trabajo. Con lo que te has paseado es tiempo más que suficiente para que tengas ya deseos de volver al lado de tus padres y ponerte de nuevo a trabajar."[6] El placer por sentirse bien en un lugar le llevaba a cultivar arquitectónicamente el sentimiento de bienestar, tan presente posterior-mente en su obra. Una de las claves para entender las propuestas de Barragán es consecuencia de esta percepción del lugar. Así escribirá, "Yo me sentí bien en el sur de España, en el norte de Africa, en Argel, en Marruecos. Toda esa arquitectura la sentí profundamente ligada al suelo."[7] La percepción perfilaba las emociones para crear una fuente de conocimiento arquitectónico.

The architecture of Barragán has been regularly interpreted as an architecture close to the Mexican tradition. However this vision is partial. In fact, Barragán binds his much loved popular architecture to the Mediterranean. The "popular architecture that I love so much connects us to the Mediterranean; the colonial style connects us definitively to Spain and as far as the pre-Columbian is concerned: we are no longer pre-Columbians."[8] His love for the Mediterranean is patent in his travels around South Spain and North Africa in 1952 and 1953, where the casbah in Morocco and the north of the Sahara had a profound effect. What he admired about the casbah was the dissolution of the border between architecture and landscape to such an extent that he was unable to say where one started and the other finished.

In his journey to the Alhambra, Barragán had the occasion to visit Cádiz and its white cubic architecture and terraces. How does an architect who comes over as a Mexican absorb the values of other latitudes. Alberto Campo Baeza explains, "I would like to point out just how much of Cadiz his

La arquitectura de Barragán ha sido interpretada, a menudo, como una arquitectura próxima a la tradición mejicana. Sin embargo esta visión es parcial. De hecho Barragán liga su querida arquitectura popular al Mediterráneo. La "arquitectura popular, que tanto amo, nos liga al Mediterráneo; lo colonial nos liga definitivamente a España, y de lo precolombino hemos quedado fuera; ya no somos precolombinos."[8] De su amor por el Mediterráneo dan cuenta sus viajes por el sur de España y el norte de Africa, 1952–1953, donde queda impresionado por las "casbah" de Marruecos y el norte del Sáhara. De las "casbah" admirará la disolución de la frontera entre la arquitectura y el paisaje hasta el extremo de no poder precisar dónde termina aquélla y dónde comienza éste.

En su viaje a la Alhambra Barragán tuvo ocasión de visitar también Cádiz y su blanca y cúbica arquitectura, con sus terrazas. ¿Cómo una arquitectura que se nos presenta como mejicana, absorbe esencialmente los valores referenciales de otras latitudes? Lo explica Alberto Campo Baeza: "Pero sí quiero apuntar cuánto de gaditano tienen sus arquitecturas. Las azoteas como estancias "abiertas al cielo" que Le Corbusier descubriera

architecture has. The flat roofs and room 'open to the sky' that Le Corbusier
discovered in Algeria and that have existed in Cádiz since the beginning of
their history. The courtyards as spaces gathered in between the walls.
The fountains, the pools and the flower beds. What comes perfectly to mind
is the house of Gilardi in Chiclana, or the house of Tacubaya in Zahora."[9]
This possible spatial transposition indicates the extent to which Barragán's
architecture dissolves the border between local values and universal quests.
As a reflection of his own inner journey, his work suggests both extreme
remoteness and proximity.

Aware that intensifying the local required universal parameters,
Barragán had no need to construct outside of his borders, and all his work
is located in his native country. However this did not imply distancing
himself from the foreign. Nothing was distant. Instead, the journey and the
search for other realities strengthened the origin. The travels of an architect
who brought to his architecture the will to stop time, also forced it to accept
multiple origins as a privileged mediator capable of melting different
cultures into one. Ferdinand Bac pointed out that "this is architecture

en Argel y que en Cádiz han estado desde el comienzo de su historia.
Los patios como espacios recogidos entre tapias. Y las fuentes y las
albercas, y los arriates. Uno podría imaginarse perfectamente la casa Gilardi
en Chiclana, o la casa de Tacubaya en Zahora."[9] Es esta posible trasposición
espacial la que nos indica hasta qué punto la arquitectura de Barragán,
en virtud de su esencialidad, disuelve la frontera entre los valores locales
y las búsquedas universales. Como reflejo de su propio viaje interior su obra
sugiere una lejanía y una proximidad simultáneamente extremas.

Consciente de cómo la intensificación de lo local necesitaba de los
parámetros universales Barragán no tuvo necesidad de construir fuera
de sus fronteras y toda su obra se ubica en su país de origen. Pero ello
no implicaba una distancia de lo foráneo. Nada le era ajeno. Más bien al
contrario. El viaje y la búsqueda de otras realidades potencian el origen.
En el fondo, el viaje de un arquitecto que traslada a su arquitectura la
voluntad de detener el tiempo, también de aceptar en ella múltiples
orígenes, como mediador privilegiado capaz de fundir diversas culturas
hasta hacerlas una. A Ferdinand Bac le gustaba puntualizar: "Es una
arquitectura del sentimiento, un arte hecho de todos nuestros recuerdos

of feeling, art made up from all our nostalgic memories and all the places where we would have liked to pitch our tent and remain in the *sweetness of beauty and the strength of simplicity.*"[10] For this reason the essential quests that his journeys create are a universal reference that does not oppose but rather informs local reality.

Personal experience is also definitively linked to the journey, beginning with the unexpected death of his mother after his return from Europe in 1925, and the above-mentioned death of his father in 1930, while he was on a trip to Chicago in search of a cure for his illness. These two experiences were to leave the young Barragán an orphan in his home region, from where, after some years of working, he left for the capital to definitively establish himself in a long journey without return.

Travel and Experience: The Sensual Architecture of Barragán and the Passage of Memory

Barragán spent productive years in Mexico City with numerous commissions for residences. But towards 1940, he decided to abandon the practice

nostálgicos y de todos los lugares donde hubiéramos querido levantar nuestra tienda y permanecer en la dulzura de lo bello y en la fuerza de lo Simple".[10] Por todo ello las búsquedas esenciales a través de sus viajes le crean un referente universal que no se opone, sino que informa la realidad local.

Su experiencia personal también se une definitivamente al viaje, comenzando por el inesperado fallecimiento de su madre, tras su regreso del viaje a Europa en 1925, y la mencionada muerte de su padre en 1930, en un viaje a Chicago en busca de curación para su enfermedad. Dos trances que dejan al joven Barragán huérfano en su región natal desde la que, tras unos años de primeros trabajos, emprenderá su viaje a la capital del país para establecerse allí definitivamente.

Viaje y experiencia: la arquitectura sensual de Barragán y el paisaje de la memoria

Los años de su desembarco en la capital de Méjico con los múltiples encargos de edificios de viviendas fueron años de producción. Pero, hacia 1940, decide abandonar la práctica de la arquitectura iniciando un

of architecture to begin an inner journey, leading to a new direction in his work. By abandoning and redefining architecture, Barragán started recovering the value of time, which would become one of his legacies. In the 1940s he began to work very gently, enacting a creative silence as opposed to the productivity of the preceding decade. Becoming interested in the design of gardens, he rejected current fashions and the temptation to innovate in favor of an architecture related to the hills of Jalisco, and visions of Mazamitla, as well as journeys around Andalucía, Les Colombières, and other spaces tied to anonymous tradition. (2)

In his stubborn search for a new order to provide meaning to the uncountable experiences accumulated in his memory—fruit of his numerous travels far and wide—Barragán´s mature period began. During this period he was concerned with the seamless integration of painting, sculpture, and architecture. The value of experimentation is related to the fact that Barragán hardly speaks in public about architecture, as it was impossible for him to develop a theory. Although his architecture, for example the chapel of Tlalpan or the House of Gilardi, may appear to be

proceso, verdadero viaje interior, que desembocará en una nueva formulación de su obra. Con el abandono y redefinición de la arquitectura Barragán comienza la recuperación del valor del tiempo para la misma, siendo éste uno de sus legados. Así en los años cuarenta comienza un trabajo muy pausado, evocando un silencio creador como opuesto a la productividad de la década precedente. Interesándose por el diseño de jardines se adivina un rechazo de las modas del momento y de la tentación de la novedad, a favor de una arquitectura relacionada con las sierras de Jalisco, de sus visiones de Mazamitla, de sus viajes por Andalucía, de Les Colombières y de otros espacios ligados a la tradición anónima. (2)

En su tozuda búsqueda de un nuevo orden que diera significado a las incontables experiencias acumuladas en su memoria, fruto de otros tantos viajes próximos y lejanos, empezó el periodo de madurez de Barragán. En este periodo el arquitecto se preocupa por la integración, de manera sintética, de pintura, escultura y arquitectura. El valor de la experimentación se relaciona con el hecho de que Barragán apenas hablaba en público sobre arquitectura porque le era imposible teorizar. Así aunque su arquitectura, como por ejemplo la capilla de Tlalpan

the result of a minimal aesthetic theory, in fact it is the result of innumerable test processes that Barragán experimented with, together with Goeritz or Reyes Ferreira.

Barragán himself spoke of the value of memory. His well-known descriptive text about his childhood village, Mazamitla, finishes with a famous sentence, "No, there are no photos, I can only remember it."[11]

3 Entrance patio, Prieto House, Luis Barrágan, El Pedregal, Mexico, 1945–1950

3 Patio de entrada, Casa Prieto, Luis Barragán, El Pedregal, Méjico, 1945–1950

o la Casa Gilardi, pueda parecer el resultado de una teoría estética minimalista, es, de hecho, el resultado de innumerables procesos de prueba que Barragán experimentaba junto a Goeritz o Reyes Ferreira.

De la condición del valor de la memoria nos habla el propio Barragán. Su conocido texto descriptivo del pueblo de su infancia, Mazamitla, concluye con la célebre sentencia: "No, no hay fotos, sólo tengo su recuerdo."[11]

Recollection nurtures the memory, and from there, the architect designs. Among these memories is the interpretation of the Mexican ranch, and Barragán prepares us for looking inward from the street space to make a fluid transition toward the house. The architect

4 View of interior, Prieto House, 1945–1950

4 Vista del interior, Casa Prieto, 1945–1950

El recuerdo nutre la memoria y, desde ella, proyecta el arquitecto. Entre estos recuerdos surge la interpretación de la hacienda mejicana y el arquitecto nos dispone a la introversión desde el espacio de la calle y a la fluida transición hacia los espacios de la casa. El arquitecto llega a tomar,

picks out stones, earth, and vegetable elements, which evoke in his architecture the places he visited and admired. This manner of impregnating the architecture with the sensitive experience of the journey is patent in his work.

5 Lattice separating the access to the sacristy from the courtyard, Chapel for the Capuchinas Sacramentarias del Purísmo Corazón de María, Luis Barrágan, Tlalpan, Mexico, 1952–1955

5 Celosía de separación entre el acceso a la sacristía y el patio, Capilla de las Capuchinas Sacramentarias del Purísimo Corazón de María, Luis Barragán, Tlalpan, Méjico, 1952–1955

literalmente, piedras, tierra, elementos vegetales que evoquen, en su arquitectura, la huella de los lugares visitados, y admirados. Esta manera de impregnar la arquitectura de la experiencia sensible del camino es patente en su obra.

On my own visit to the Prieto house, I recall stepping through the thick stone wall, the only reference to the building from the street, into a paved courtyard containing the entrances to the house and access to the stables. (3) Through a small hall, the main entrance leads directly to the spacious dwelling. On the way up there is a smell of burning wood, like incense in a church, adding to a religious air. The space is unexpectedly disproportionate for a transformed building with a vertical dimension and with plants that have a certain disheveled aspect.[12] At certain points the filtered light illuminates religious images, some of which were presents from the architect to his client. After a period of affiliation with modern architecture, Barragán began a stage of interiorization lasting until his death. (4)

As in a country house, the fireplace presides over the main space, invading it with the aroma of mesquite wood pulled up from the Mexican countryside. Although the building has heat, the proprietor keeps the fire constantly and faithfully lighted. The experience of its dwellers, their charming way of telling the story of the building to the umpteenth visitor,

En mi propia visita a la casa Prieto recuerdo traspasar el grueso muro de piedra, única referencia de la vivienda con la calle, hacia un patio empedrado que alberga las entradas a la casa y el acceso a las caballerizas. (3) Desde la entrada principal, a través de un pequeño vestíbulo, se asciende directamente al gran espacio de la vivienda. Mientras se asciende huele a leña quemada, como en las iglesias a incienso, que se suma a un entrañable aire religioso. El espacio es inesperadamente desproporcionado para una vivienda transformando, con la dimensión vertical, ese cierto aspecto desaliñado de las plantas.[12] En determinados puntos la luz, tamizada, ilumina puntualmente imágenes religiosas, algunas de ellas regalos específicos del arquitecto a su cliente. Tras su etapa de afiliación a la arquitectura moderna Barragán inicia con esta casa una fase de interiorización que ya no abandonará hasta su muerte. (4)

El espacio principal, como en las casas de campo, lo preside la chimenea invadiéndolo con el aroma de la leña de mezquite arrancada de los campos mejicanos. A pesar de que la vivienda dispone de calefacción, el propietario mantiene, constante y fielmente, prendido el fuego. Las vivencias de los moradores, su modo encantado de narrar la vivienda al

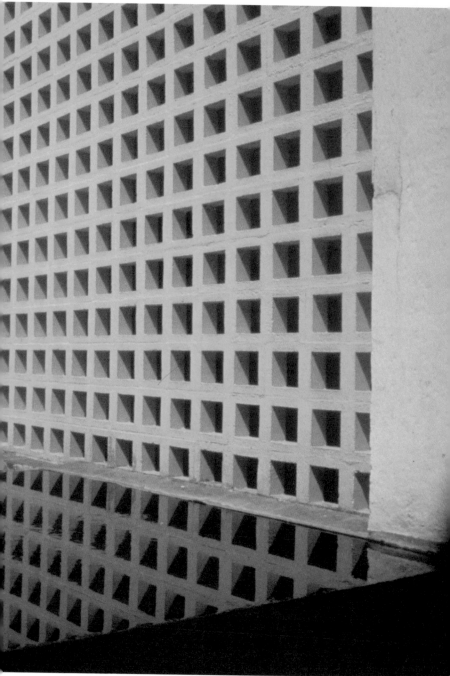

and the memories that I try halt in time form an attitude, somewhere between reverence and gratefulness, toward the phenomena of any new creation.

Barragán devoted himself faithfully to this building. He wanted the house to be stuccowork and offered the owners stone and soil he collected from other areas. All the land where the dwelling was settled was of no use. Gradually they removed the lava rock, accommodating the dwelling to the land conditions. The architect discovered a pear tree capable of developing in the volcanic remnants. Today this plant remains at points in the garden arranged by Barragán. The combinations of vegetation were multiple, but Barragán preferred one particular medley of fruit, nutmeg, and pyracantha. Barragán avoided a measured and confined garden. He preferred a garden that rose spontaneously around the dwelling, so that the outer space would gradually fuse with the inside. The vegetation became so exuberant that it even broke through the living-room windows, which, with Barragán's permission were screened and in some cases eliminated.

enésimo visitante, así como los recuerdos que intento detener en el tiempo, forman parte de una actitud entre reverente y agradecida hacia el fenómeno de toda nueva creación.

Barragán se entregó devocionalmente a esta vivienda. Quería que la casa fuera enfoscada y les regalaba a los propietarios piedra y tierra que recogía en otros lugares. Todo el terreno donde se asentaba la vivienda no era productivo. Paulatinamente iban decrestando la lava acomodando la vivienda a las condiciones del terreno. El arquitecto descubrió una planta, el pirus, capaz de desarrollarse entre las lavas. Esta planta actualmente todavía permanece en puntos del jardín tal y como la dispuso Barragán. Las combinaciones de vegetación eran múltiples pero Barragán prefería una particularmente: níspero, clavo y piracanto. Barragán evitó un diseño medido y encorsetado del jardín. Prefirió que el mismo jardín fuera espontáneamente surgiendo en torno a la vivienda de tal forma que, hacia el interior de la parcela, el espacio exterior llega puntualmente a fundirse con el interior. La vegetación llegó a ser tan exuberante que rompió parte de las cristaleras del salón que, con permiso y diseño del arquitecto, fueron tamizadas o en algunos casos eliminadas.

The authenticity of the process extended to materials and color. Barragán literally and instinctively prohibited any outside influence. Following the Hispanic tradition of earlier times, he added a few leaves of lime and salt to thicken the mixture and get walls that looked and were thick. Over time, acrylic and vinyl were sold offering a similar texture to the lime. The owner, perhaps in his only act of betrayal to his close friend Barragán, painted some surfaces with a synthetic paint. After several months the owner admitted his actions, when Barragán did not notice anything unusual. With the humility of the masters, Barragán accepted his friend´s challenge and used the paints from then on.

Yet an element of research evinced itself in Barragán's work. In the stone wall forming the boundary with the street, gray tones mingled with unexpected browns and golds, produced by two oxides with copper sulphate and potassium dichromate. When the mixture was still wet, it was applied directly on the stone. The owner still remembered with affection the experiments that encouraged them to rethink every decision, pampering the sensory effects of the materials. On that magical morning

La autenticidad del proceso se extendía a los materiales y al color. Barragán, literal e instintivamente, prohibía cualquier influencia externa. Siguiendo la tradición hispana de épocas anteriores Barragán añadía a la cal unas pencas de magueil y sal con el fin de espesar la mezcla y obtener unos paramentos densos al tacto y a la vista. Con el tiempo se comercializaron el acrílico y el vinílico que ofrecían unas texturas similares a la cal. El propietario, quizá en su única "traición" a su entrañable amigo Barragán, pintó unas superficies con la pintura sintética. Tras varios meses sin que el arquitecto percibiese nada extraño el propietario le comentó su osadía. Con la humildad de los maestros Barragán aceptó el reto de su amigo utilizando desde entonces las pinturas.

De este modo cualquier paramento constituía un elemento de investigación. En el muro de piedra que conforma el límite con la calle tonos grises se entremezclan con otros inesperados ocres y dorados, producidos por dos óxidos con sulfato de cobre y con bicromato de potasio. Cuando la mezcla aún estaba fresca se aplicaba directamente sobre la piedra. El propietario sigue recordando con cariño todas los experimentos que les animaban a repensar cada una de las decisiones mimando los efectos

of the visit, he told me that he had just applied a primer with iron
sulphate to a bench. I realized that the great works of architecture
also need a great owner.

The Journey Beyond Matter: The Matter Brings Itself to an End

This willingness to go beyond the physical aspects of matter summarizes
the intensity and constructive attitude Barragán pursued in his work.
Surfaces transcend their own materiality and surround a space in
continual transformation and expansion. Through the use of light, this
serene and balanced dynamism anticipates any intention to rewrite
architectural surfaces. The side wall of the nave of the chapel of Tlalpan
curves to form a sharp wall with a sculpted wedge and tinted window
designed by Goeritz, allowing an invasion of light. The light allows for the
continued transformation of the lattice in the courtyard, which contains
a water well, which itself hides another lesson. (5) A stone cube has an
upper surface of water. But water outlines the four edges, so that not only
is it a liquid surface, but it also acquires new perceptual conditions.

sensoriales de los materiales. Aquella mágica mañana de la visita me
comentó que le acababa de aplicar una imprimación con sulfato de hierro
a una banqueta. Comprendí que las grandes obras de arquitectura necesitan
también de un gran propietario.

El viaje más allá de la materia: la materia se vence a sí misma

Esta voluntad de ir más allá de los aspectos físicos de la materia resume
la intensidad y actitud constructiva que Barragán persiguió en su obra.
Las superficies trascienden su propia materialidad y envuelven un espacio
en continua transformación y expansión. Mediante el uso de la luz este
dinamismo, sereno y equilibrado, anticipa cualquier intención de reformular
las superficies arquitectónicas. Y ello mediante el uso de la luz. El muro
lateral de la nave de la capilla de Tlalpan se dobla formando un afilado
muro que formaliza una cuña esculpida con un ventanal coloreado, obra
de Goeritz, permitiendo la invasión de luz. La incidencia de la luz permite
igualmente la continua transformación de la celosía del patio en el que
se encuentra el pozo de agua que, en sí mismo, esconde otra lección. (5)
El cubo de piedra tiene su cara superior de agua. Pero el agua delinea las

This transformation of matter suggests that Barragán does not build on geometry but from perception. (6)

With the lattices, the cube of stone, and the water, dissolving the boundaries of the interior of the chapel and converting areas in a spatial extension Barragán transcends materiality. This victory over the material—this transcendence of empiricism—is also felt by the users of the architecture, in this case, the nuns. Two of the sisters living in the monastery, summarize the idea and experience by saying that "a ray of sunlight enters [or the sun is gathered in a ray] and it shines on the monstrance, where the Lord is exposed." Gathering the sun in a shaft, flooding the space with it, Barragán has discovered a new construction material: light.

This experience is equally remarkable in the pool area at the Gilardi House. The surface goes beyond its materiality and destroys it as a border, transforming it into light and space at the same time. The unity of space is achieved at its inception and built on perception. To transcend the material, Barragán began to build perceptions beyond the physical boundaries, requiring construction with light, air, and color. Ignacio Araujo explains that

cuatro aristas de tal forma que ya no sólo es una superficie líquida sino que adquiere nuevas condiciones perceptivas. Esta transformación de la materia sugiere que Barragán no construye sobre la geometría sino desde la percepción. (6)

Con las celosías, con el cubo de piedra y agua, con la disolución de los límites en el interior de la capilla y la conversión de las superficies en una prolongación espacial Barragán trasciende la materialidad. Esta victoria sobre la materia, esta trascendencia de lo empírico, es igualmente sentida por los usuarios de la arquitectura, en este caso, las monjas. Dos de las hermanas que viven en el monasterio resumen la idea y la vivencia explicando que "entra un rayo de sol (o que recoge el sol en un rayo) y va a dar en la custodia, donde el Señor está expuesto." Recogiendo el sol en un rayo, e inundando con él el espacio, Barragán nos ha descubierto un nuevo material de construcción: la luz.

Esta experiencia es igualmente destacable en el espacio de la alberca de la Casa Gilardi. La superficie trasciende su materialidad y se destruye como límite, integrándose en un ámbito espacial que es luz y espacio al mismo tiempo. La unidad del espacio se alcanza desde su concepción, construido sobre la percepción del mismo. Para trascender la materia,

"if we are to build on perception, not just geometry, we understand that not only the material—the material limits—but the air, light and colors are directly involved in the image. Because all this leads to the creation of a 'presence,' which must be suggested by the quality of the desired ambit."[13] (7)

For Barragán architecture is the environment, in which to make a new deed of relations between opposites. His work redescribes a new aesthetic dimension from which to conceive architecture as an open structure that dissolves pathological dichtomies (such as tradition-modernity, presence-absence, subject-object, intuition-reason, and local-universal). Instead, the opposing terms acquire their true meaning to the extent that their mutual existence allows mutual acceptance and interaction. In this way, architecture overcomes dualities. The wall is simultaneously enclosure and distribution, sculpture and architecture, form and substance of a multiple reality.

Inner Journey and Solitude

Rubert de Ventós reminds us that sources of knowledge come from the solitude of travel.[14] Barragán required solitude from his first journeys onward.

Barragán comienza a construir percepciones, más allá de los límites físicos. Para ello es necesario construir con la luz, y el aire, y el color. Ignacio Araujo explica que "si nos proponemos construir sobre la percepción, y no sólo sobre la geometría, entenderemos que no sólo la materia –los límites materiales-, sino el aire, la luz y el color intervienen directamente en la imagen. Porque todo ello da lugar a la creación de una "presencia", que ha de estar sugerida por la cualidad del ámbito deseado."[13] (7)

La obra de arquitectura es para Barragán el medio en el que poder formular una nueva escritura de las relaciones entre opuestos. Su obra le permite redescribir una nueva dimensión de la estética desde la que concebir la arquitectura como una estructura abierta que disuelve dicotomías patológicas (como tradición-modernidad, presencia-ausencia, sujeto-objeto, intuición-razón y local-universal). Por el contrario los términos opuestos adquieren su verdadero significado en la medida en que su mutua existencia permite la recíproca aceptación e interacción. De esta manera la arquitectura vence las dualidades. El muro es, simultáneamente, cerramiento y distribución, escultura y arquitectura, forma y fondo de una realidad múltiple.

The first took place in France, Spain, Italy, and Greece in May 1924. He began with a group but decided to extend his stay and remain alone until October 1925. He wrote to his family that he had "visited the most classical of Paris, what the guides recommend and what the others wanted to see. Now I am on my own and stop when I like something. I take daily strolls, go to museums and have a good time visiting."[15] Walking alone became a vital aspect of experimentation and learning. In this solitude the young Barragán began to weave the intensity of his work.

From youth to maturity, the architect progressively imposed the quest for essence as a condition of his work, which could only be approached in solitude. As the final episode of this quest, his final masterpiece, the Gilardi

7 Pool immediately next to the living and dining area, Gilardi House, Luis Barrágan, Mexico City, Mexico, 1976

7 Alberca contigua a la sala de estar y comedor, Casa Gilardi, Luis Barragán, Ciudad de Méjico, Méjico, 1976

Viaje interior y soledad

Rubert de Ventós nos recuerda cómo, en la soledad de los viajes, se encuentran las fuentes del saber.[14] Esta soledad es requerida por Barragán desde sus primeros viajes. El primero de ellos lo realiza por Francia, España, Italia y Grecia en mayo de 1924. Lo comienza en grupo pero decide alargar su estancia y permanecer en soledad, no regresando hasta octubre de 1925. Escribió a su familia que "había visitado lo más clásico de París, lo que las guías aconsejan y lo que los demás tenían ganas de ver. Ahora camino mucho por mi cuenta y me voy deteniendo donde me gusta algo. Hago paseos a diario, voy a los museos y me divierto con las visitas."[15] Caminar en solitario se convierte en una necesidad vital de experimentación y aprendizaje. En esa soledad del joven Barragán comienza a tejerse la intensidad de su obra.

House, Mexico 1976, added to the accumulated experience, the sediment of years of abscence and interior silence. When he designed this house, he was over seventy, somewhat despondent, and inward looking, hardly leaving his home in Tacubaya. Perhaps he was waiting for his last journey for which he wanted to be ready. The last project he had built was the Egerstron house. The solitude in which the architect is confined during his last years illustrates the design of this house woven in slowness. Time cultivates solitude and improves the projects. And this is another key to understand the strength of this architecture.

In photographs of Barragán's work, the spare images, many of them entrusted to his good friend Armando Salas Portugal, follow one another.

8 View of house from inner courtyard, Gilardi House, 1976

8 Vista de la casa desde el patio interior, Casa Gilardi, 1976

Desde la juventud hasta su madurez el arquitecto se impuso, progresivamente, la búsqueda de la esencialidad como condición de su obra a la que sólo podría aproximarse desde la soledad. Así, como episodio final de esta búsqueda, su última obra maestra, la casa Gilardi, Méjico 1976, suma, a la experiencia acumulada, el poso de años de ausencia y silencio interior. Cuando proyecta esta casa tiene más de setenta años y se encuentra, en cierto modo abatido, mirando hacia el interior, sin apenas salir de su casa de Tacubaya. Acaso esperando su último viaje para el que quería estar bien preparado. La última casa que había construido era la Egerstron. La soledad en la que se recluye el arquitecto en los últimos años se ejemplifica en el diseño de esta casa, diseñada con lentitud. El tiempo cultiva la soledad y beneficia a los proyectos, siendo ésta otra de las claves para comprender la fuerza de esta arquitectura.

These photographs have the capacity to confront the subject with his solitude. Those who approach the work through images discover the special status of a work that can be internalized. In a subtle integration of the senses, the photographs participate in the aim of demonstrating, through the quiet revolution, that silence can also be seen.

These terraces and courtyards of extreme solitude have served as an argument for the comparison of this architecture with the landscapes of Giorgio de Chirico and other Surrealists. Nakedness and solitude are the characteristics that link the two activities, as an expression of the joint quest for a magic element. This redefinition of his architecture is produced after he abandoned it for a period in which he had a lonely encounter with landscapes and garden design. (8)

Loneliness was a beloved and sought-after companion. He remained alone throughout his life: "I've been living alone all my life. With the same solitude that lives in every human being. Art and religion help out and give meaning to life. Without religion, without myth, there would be no cathedrals or pyramids; there would be no history of art."[16] When receiving

En la memoria visual de los arquitectos interesados por Barragán se suceden las imágenes desnudas de su arquitectura, buena parte de ellas confiadas a su buen amigo Armando Salas Portugal. Estas fotografías tienen la capacidad de enfrentar al sujeto con su soledad. Los que se acercan a la obra a través de las imágenes descubren la especial condición de una obra que permite ser interiorizada. En una sutil integración de los sentidos las fotografías participan del objetivo de mostrar, por medio de la revolución callada, que el silencio también se puede ver.

Esas terrazas y patios de extrema soledad han servido de argumento para la comparación de esta arquitectura con los paisajes de De Chirico u otros surrealistas. No son sino la desnudez y la soledad las características que hermanan ambas actividades como expresión de la búsqueda compartida de una magia. De hecho la redefinición de su arquitectura se produce tras un periodo de abandono de la misma y de encuentro solitario con el paisaje y el diseño de jardines. (8)

La soledad fue una compañía querida y buscada por Barragán Permaneció sólo durante toda su vida: "Yo he ido viviendo solo toda mi vida. Con la misma soledad que habita en cualquier ser humano.

the Pritzker Prize, he stated with these well-known words: "Solitude. Only in intimate communion with solitude may man find himself. It is good company, and my architecture is not for those who fear or shun it."

Barragán's architecture is finally presented and offered as a support to the inner journey. His journey, real or imagined, permits his feelings and personal expectations to be added to what has been visited. Rather than reject us, it welcomes us. Barragán's architecture welcomes us by provoking the adventure of wandering on our own path, stripped of all superficiality, demanding the extreme challenge of facing our own inner journey.

Barragán's architecture does not expand the anguishes of modern man but returns to face him with the truth of its mystery. Barragán's own architecture is offered as a route of multipart episodes. Certain contemporary architectures explain the value of the instantaneous. By contrast, Barragán's architecture allows the experience of a chained sequence between unlimited moments.

The inner journey and concern for learning the amount of beauty in the universe illuminate his architecture. On the evening of August 14,

El arte y la religión ayudan a salir con ella y darle sentido a la vida. Sin religión, sin mito, no habría catedrales, ni habría pirámides, no habría historia del arte".[16] Conocidas son las palabras del arquitecto al respecto con ocasión de la recepción del Premio Pritzker: "Soledad. Sólo en íntima comunión con la soledad puede el hombre hallarse a sí mismo. Es buena compañera, y mi arquitectura no es para quien la tema y la rehuya".

La arquitectura de Barragán, al fin, se presenta, y se ofrece, como soporte del propio viaje interior. Su recorrido, real o imaginario, permite añadir, a lo visitado, las sensaciones y las expectativas personales. No nos rechaza sino que nos acoge. La arquitectura de Barragán nos ampara provocando en nosotros la aventura de recorrer nuestro propio itinerario, de tal manera que desnudada de toda superficialidad, nos interpela hasta el extremo de enfrentarnos a nuestro propio viaje interior.

La arquitectura de Barragán no expande las angustias del hombre moderno sino que lo envuelve para enfrentarle con la verdad de su misterio. Su arquitectura se ofrece como un recorrido de múltiples episodios. Ciertas arquitecturas contemporáneas explicitan el valor de lo instantáneo.

2002, I visited his home and studio at Francisco Ramirez Street. In his own house the stark exterior walls inobtrusively protect the intensity of the interior and reflect the unique attitude of his concerns. The successive transitions between the living room, workshop, and the garden place us in the courtyard of the pitchers. The pitchers have no base and are empty. When the courtyard surface is covered with water, they are reflected and conversely reflect the sky. Seeing therefore allows, the transition between the earth and the reflected sky, melting both worlds using empty vessels. Perhaps it is here that the words of Ferdinand Bac can be heard even more clearly, "water brings light into darkness."

Barragán became ill and began to withdraw into his private quarters. Moving progressively away from the workshop, the garden where he would feed the birds to feed himself on their beauty, the living room, and, finally, the library. In front of his bed, a religious picture alongside a small table, away from the wall, fitted with a piece to ensure it never touched the wall. At the head of the bed is a crucifix. Light entered through the horizontal slits of the door to his room from the east. In his private living room in the

La arquitectura de Barragán, por el contrario, permite la vivencia de una secuencia encadenada, entre instantes ilimitados.

El viaje interior y la preocupación por aprehender cuanto de bello hay en el universo ilumina su arquitectura. La tarde del catorce de agosto del año dos mil dos visité su casa-taller en la calle Francisco Ramírez. En su propia casa las escuetas fachadas exteriores protegen, en el anonimato, la intensidad del interior, reflejo de la única actitud que le preocupa. Los sucesivos tránsitos entre la sala de estar, el taller, el jardín nos sitúan en el patio de los cántaros. Los cántaros no tienen base y están vacíos. Cuando se cubre de agua toda la superficie del patio, éstos se reflejan y, a la vez, reflejan el cielo. La mirada permite, entonces, el tránsito entre la tierra y el cielo reflejado, fundir ambos mundos mediante unas vasijas ahuecadas. Acaso aquí se escuchan más próximas las palabras de Ferdinand Bac, "el agua trae la luz en las tinieblas."

Afectado por la enfermedad Barragán comienza a recluirse en sus dependencias privadas. Abandona progresivamente el taller, el jardín donde acostumbraba a alimentar a los pájaros para alimentarse él de la belleza, la sala de estar y, finalmente, la biblioteca. Frente a su cama un cuadro religioso; al costado una pequeña mesa, separada de la pared, provista

bedroom area, the kindly touch of carpet has replaced the lava rock or platform floors of the rest of the house. There is still time for the penultimate magical argument: Barragán cuts a path that he moves along, to and from his bedroom like a path in the garden. The inner path that eventually collects traces of footprints from near and far lands.

Barragán's architecture is a synthesis of memories and experiences from journeys. Meeting the personal challenge of creating a universe that made travel possible, and traveling in his memory through magical, peaceful and surprising places, Barragan emulated the dream of the Emperor Hadrian in Tivoli: "Make a bunch of all my travel memories...reedit them around me and live them again."[17] In a continuing cycle, the journey of a loner with a thirst for eternity.

de una pieza que garantiza que nunca toca el muro. En su cabecera un crucifijo en el muro. La luz entra, desde el este, por las hendiduras horizontales de la puerta de su cuarto. En su sala privada de estar, en el ámbito del dormitorio, los suelos, de piedra volcánica o de tarima del resto de la casa, se han sustituido por la amabilidad táctil de la moqueta. Todavía hay tiempo para el penúltimo argumento mágico. En ella el arquitecto recorta un camino por el que transita, desde y hacia su dormitorio, como un "sendero en el jardín". El sendero interior que recoge finalmente las huellas de las pisadas por unas tierras próximas y lejanas.

La arquitectura de Barragán es una síntesis de todos los recuerdos y experiencias de viajes. Cumplir el desafío personal de crear un universo capaz de hacerlo viajar, recorriendo nuevamente en su memoria los lugares de la magia, la paz y la sorpresa para emular el sueño del emperador Adriano en Tívoli: "hacer un ramillete de todos mis recuerdos de viaje...reeditarlos a mi alrededor para mejor volver a vivirlos".[17] En un ciclo permanente. En el fondo, el viaje de un solitario con sed de eternidad.

1   Luis Barragán, "Pritzker Prize winning speech" (3 June 1980). The prize is awarded by the Hyatt Foundation.

2   Antonio Riggen, *Luis Barragán, escritos y conversaciones* [El Escorial: El Croquis Editorial, 2000], 81.

3   This summary of Barragán´s journeys from a chronology presented in ibid. 9–11.

4   Kenneth Frampton, "A Propos Barragan: Formation, Critique and Influence," in *Luis Barragan: The Quiet Revolution*, ed. Federica Zanco (Milano: Skira Editore, 2001), 16.

5   Enrique De Anda, "Entrevista con el Sr.Francisco Gilardi," in *Luis Barragán, clásico del silencio* (Bogotá: Colección SomoSur, 1989).

6   Letter from his father, sent from Guadalajara to París, 15 December 1924, quoted in Riggen, Ibid., 140.

7   Quoted in Antonio Riggen, Ibid., 110.

8   Cited in Antonio Riggen, Ibid., 120.

9   Alberto Campo Baeza, "La belleza misma. Sobre la arquitectura esencial de Luis Barragán" in *Luis Barragán*, ed. Tomás Carranza (Cádiz: Official Association of Architects, 2003), 25.

10   Quoted in Juan Molina y Vedia and Rolando Schere, "Exilios, Exiles" in *Luis Barragán. Paraísos, Paradises* (Madrid: Kliczkowski Publisher 2001), 27.

1   Luis Barragán. "Discurso con motivo de la recepción del Premio Pritzker el 3 de junio de 1980" otorgado por la Hyatt Foundation.

2   Antonio Riggen. *Luis Barragán, escritos y conversaciones*, (El Escorial: El Croquis Editorial, 2000), 81.

3   Este resumen de los viajes de Barragán extraídos de la cronología presentada por Antonio Riggen, Ibid.2, 9–11.

4   Kenneth Frampton. "A Propos Barragan: Formation, Critique and Influence", en *Luis Barragan The Quiet Revolution*, editado por Federica Zanco, Barragan Foundation, (Milano: Skira Editore, 2001), 16.

5   Enrique De Anda. "Entrevista con el Sr.Francisco Gilardi", en *Luis Barragán, clásico del silencio*, (Bogotá: Colección SomoSur, Bogotá, 1989).

6   Carta de su padre, enviada desde Guadalajara a París, 15 de Diciembre de 1924, citada en Riggen, Antonio Riggen, Ibid., 140.

7   Recogido en Antonio Riggen, Ibid., 110.

8   Citado en Antonio Riggen, Ibid., 120.

9   Alberto Campo Baeza. "La belleza misma. Sobre la arquitectura esencial de Luis Barragán" recogido en *Luis Barragán*, editado por Tomás Carranza, (Colegio de Arquitectos de Cádiz, 2003), 25.

10   Citado en Juan Molina y Vedia; Rolando Schere. "Exilios. Exiles", en *Luis Barragán. Paraísos, Paradises*, (Madrid: Kliczkowski Publisher-A Asppan S.L., 2001), 27.

11   Recogido por Kenneth Frampton en *Historia crítica de la arquitectura moderna*, (Barcelona: Gustavo Gili, 1987), 323.

11   Included in Kenneth Frampton, *Historia crítica de la arquitectura moderna*, (Barcelona: Gustavo Gili, 1987), 323.

12   "Or this can be interpreted as Barragán doing everything with the liberty that wisdom brings. He throws out the classical mechanisms of composition, and does what he likes with knowledge and awareness, with good results. After the apparent disheveledness of the plants, with the third dimension, the vertical one, Barragán builds spaces full of beauty—a beauty full of naturalness that was always visible in the last period of work of the master." Baeza, "La belleza misma. Sobre la arquitectura esencial de Luis Barragán," in Luis Barragán, ed. Carranza, 21.

13   Ignacio Araujo, "Luz y proyecto" [Course Notes, Projects, II], School of Architecture, University of Navarra, 1999-2000, 11.

14   Xavier Rubert de Ventós, *Del mediterráneo como espacio mítico*, in "Arquitectura y espacio rural en Ibiza", nos. 4 and 5, April 1985.

15   Letter from Luis Barragán to his parents, sent from Paris to Guadalajara on 26 October 1924. Published in Riggen, Luis Barragán, escritos y conversaciones, 139.

16   Quoted in Antonio Riggen, Ibid., 134.

17   Quoted in Molina y Vedia and Schere, "Exilios, Exiles," in Luis Barragán. Paraísos, Paradises, 26.

12   En el apartado titulado "El desaliño de las plantas": "O bien, en una lectura más sencilla, Barragán hacía todo con la libertad que provee la sabiduría. Tira por la borda los mecanismos clásicos de la composición, y hace con conocimiento y conciencia lo que le da la gana, con tan buenos resultados. Pues tras el aparente desaliño de las plantas, con la tercera dimensión, la vertical, Barragán levanta unos espacios llenos de belleza, de aquella belleza repleta de naturalidad que siempre tuvieron sobre todo las obras del último periodo del maestro". Alberto Campo Baeza, Ibid., 21.

13   Ignacio Araujo. "Luz y proyecto", Apuntes del curso de Proyectos II, 1999-2000, (Escuela Técnica Superior de Arquitectura, Universidad de Navarra), 11.

14   Xavier Rubert de Ventós. "Del mediterráneo como espacio mítico", en "Arquitectura y espacio rural en Ibiza", Delegación en Ibiza y Formentera del Colegio Oficial de Arquitectos de Baleares, números 4 y 5, abril 1985.

15   Carta de Luis Barragán a sus padres, enviada desde París a Guadalajara el 26 de Octubre de 1924. Publicada en Antonio Riggen, Ibid., 139.

16   Recogido en Antonio Riggen, Ibid., 134.

17   Citado en Juan Molina y Vedia; Rolando Schere. Ibid., 26.

LE CORBUSIER AND FREUD ON THE ACROPOLIS: NOTES ON A PARALLEL ITINERARY

SPYROS PAPAPETROS

LE CORBUSIER Y FREUD EN LA ACRÓPOLIS: NOTAS SOBRE UN ITINERARIO PARALELO

Notation

THE SEA: deserted but "everpresent," resembling a field of "radiant splendor."[1] During the hottest days, a "blaze of heat" would merge the blue of the marine surface with that of the clear sky.[2] Were it not for the curved lines of the "rippling waves," one might have failed to distinguish the "body of water." These little markings in Le Corbusier's sketches from his trip to Turkey and Greece represent the materiality of a medium that becomes visually intermittent. Sometimes they appear as flowing curves, and at other times as straight lines or mere points. The style of Le Corbusier's draftsmanship is reminiscent of the depiction of water in post-impressionist paintings by Paul Signac, Vincent van Gogh, as well as the early drawings of Henry van de Velde. Were these lines not drawn, the sea would have become ineffable space—an endless, immaterial horizon that impedes the subject from finding his or her bearings. Notation, then, becomes an apparatus of *orientation*—reflecting the intense need to demarcate one's position in a territory that is infinite and thereby setting one's coordinates on the horizon.

Anotación

EL MAR: desierto pero "siempre presente" se asemeja a un campo de "radiante esplendor."[1] Durante los días más calurosos una "llamarada de calor" fundía el azul de la superficie del mar con el del cielo despejado.[2] Si no hubiera sido por las líneas curvadas de las "olas rizadas" no se habría podido distinguir la "masa de agua". Estas breves anotaciones en los bocetos de Le Corbusier realizados durante su viaje a Turquía y Grecia representan la materialidad de un medio que se torna visualmente intermitente. A veces aparece como curvas que fluyen, y otras como líneas rectas o meros puntos. El estilo del dibujo de Corbusier tiene reminiscencias de la representación del agua en las pinturas postimpresionistas de Signac, van Gogh y en los primeros dibujos de van de Velde. Si estas líneas no se hubiesen dibujado, el mar se habría convertido en un espacio inefable- un horizonte inmaterial infinito que impide al sujeto orientarse. La anotación se convierte así en un aparato de *orientación*- la intensa necesidad de demarcar la propia posición en un territorio que es infinito y establece nuestras coordenadas en el horizonte.

In its rhythmic strokes, the drawing of the sea represents a *graphic* method of assurance against the unreality of presence, a periodic theme in travel narratives.

Visitation

While traveling to Athens from Athos by ship, and before reaching the port of Piraeus, Charles-Édouard Jeanneret and his companion experience a vision. At the "bosom" of some arching hills they see a strange rock standing out at its summit with a "yellow cube" on top. "It is the Parthenon and the Acropolis," exclaims Jeanneret.[3] But it cannot be—it is either too soon, or too far—and so the two travelers are left bewildered. Inside the desert landscape, the Parthenon appears as an oasis—a transitory

View of Peia, Stambul, Le Corbusier, *Journey to the East*, 1911

Vista de Peia, Estambul, Le Corbusier, *Viaje a Oriente*, 1911

En sus rítmicos trazos, el dibujo del mar representa un método *gráfico* de garantía frente a la irrealidad de la presencia, tema recurrente en las narraciones de viajes.

Visitación

Viajando a Atenas desde Athos en barco y antes de llegar al puerto de El Pireo, Charles-Eduard Jeanneret y su compañero experimentaron una visión. En el "seno" de unas arqueadas colinas ven una extraña roca que sobresale en la cima y sobre la que descansa un "cubo amarillo". "Es el Partenón y la Acrópolis," exclama Jeanneret.[3] Pero no puede ser – es o demasiado pronto o demasiado lejos- así que los dos viajeros quedan desconcertados. En el paisaje desértico, el Partenón aparece como un oasis- una alucinación transitoria, que inevitablemente volverá a aparecer.

hallucination, which will inevitably reappear. The phantasmatic introduction of the Acropolis repeats the vision that the young traveler had before approaching Mount Athos, when in "the radiant heat of the afternoon" he saw the mountain rising from the sea like a "pyramid." Mount Athos is described as part of an abrupt cinematic sequence. First, "like a solemn effigy" standing "erect for several hours," and then suddenly, in a graphic form of enlargement towering over the travelers' ship "with its 2000 meters over the sea."[4] While progressing from the pacifying distance of the pyramid to the overwhelming proximity of the tower, the object becomes incomprehensible, causing the traveler to regress into another state of bedazzlement.

Pyramid of Mount Athos, *Journey to the East*, 1911

Pirámide en el Monte Athos, *Viaje a Oriente*, 1911

La fantasmagórica introducción de la Acrópolis repite la visión que el joven viajero tuvo antes de aproximarse al Monte Athos, cuando en "el calor radiante de la tarde" vio la montaña elevándose desde el mar como una "pirámide". El Monte Athos se describe como parte de una abrupta secuencia cinemática. Primero "como una efigie solemne" permaneciendo "erguida durante varias horas" y de repente, en una forma gráfica de alargamiento, proyectándose como una torre sobre el barco de los viajeros "con sus 2000 metros sobre el mar".[4] A medida que progresan desde la tranquilizadora distancia de la pirámide hacia la abrumadora proximidad de la torre, el objeto se convierte en algo incomprensible, haciendo que el viajero experimente una regresión a otro estado de desconcierto. Es como si el edificio o el lugar viajaran hacia el espectador y se encontraran con

It is as if the building or the entire site travels toward the spectator, and meets him before he has reached his destination. The intended *visit* turns into a vision, and ultimately an animated form of *visitation*.

Revisiting

The cinematic scenario from which these two climactic scenes are extracted is well known. In September 1911, following a seven-month journey from Vienna to Istanbul, the twenty-four-year-old Jeanneret travelled from Athos to Athens.[5] In the earlier part of his "journey to the East," Jeanneret kept an extensive diary of his travels, which was partly published in a local newspaper in his hometown in Switzerland.[6] However, during the penultimate part of his trip—having decided to end the publication of his memoirs with his accounts of Istanbul—Jeanneret jotted down very few cursory notes scattered among a multitude of sketches in his *carnets*.[7] Nevertheless, in 1914, three years after the end of his journey, while resubmitting his manuscript for a (yet again unrealized) book, Jeanneret wrote two additional chapters on his visits to Athos and the Parthenon based mostly on memory.[8]

él antes de que éste hubiese alcanzado su destino. La *visita* planeada se convierte en una visión y, en último término, en una forma animada de *visitación*.

Revisitando

El escenario cinemático del que se extraen estas dos escenas culminantes es bien conocido. En septiembre de 1911, tras un viaje de siete meses desde Viena a Estambul, Jeanneret, de veinticuatro años, viajó desde Athos a Atenas.[5] En la primera parte de su "viaje a Oriente," Jeanneret escribió un extenso diario de viaje, que fue parcialmente publicado por un periódico local, en su ciudad de nacimiento, en Suiza.[6] Sin embargo, durante la penúltima parte de su viaje- tras haber decidido finalizar la publicación de su diario con sus relatos sobre Estambul- Jeanneret escribió sólo unas pocas notas superficiales desperdigadas entre una multitud de bocetos de sus *carnets*.[7] No obstante, en 1914, tres años después del final de su viaje, cuando iba a presentar su manuscrito para un libro (que tampoco se realizó), Jeanneret escribió dos capítulos adicionales sobre sus visitas a Athos y al Partenón, basados principalmente en recuerdos.[8] En el testimonio

In terms of the written testimony of the trip, the Parthenon appears as an afterthought—an appendix that comes after the conclusion, yet which entirely reorients the trajectory and the objective of the journey. Gradually the visit to the Parthenon appears to travel on its own, becoming a literary supplement that is ostensibly autonomous from the rest of the trip. The chapter on the Parthenon was partially published in *Almanach d'Architecture Moderne* in 1925, while glimpses of it will appear in a number of later books, from the ground-breaking manifesto of *Vers une architecture* (1923) to the late retrospective *Creation is a Patient Search* (1960).[9] The Acropolis visit finally becomes part of a traveling *recherche*, as well as a meandering publishing experience. The architect finds the object of his destination by *refinding* it (to borrow Freud's terminology) in the form of a book. In July 1965, fifty-four years after his trip and two months before his death, Le Corbusier reedited his manuscript of *The Journey to the East* for a publication which materialized a year later.[10] The full recollections from the Parthenon could come to light only as a postscript or posthumous revelation— a form of textual apparition that occurs after the author's own end.

escrito del viaje, el Partenón aparece como una idea de último momento, un apéndice que llega tras la conclusión, pero que reorienta la trayectoria y el objetivo del viaje. Poco a poco, la visita al Partenón parece viajar por sí misma, convirtiéndose en un suplemento literario claramente independiente del resto del viaje. El capítulo del Partenón se publicó parcialmente en 1925 en el *Almanach d' Architecture Moderne* aunque atisbos del mismo aparecerán en diversos libros posteriores, desde el innovador manifiesto de *Vers une architecture* (1924) hasta la última retrospectiva *Creation is a Patient Search* (1960).[9] La visita a la Acrópolis se convierte finalmente en una parte de la viajera *Recherche*, así como en una experiencia de publicación serpenteante. El arquitecto encuentra el objeto de su destino *reencontrándolo* (utilizando la terminología de Freud) en forma de libro. En julio de 1965, cincuenta y cuatro años después de su viaje y dos meses antes de su muerte, Le Corbusier revisó su manuscrito de *El viaje a Oriente* para su publicación que se materializó un año después.[10] Todos los recuerdos del Partenón verán la luz sólo como un epílogo o una revelación póstuma, una forma de aparición textual que tiene lugar tras el propio final del autor.

Turns

Such a long delay echoes the recollection of another famous visit to the Acropolis—that of the psychoanalyst Sigmund Freud. Freud visited the Parthenon in 1904, seven years before Corbu, and at the age of 48, twice the age of Jeanneret when the architect had visited the monument. Yet Freud would only write about his visit thirty-two years later, at the age of eighty (close to the age of Le Corbusier when he reedited his manuscript), in an open letter to Romain Rolland on the occasion of the author's seventieth birthday.[11] Every year in late August or early September, Freud would travel with his brother, Alex, to the South of Europe, primarily to Italy.[12] But due to his brother's business obligations that year, the trip was abridged to one week, which the two brothers had planned to spend on the Greek island of Corfu, after passing through Trieste. While in Trieste, however, upon the recommendation of a business acquaintance of Freud's brother, the travelers decided instead to board a steamboat that would take them through Corfu to Athens where they could stay for a couple of days. At first, the trip seemed impossible, "[We] saw nothing but

Giros

Este prolongado retraso se hace eco de los recuerdos de otra famosa visita a la Acrópolis -la del psicoanalista Sigmund Freud. Freud visitó el Partenón en 1904, siete años antes que Corbu, y a la edad de 48 años, el doble de la edad de Jeanneret cuando visitó el monumento. Sin embargo, Freud solo escribiría sobre su visita treinta y dos años después, a la edad de ochenta años (edad parecida a la de Le Corbusier cuando reescribió su manuscrito), en una carta abierta a Romain Rolland con motivo del setenta cumpleaños del autor.[11] Cada año, a finales de agosto o principios de septiembre, Freud viajaba con su hermano, Alex, al sur de Europa, fundamentalmente a Italia.[12] Pero ese año, debido a las obligaciones profesionales de su hermano, el viaje se acortó a una semana, que los dos hermanos planearon pasar en la isla griega de Corfú, tras hacer escala en Trieste. Sin embargo, cuando estaban en Trieste, y por recomendación de un conocido del hermano de Freud, los viajeros decidieron tomar un barco de vapor que les llevaría a Corfú y de allí a Atenas, donde permanecerían un par de días. Al principio el viaje parecía imposible, "no veíamos más que dificultades en su realización," escribe Freud, y la perspectiva de una oportunidad *perdida* deja al psicoanalista deprimido

difficulties in the way of carrying it out," writes Freud, and the prospect
of a *lost* opportunity left the psychoanalyst depressed and disconcerted.
Nevertheless, the next day the two brothers were aboard the Urano.[13]
For Freud, Athens was an unconscious destination—a form of *accident*
that does not upset, but restitutes an order. In a letter to his wife, Freud
writes that while traveling at night through the Golf of Corinth, he would feel
the wind animating the sea. Invoking Goethe, the psychoanalyst describes
the agitated water surging maliciously and making the ship deck swell.[14]
If for the architect the sea was a zone of reassurance, for the psychoanalyst
it is turbulent terrain. Both floating subjects record the behavior of the
medium that carries them to a common destination, stirring opposite
psychological reactions.

Blocks

If Freud experienced a psychological block on his way to Athens,
Le Corbusier had to overcome another form of obstruction: cholera. Just
before the boat carrying the young traveler reached the shores of Attica,

y desconcertado. No obstante el día siguiente los dos hermanos se
encuentran a bordo del *Urano*.[13] Para Freud, Atenas era un destino no
buscado, una forma de *accidente* que no altera, sino que restituye un orden.
En una carta a su esposa, Freud escribe que viajando de noche por el golfo
de Corinto, sentía cómo el viento animaba el mar. Invocando a Goethe,
el psicoanalista describe la agitada agua levantándose maliciosamente
y haciendo elevarse la cubierta del barco.[14] Si para el arquitecto el mar era
una zona de tranquilidad, para el psicoanalista es un terreno turbulento.
Ambos sujetos flotantes registran el comportamiento del medio que les lleva
a un destino común, pero que suscita reacciones psicológicas opuestas.

Bloqueos

Si Freud experimentó un bloqueo psicológico en su viaje a Atenas,
Le Corbusier debe superar otra forma de obstrucción: el cólera. Justo antes
de que el barco que transporta a los jóvenes viajeros alcance la costa de
Ática, un grupo de barcos del gobierno bloquea el acceso al puerto.
La visita a la Acrópolis se suspende durante cuatro días y los pasajeros
son puestos en cuarentena en la minúscula isla de San Jorge. En su diario,

a fleet of government ships blocked access to the port. The visit to the Acropolis was suspended for four more days, while all passengers were put in quarantine on the miniscule island of Saint-George. In his memoirs, Le Corbusier decries the deplorable living conditions on the island.[15] And yet, arrested movement and obstructed destinations constitute the very procession towards the Acropolis. The detour from the freedom of the sea voyage to the restricted life of the island creates another form of *Propylaea,* the rhythmic building screen framing the entrance to the main monument. As Freud would outline in his 1895 "Project for a Scientific Psychology," physiological obstructions—the points marked *a, b,* and *c* in the psycho-analyst's branching diagrams—ultimately facilitate, rather than hinder, the pathways of psychological excitation.[16] Like the *facilitating* obstacles of the psyche, traveler's blocks punctuate the itinerary of a journey and keep desire in movement. Jeanneret would experience several of these facilitating blocks throughout his voyage—for example, the twenty-four-hour quarantine outside the port of Constantinople, where he drew several sketches of the city's skyline from a distance.[17]

Le Corbusier censura las deplorables condiciones de vida de la isla.[15] Y no obstante, el movimiento detenido y los destinos bloqueados constituyen la propia procesión hacia la Acrópolis. Este desvío de la libertad del viaje por mar a la restringida vida de la isla, crea otra forma de *Propileos,* la rítmica cortina que enmarca la entrada al monumento principal. Como Freud esboza en su "Project for a Scientific Psychoanalysis", de 1895, las obstrucciones fisiológicas -los puntos señalados como *a, b* y *c* en los diagramas ramificados del psicoanalista- en último término facilitan más que dificultan las rutas del estímulo psicológico.[16] Como los obstáculos "facilitadores" de la psique, los bloqueos del viajero salpican el itinerario de un viaje y mantienen el deseo en movimiento. Le Corbusier experimentó algunos de estos bloqueos facilitadores durante su viaje, por ejemplo, la cuarentena de veinticuatro horas ante el puerto de Constantinopla, donde dibujó diversos bocetos de la silueta de la ciudad desde la distancia.[17] La epidemia de cólera viajó con el intrépido arquitecto, al igual que otras enfermedades del viajero -tales como la interminable diarrea causada por comida podrida o por la sandía turca, que el arquitecto intentaría bloquear con vino griego de pasas y macarrones italianos. Desde las corrientes de sus intestinos hasta los

The cholera epidemic traveled with the fearless architect as did various other forms of travel sickness—such as his interminable bouts of diarrhea caused by rotten food or Turkish watermelon, which he would try to block with Greek raisin wine and Italian macaroni. From the flows of his intestines to the blockages of his sea journey, an overriding law of the meander is gradually being formed—a psychological principle that interweaves facilitation with obstruction, aqueous elements with the mineral solidity of building.

Even when the young traveler finally reaches Athens, yet another block further delays the fulfillment of his dream encounter, and at the same time prolongs fantasy and foreplay before the consummation of the visit. Jeanneret apparently wanted his first encounter with the Acropolis to take place during sunset and so invented numerous excuses to wander around the city during the day and climb on the rock alone later in the afternoon. When he arrived, the site, according to his account, was deserted, populated by only four or five foreign visitors who, like him, braved the cholera epidemic and visited Greece that summer. But because of temporal limits, access to the site was once again constrained. A sudden whistle blow at the

bloqueos de su viaje por mar, se va formando gradualmente una primordial ley del meandro -un principio psicológico que entreteje posibilidad con obstrucción, así como elementos acuosos con la solidez mineral del edificio.

Incluso cuando el joven diseñador llega finalmente a Atenas, otro bloqueo retrasa más todavía el cumplimiento del soñado encuentro, y al mismo tiempo, prolonga la fantasía y el juego preliminar antes de la consumación de la visita. Al parecer Jeanneret quería que su primer encuentro con la Acrópolis tuviera lugar al atardecer y por ello inventó numerosas excusas para pasear por la ciudad durante el día y subir a la roca solo, a última hora de la tarde. Cuando llega al lugar, según su relato, está desierto, poblado sólo por cuatro o cinco visitantes extranjeros que, como él, han desafiado a la epidemia de cólera y han viajado a Grecia ese verano. Pero, debido a limitaciones temporales, el acceso a las ruinas está una vez más restringido. Un repentino toque de silbato en el momento en el que el disco del sol "muerde" el agua, interrumpe la meditación y fuerza una brusca salida. Jeanneret continuará entonces contemplando el Templo de la Victoria desde la puerta de salida del recinto -otra materialización del acceso restringido.[18] De hecho, muchos de los bocetos del monumento

moment the sun's disk "bites" the water, interrupted meditation and forced an abrupt exit. Jeanneret would then continue to contemplate the Temple of Victory from outside the site's gate—another materialization of restricted access.[18] Indeed many of the architect's sketches of the monument depicted either a distant view or a closer perspective mediated by a screen of columns, which added rhythm to the open vista.

Splitting

Freud's own access to the Acropolis appears equally intermittent. Like Le Corbusier, once he arrived in Athens, Freud delayed his ascent to the ancient site. In a postcard dated September 3, 1904, he writes, "Hotel

The Parthenon seen from the Propylaea, *Journey to the East*, 1911

El Partenón visto desde los Propileos, *Viaje a Oriente*, 1911

realizados por el arquitecto muestran una vista alejada o una perspectiva más cercana mediada por una cortina de columnas, que añade ritmo a la vista panorámica.

Dividiendo

El acceso de Freud a la Acrópolis parece igualmente intermitente. Como Corbusier, una vez que llega a Atenas, Freud retrasa su ascenso a las ruinas. En una postal con fecha del 3 de septiembre de 1904 escribió, "Hotel Athen -bastante bueno; comemos aquí- pensión 10 francos; luego al correo donde no encontré nada, y después a la ciudad, donde ví mucho. El templo de Teseo, inolvidable, absolutamente excepcional. Ahora estoy hambriento."[19] Los ritmos corporales o biológicos delimitan el paso del

Athen—quite good; we eat there—pension 10 francs; then to the post where I found nothing; and then the city, where I saw a lot. The temple of Theseus, unforgettable, absolutely remarkable. Now hungry."[19] Bodily or biological rhythms demarcate the passing of the day, and in their transience stand out against the finality of the building. The visit to the monument is the culmination of this rhythmic sequence. "My most beautiful shirt for the visit to the acropolis," wrote Freud in a postcard during his second day in Athens. "We climb around 2. It surpasses everything we have seen and anything one can expect." But the actual experience of the monument was by no means unmarred. As Freud attests in his postcard, apparently written while on the Acropolis, it soon started to rain during his visit, forcing him and his brother to take refuge in the courtyard of the Acropolis Museum (which at the time was housed on top of the hill next to the Parthenon). However it was Sunday, and the museum was closed—another blocked access. Thus Freud sat to write his postcard next to "a horse by the workshop of Pheidias," and Alex on a marble throne—"no doubt by an ancient archon."[20] It is then doubtful how much Freud actually saw of the ancient monuments. Neither in his letters nor

día, y en su transitoriedad se destacan frente al carácter definitivo del edificio. La visita al monumento es la culminación de esta secuencia rítmica. "Mi camisa más bonita para la visita a la Acrópolis", escribió Freud en una postal durante su segundo día en Atenas. "Subimos hacia las 2. Supera todo lo que hemos visto y todo lo que uno pueda esperar." Pero la experiencia del monumento de ningún modo se desarrolla sin problemas. Como Freud atestigua en su postal, escrita aparentemente en la Acrópolis, enseguida empezó a llover, obligándoles a él y a su hermano a refugiarse en el patio del Museo de la Acrópolis (que, en esa época, estaba en la parte alta de la colina, cerca del Partenón). No obstante, era domingo, y el Museo estaba cerrado -otro acceso bloqueado. Así que Freud se sentó a escribir su postal al lado de "un caballo del taller de Fidias," y Alex en un trono de mármol -"sin duda de un arconte."[20] No sabemos a ciencia cierta qué vio realmente Freud de los antiguos monumentos. Ni en sus cartas ni en su ensayo psicoanalítico, escrito treinta años después, describe los edificios con detalle. Este hecho contrasta con las descripciones escrupulosamente detalladas que el psicoanalista hace de algunas obras de arte, como las pinturas de Leonardo o el Moisés de Miguel Ángel. El edificio se convierte

in his psychoanalytic essay written thirty years later does he describe the buildings in any detail. This is in contrast to the psychoanalyst's scrupulously detailed descriptions of certain art works, such as the paintings of Leonardo or Michelangelo's Moses. The building becomes a monolithic block—a limit, which, once reached, surpasses not only *everything* that the subject has *seen* or ever *expected* to see, but also the entire domain of visuality. It is as if the external world and its physical details do not actually exist for the psychoanalyst; the buildings and the ancient site are transformed into a screen of projection. What ultimately counts is that the subject is standing on that rock, even at the expense of the object—that is, the building standing on the same location. "So all this really *does* exist, just as we learnt at school!" Freud famously described his revelation at the site, thirty years later.[21] While feigning amazement, the analyst splits into two persons: the first, who was surprised to see the Acropolis as if it was "the famous Loch Ness monster," and a second, who was surprised by his very doubt about whether the Acropolis *really* existed. It is as if the two sides of the building wall generated two contrasting psychological aspects. Space is reintroduced

en un bloque monolítico -un límite que, una vez alcanzado, supera no sólo "todo" lo que el sujeto ha "visto" o esperado" ver, sino el total dominio de la visualidad. Es como si el mundo exterior y sus detalles físicos no existieran realmente para el psicoanalista; los edificios y su emplazamiento se han transformado en una pantalla de proyección. Lo que cuenta en último término es que el sujeto está en esa roca, incluso a expensas del objeto -es decir, del edificio que está en la misma roca. "¡Así que todo esto realmente *existe*, tal y como aprendimos en la escuela!" Freud describió a las mil maravillas su revelación en el lugar de las ruinas, treinta años después.[21] Mientras simula sorpresa, el analista se divide en dos personas: una que se sorprende al ver la Acrópolis como si fuera "el famoso monstruo del Lago Ness," y la segunda, alguien a quien sorprende la propia duda sobre si la Acrópolis *realmente* existe. Es como si ambos lados de la pared del edificio generaran dos aspectos psicológicos opuestos. El espacio se reintroduce mediante el acto del recuerdo, pero sólo como una extensión de las proyecciones espacio temporales del sujeto. Desde su primer boceto de "la arquitectura de la histeria" de 1897 hasta su descripción de la ciudad de Roma en *El malestar en la cultura* (1930), Freud imaginó la arquitectura como una serie

through the act of memory, but only as an extension of the subject's spatial and temporal projections. From his early sketch of "the architecture of hysteria" of 1897 to his description of the city of Rome in *Civilization and Its Discontents* (1930), Freud envisions architecture as a series of *strata*—a sequence of horizontal, rather than vertical, layers.[22] The visible surface is only a *symptom* or external signifier; the most essential of the building's layers is always the one that remains hidden underground. The essay on the Acropolis evokes a similar hidden layer—yet one that is not only buried under the foundations of the ancient monument, but also under the subject's own emotional ambivalence and incredulity towards the object.

Measuring

Jeanneret also had to deal with a form of incredulity during his first visit to the Acropolis: at issue was not whether the Parthenon ever existed, but whether it could maintain its status in architectural history as an unsurpassable ideal. During the earlier part of his trip, the young architect had highly praised the vernacular buildings of Turkey and reveled in the

de *estratos* -una secuencia de capas horizontales, más que verticales.[22] La superficie visible es sólo un *síntoma* o significante externo; la capa más esencial del edificio es siempre la que permanece escondida bajo tierra. El ensayo sobre la Acrópolis evoca una capa escondida similar -pero una capa que, no está sólo enterrada bajo los cimientos del monumento antiguo, sino bajo la propia ambivalencia e incredulidad del sujeto hacia el objeto.

Midiendo

Jeanneret tuvo que tratar también otra forma de incredulidad durante su primera vista a la Acrópolis: no estaba en juego si el Partenón existía, sino si podía mantener su estatus en la historia de la arquitectura como ideal insuperable. Durante la primera parte de su viaje, el joven diseñador había hecho grandes elogios de la arquitectura popular de Turquía y se deleitó con la belleza de la cerámica tradicional serbia. ¿Por qué volver después a los principios geométricos de la arquitectura clásica? No obstante, en sus posteriores memorias, Le Corbusier afirmaba que el monumento le conquistó desde la primera visita, tras la cual regresaría al lugar en diversas ocasiones. Frente a su incredulidad hacia el monumento, el joven diseñador

View of Stambul with its enclosing walls and great mosques, *Journey to the East*, 1911

Vista de Estambul con sus muros de cerramiento y grandes mezquitas, *Viaje a Oriente*, 1911

The Temple of the Athena Nike, *Journey to the East*, 1911

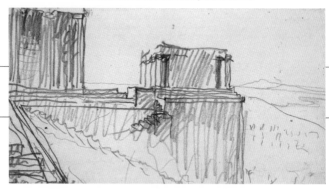

El Templo de Atenea Niké, *Viaje a Oriente*, 1911

The outer side of the Propylaea, *Journey to the East*, 1911

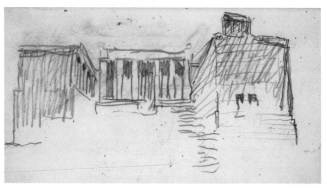

El Lado Exterior de los Propileos, *Viaje a Oriente*, 1911

View of Simonos Petra, *Journey to the East*, 1911

Vista de Simonos Petra, Estambul, *Viaje a Oriente*, 1911

Temples on the Acropolis, *Journey to the East*, 1911

Templos en la Acrópolis, *Viaje a Oriente*, 1911

Journey to the East, 1911

Viaje a Oriente, 1911

beauty of traditional Serbian pottery. Why then, the return to the geometric principles of classical architecture? In his later memoir, Le Corbusier nevertheless claimed that the monument instantly won him over upon his first visit, which would be followed by several returns to the same site. Against his incredulity towards the monument, the emerging architect turned to *measurement*—the mathematical verification of the building. Unlike Freud, who seems to pay no attention to the architectural objects, Jeanneret carefully explores the Parthenon in all of its details. Reminiscing about his visit to the acropolis in *Creation is a Patient Search*, Le Corbusier instructed young architects "not to believe in anything until" they "have seen, measured, and touched everything with" their own fingers.[23] Several of the sketches in his *carnets*, apparently made *in situ* at Athens and Delphi, include extensive measurements—as if attempting to prove a certain hidden formula of composition behind the disparity of ruins. Although he carried a camera during his visits to those sites, taking several photographs of the ancient buildings and statues, Le Corbusier would later state that a "camera is a tool for idlers," insisting on re-recording everything

recurre a la "medición" -la verificación matemática del edificio. Al contrario que Freud, que parece no prestar atención a los objetos arquitectónicos, Jeanneret explora con detenimiento el Partenón en todos sus detalles. Recordando su visita a la Acrópolis en *Creation is a Patient Search*, Corbusier instruye a jóvenes arquitectos "a no creer en nada hasta" "haber visto, medido y tocado todo con" las propias manos.[23] Algunos de los bocetos de sus *carnets*, al parecer realizados *in situ* en Atenas y Delfos, incluyen extensas mediciones- como si quisiera probar alguna fórmula escondida de la composición tras la disparidad de las ruinas. Aunque llevaba una cámara en sus visitas a esos lugares y toma varias fotos de las estatuas y edificios antiguos, Le Corbusier afirmaría más tarde que "una cámara es una herramienta para holgazanes", insistiendo en volver a registrar todo con los ojos y las manos.[24] No obstante, algunas asombrosas semejanzas entre los dibujos de las ruinas (especialmente en las acuarelas del Partenón utilizadas para la exposición *Langage de Pierre* 1911–1913)[25] y algunos de las fotografías del arquitecto podrían revelar una afinidad más íntima entre el ojo humano y el ojo de la cámara.

Junto al registro visual y a las mediciones, está también la experiencia vivida por el arquitecto, que recupera al escribir. En sus

with his own eyes and hands.[24] Nevertheless, certain resemblances between the drawings of the ancient site (especially in the watercolors of the Parthenon used for the exhibition "Langage de Pierre" 1911–1913)[25] and some of the architect's photographs might disclose a more intimate affinity between the human eye and the camera.

Alongside the visual records and measurements, there is also the architect's lived experience, which he recovers in writing. In his memoir, Le Corbusier reconstructs from memory his exact itinerary while walking through the four main temples of the ancient site. We learn that he entered from the interval between the fourth and the fifth column of the Propylaea; he later stood on the highest step of the Parthenon and finally measured his own height against the walls of the Erechtheion.[26] The traveler also relayed the temperature or heat, as well as the quality of air and sunlight around the monument, in order to convey the exact atmospheric conditions in which his observations were made. In his persistent attempt to resuscitate the atmosphere of his first visit, Le Corbusier made frequent references to tactility, such as his description of his probing of the joints of the Parthenon's

memorias, Le Corbusier reconstruye, a partir de sus recuerdos, su itinerario exacto por los cuatro templos principales de la Acrópolis. Sabemos que entró por el espacio entre la cuarta y la quinta columna de los Propileos; después se paró en el escalón más alto del Partenón y finalmente midió su propia altura contra los muros del Erecteion.[26] El viajero transmite también la temperatura o el calor, así como la calidad del aire y la luz del sol en torno al monumento, con el fin de comunicar las condiciones atmosféricas exactas en las que hizo sus observaciones. En su constante intento de resucitar la atmósfera de su primera visita, Le Corbusier hace frecuentes referencias a la impresión táctil, tales como su descripción de su exploración con la uña del dedo de las uniones de las columnas estriadas del Partenón en un intento vano de descubrir una junta:[27] "Las columnas de la fachada norte y el arquitrabe del Partenón estaban todavía en el suelo. Tocándolas con sus manos, acariciándolas capta las proporciones del diseño."[28]

Pero ¿cómo se pueden captar las "proporciones" de un edificio "acariciando" su superficie exterior? Parece que la visión *háptica* es, en sí misma, un constructo proporcionado que media entre las matemáticas abstractas y la textura material. El sujeto recoge muestras del monumento

fluted columns with his fingernail in a futile attempt to discover a seam.[27] "The columns of the north façade and the architrave of the Parthenon were still lying on the ground. Touching them with his fingers, caressing them he grasps the proportions of the design."[28] But how can one grasp the "proportions" of a building by "caressing" its external surface?

It appears that *haptic* vision is itself a proportionate construct mediating between abstract mathematics and material texture. The subject collects samples of the monument with his fingers, which he then reassembles into a mental "design." Leaning against a column and using his elbow to compare its diameter to his own height, or "laying flat on his stomach" to confirm the absolute flatness of the marble floor slab, the architect employs his own body to *traverse* the building. He reconstructs an anthropometric view of architecture by rehearsing the parable of the Vitruvian figure. Instead of pronouncing his *live* experience of the building, Le Corbusier's invocation of tactility ultimately accents the mediation of his vision, deploying a host of ideal theoretical patterns whose mental shapes are superimposed with the ancient monument's

con sus dedos, y luego las reorganiza en un "*diseño*" mental. Apoyado en una columna y usando el codo para comparar el diámetro con su propia altura, o "tumbado boca abajo" para confirmar que la losa de mármol del suelo es totalmente plana, el arquitecto emplea su propio cuerpo para *atravesar* el edificio. Reconstruye una visión antropométrica de la arquitectura al repetir la parábola del hombre de Vitruvio. En lugar de declarar la experiencia "vivida" del edificio, la invocación de Le Corbusier de lo táctil acentúa, en último término, la mediación de su visión, utilizando gran cantidad de modelos ideales teóricos cuyas formas mentales se superponen a los contornos fracturados del monumento clásico. "Desconcertada, la mente creativa capta y se sumerge en un pasado que no debería ser reconstruido", reflexiona el arquitecto, y luego añade, "pero sería también hermoso si la realidad exterior -estos templos, este mar, estas montañas, toda esta piedra y agua- pudiera convertirse sólo durante una hora en la visión creativa de una mente heroica. ¡Qué cosa!"[29] Así pues, todo puede desvanecerse y reaparecer bajo la apariencia de una visión personal. Siguiendo el seudoempirismo de la medición y la experiencia táctil, la visita del arquitecto se tiñe de repente de una fantasía de autoensalzamiento -una hipótesis durante la

fractured contours. "Bewildered, the creative mind grasps and plunges into a past that should not be reconstructed," muses the architect, then adding, "But it would also be beautiful if outside reality—these temples, this sea, these mountains, all this stone and water—could become only for one hour the creative vision of a heroic mind. What a thing!"[29]
All things, then, can vanish and reappear under the guise of a personal vision. Following the empirical verification of his measurements and the perceptual certainty of his tactile vision, the architect's visit is suddenly suffused by an entirely unfeasible hypothesis—a self-idealizing fantasy during which the young visitor rebuilds the Parthenon and its environs, if only for an hour....

If Jeanneret initially experienced the Acropolis as a promise of heroic self-fulfillment, Freud, on the contrary, had a self-shattering confrontation with the same monument. While standing on top of the Acropolis, the psychoanalyst was oscillating between reality and possibility—more precisely, the threat of possibility turning into reality. "*What I see here is not real*," recounts the psychoanalyst in his essay. Such a sentiment is

cual Le Corbusier reconstruye el Partenón y sus alrededores aunque sea simplemente por una hora.....
Si Jeanneret experimentó inicialmente la Acrópolis como una promesa de heroico autocumplimiento, Freud, por el contrario, tuvo una confrontación autodestructiva con el mismo monumento. Mientras se encuentra en lo más alto de la Acrópolis, el psicoanalista oscila entre la realidad y la posibilidad -de manera más precisa, la amenaza de la posibilidad convirtiéndose en realidad. "*Lo que veo aquí no es real*" narra el psicoanalista en su ensayo. Dicha sensación es descrita por Freud como el sentimiento de "desrealización" o "despersonalización" (*Entfremdungsgefühl*) -una alienación del yo, que conduce a una división de la personalidad.[30] El sentimiento de desrealización hacia un objeto o lugar es lo opuesto al déjà vu o *déjà raconté*: la ilusión de haber visitado ya un lugar o haber adquirido un objeto que en realidad se encuentra por primera vez.[31] Por el contrario, en casos de desrealización, el sujeto lucha por todos los medios para mantener una distancia del objeto negándose a reconocer su presencia o rechazando su propia existencia en las inmediaciones de dicho objeto. Para Le Corbusier, la experiencia táctil, la medición y la escritura son medios esenciales para

described by Freud as the feeling of "derealization" or "depersonalization" (*Entfremdungsgefühl*)–an alienation from the self, which leads to the splitting of the personality.[30] The feeling of derealization with an object or place is the opposite of déjà vu or *déjà raconté*–the illusion of having already visited a place or having already acquired an object that is otherwise encountered seemingly for the first time.[31] On the contrary, in instances of derealization, the subject strives by all means to maintain a distance from the object, refusing to acknowledge its presence or disavowing his or her own existence in the vicinity of that object. For Le Corbusier, tactility, measurement, and writing are the critical means for overcoming the psychological predicament of *derealization*. Instead of not realizing where he stands, the architect anchors himself and finds his bearings on the building site. He leans on the architectural remains–in an illusory form of propping or *anaclisis* (what Jean Laplanche would call *étayage*)–in an attempt to restitute the self, even if the building that would provide the support is itself in ruins.[32]

superar la situación psicológica de *desrealización*. En lugar de no darse cuenta de dónde está situado, el arquitecto echa anclas y encuentra su orientación en el edificio. Se apoya en los restos arquitectónicos, en una forma ilusoria de apoyo o *anaclisis* (lo que Jean Laplanche llamaría *étayage*), en un intento de restituir el yo, incluso si el edificio que proporciona el apoyo está en ruinas.[32]

Horizonte

Es sorprendente que en muchos de sus dibujos Jeanneret delimitara la línea del horizonte. Es una línea que circunscribe no sólo los alrededores de los edificios sino también la circunferencia psicológica del sujeto. Para Jeanneret la arquitectura consistía en un antiguo diálogo entre mármoles arquitrabados y el horizonte del mar -un intercambio entre vestigios materiales y conceptuales. La línea del horizonte aparece detrás *o delante* de la Acrópolis; coincide con el mar o con la lejana costa. El mismo diálogo entre el edificio y el horizonte se amplía a la relación entre la figura del Partenón y el monte Pentelicus -el mismo del que se extrajeron las piedras de mármol para el Partenón. En la identificación material entre la figura

Horizon

It is remarkable that in so many of his drawings, Jeanneret demarcates
the line of the horizon. It is a line that circumscribes not only the buildings'
surroundings, but also the subject's psychological circumference. For
Jeanneret architecture consists of an ancient dialogue between architraved
marbles and the horizon of the sea—an exchange between material and
conceptual traces. The horizon line appears either behind or *in front of*
the Acropolis; it coincides with the sea or the distant coastline. The same
dialogue between the building and the horizon expands between the figure
of the Parthenon and the Pentelicus mountain—the same mountain from
which the marble stones for the Parthenon where originally extracted.

The Parthenon, "a sovereign cube facing the sea," *Journey to the East*, 1911

El Partenón, "un soberano cubo frente al mar", *Viaje a Oriente*, 1911

y el fondo, el Partenón adquiere una existencia intermitente. Puede
resultar claramente visible como un "cubo" cristalino o una "diadema" en
la cima de una colina y al mismo tiempo se funde con su origen, el fondo
de la naturaleza.

Una forma similar de camuflaje aparece en la conocida caricatura
dibujada por el compañero de viaje de Jeanneret, Auguste Klipstein, que
muestra al joven arquitecto sobre la Acrópolis.[33] El boceto de Klipstein está
dibujado en la parte de atrás de un trozo de papel, anotado con caracteres
griegos y lleno de otros garabatos ornamentales igualmente indescifrables.
El boceto entero crea un efecto ornamental plano, como si fuera una
proyección de la memoria y no un dibujo hecho *in situ*. Klipstein dibuja el
Partenón (con sus dos frontones restaurados) como una emanación de la

In the material identification between figure and background, the Parthenon acquires an intermittent existence. It may be clearly visible as a crystalline *cube* or a *diadem* on top of a hill, but at the same time it merges with its origin, the background of nature, as in a camouflage operation.

A similar form of mimicry appears in the well-known caricature drawn by Jeanneret's travel companion, Auguste Klipstein, which depicts the young architect on top of the Acropolis.[33] Klipstein's sketch is drawn on the back of a piece of paper, annotated with Greek characters and filled with other ornamental scribbles, which are equally indecipherable. The entire sketch creates a planar ornamental effect, as if it were a memory projection and not a drawing made *in situ*. Klipstein rendered the Parthenon (with both of its pediments restored) as an emanation of Jeanneret's head—like Athena,

Jeanneret in Athens, Auguste Klipstein, 1911

Jeanneret en Atenas, Auguste Klipstein, 1911

cabeza de Jeanneret -como Atenea, diosa del Partenón, brotando de la cabeza de Zeus. La forma neumática de emanación es repetida por el humo procedente del cigarrillo de Jeanneret. El límite superior del friso principal del Partenón, casi coincide con la línea del cigarrillo de Jeanneret, que figura ahora como el instrumento de dibujo del arquitecto. La línea que marca la montaña se funde con la parte superior del tejado del Partenón y coincide con la línea de las gafas de Jeanneret. El pecho del arquitecto parece soportar el frontón y el contorno de su abrigo está casi paralelo al sendero de subida al templo. La figura *es* el suelo y el sujeto *es* tanto paisaje como objeto. Lo que vemos podría ser un boceto procedente de la libreta de dibujo del propio Jeanneret, que también se muestra en el dibujo de Klipstein, colocada bajo el brazo del diseñador. El arquitecto está encajado en su propio dibujo, aunque de mano de su compañero.

the Parthenon's goddess, sprouting from the head of Zeus. The pneumatic form of emanation is echoed by the smoke coming from Jeanneret's cigarette. The upper limit of the Parthenon's main frieze almost coincides with the line of Jeanneret's cigarette, which now figures as the architect's drawing instrument. The line denoting the mountain range merges with the top of the Parthenon's roof and coincides with Jeanneret's eyeglasses. The architect's chest appears to support the pediment, and the contour of his coat is almost parallel to the ascending pathway to the temple. Figure *is* ground, and the subject *is both* landscape and object. What we see could be a sketch from Jeanneret's own drawing pad, which is also depicted in Klipstein's drawing, safely fastened under the architect's arm: the architect is inserted within his own drawing, though by the hand of his companion.

Pyramids

"Reality has nothing in common with books of instruction," writes Le Corbusier.[34] However, aspects of the architectural settings recorded in his drawings are informed by a number of books and other printed

Pirámides

"La realidad no tiene nada en común con los libros de enseñanza," escribe Le Corbusier;[34] sin embargo, parte de los escenarios arquitectónicos que recoge en sus dibujos van acompañados de información de libros y otras referencias escritas. La presentación del Partenón como un "cubo preeminente frente al mar" se hace eco de la vista panorámica desplegable de Atenas que aparece en la guía Baedecker de Grecia (1903), que Jeanneret llevaba consigo (el boceto de Klipstein muestra más de una carpeta bajo el brazo del diseñador, y una de ellas podría ser un libro). Estudiosos como Giuliano Gresleri, han comentado también las reflexiones de Le Corbusier sobre el tratado romántico *Prière sur l´Acropole* de Ernest Renan en sus escritos sobre el monumento.[35] Sin embargo, entre las notas manuscritas que figuran en el *carnet* correspondiente al tiempo que pasó en Salónica, y antes de embarcar en el barco a Atenas, Jeanneret menciona otro libro, *Late Roman Industry* de Alois Riegl -incluyendo el precio y el número de ilustraciones, con algunas "espléndidas litografías en color de joyas" que interesaron al joven diseñador y antiguo grabador de relojes.[36]

mementos. The staging of the Parthenon as a "sovereign cube facing the sea" echoes the panoramic view of Athens in a spread of the 1903 Baedecker guidebook on Greece that Jeanneret carried with him. (Klipstein's sketch shows more than one folder tacked under the architect's arm, one of which could be a book.) Scholars such as Guliano Gresleri have also commented on Le Corbusier's reflections of the romantic treatise *Prière sur l'Acropole* by Ernest Renan in his writings on the monument.[35] However, among the manuscript notes in his *carnet* from the period he spent in Salonika, and before embarking on the boat to Athens, Jeanneret mentioned another book, Alois Riegl's *Late Roman Art Industry*—noting the price and number of illustrations, as well as some "splendid color lithographs of jewelry" that interested the young student of applied arts and former watch engraver.[36]

Riegl's book was most probably suggested to Jeanneret by Klipstein, who was a doctoral student in art history and interested in the "psychological aspects" of art.[37] Known for its theorization of tactility in ancient art, *Late Roman Art Industry* contains a now well-known chapter on architecture, which extends from ancient Egypt to the Roman era.

El libro de Riegl fue probablemente una sugerencia de Klipstein, quien estudiaba su doctorado en historia del arte y estaba interesado en los "aspectos psicológicos" del arte.[37] Conocido por su teorización de lo táctil en el arte antiguo *Late Roman Industry* contiene un capítulo bien conocido hoy sobre arquitectura desde el antiguo Egipto a la época romana. Riegl presenta las pirámides como una unidad cristalina autónoma de la que el espacio emana hacia el exterior aunque en esencia no tiene un interior.[38] Una conceptualización similar de la pirámide resuena en Sigfried Giedion casi sesenta años después como la primera de sus "tres concepciones del espacio".[39] Según Giedion, los edificios de la "primera concepción del espacio" -desde las pirámides de Egipto o los obeliscos del Partenón- son volúmenes esculturales esencialmente autónomos que "irradian" espacio hacia el exterior. Basándose en la misma repulsión psicológica por el espacio interior, Riegl entendía los bosques de columnas gigantes en los templos hipóstilos, como Luxor y Karnac, como otra estrategia para aniquilar el espacio (como un principio psicológico reiterado por Giedion en sus propias exploraciones de la arquitectura egipcia).[40] La cortina de columnas de los Propileos y del Partenón, representadas en

There, Riegl presents the pyramids as an autonomous crystalline unit from which space radiates outwards, yet which has essentially no interior.[38] A similar conceptualization of the pyramid was echoed by Sigfried Giedion almost sixty years later as the first of his "three conceptions of space."[39] According to Giedion, the buildings of the "first space conception"—from the Egyptian pyramids and obelisks to the Parthenon—are essentially autonomous sculptural volumes *radiating* space outwards. Based on the same psychological repulsion by interior space, Riegl would read the forest of giant columns in hypostyle temples, such Luxor and Karnac, as another strategy for annihilating space (a psychological principle reiterated by Giedion in his own explorations on Egyptian architecture).[40] The screen of columns from the Propylaea and the Parthenon depicted in Jeanneret's drawings, however, do not annihilate but rather *frame* space. Similar to the pillars in Adolphe Appia's 1909 designs of *Rhythmic Spaces*, as they alternate between light and shadow the contours of Jeanneret's columns juxtapose spatial presence with historical absence, as well as what Riegl called *close* and *distant* vision. Jeanneret's own approach oscillates

los dibujos de Le Corbusier, sin embargo, no aniquila sino que *enmarca* el espacio. Similares a las columnas en *Rythmic Spaces* de Adolphe Appia (1909), que alternan entre la luz y la sombra, los contornos de las columnas de Le Corbusier yuxtaponen la presencia espacial con la ausencia histórica, como lo que Riegl denominó visión *cercana* y *distante*. El propio enfoque de Le Corbusier oscila entre la percepción háptica y óptica -la interpretación cercana del edificio y la especulación distante del horizonte. Todo su viaje está suspendido entre la historia y la historiografía. No obstante, en este caso, la historiografía no sigue sino que *precede* a la redacción de la historia arquitectónica moderna al delinear sus principios psicológicos ambientales.

El límite

Intrínseca a los viajes de Freud y Le Corbusier es la noción de límite. Freud atribuyó su ambivalencia hacia la Acrópolis a su propia culpa por haber viajado *demasiado* lejos -por haberse atrevido a llegar hasta un destino que su padre ni siquiera habría pensado en visitar.[41] La Acrópolis para Freud no era un grupo de edificios sino un hito virtual identificado con los límites del superego paterno, que nunca debería haber fusionado

between haptic and optic perception—the close reading of the building and the distant speculation of the horizon. His entire trip is suspended between history and historiography. However in this case, historiography does not follow but *precedes* the writing of modern architectural history by projecting its ambient psychological principles.

The Limit

Intrinsic to both Freud and Le Corbusier's travels is the notion of the limit. Freud attributed his ambivalence toward the Acropolis to his own guilt for having travelled *too* far—for daring to reach a destination that his father would have never even thought of visiting.[41] The Acropolis for Freud was not a group of buildings but a virtual milestone identified with the boundaries of the paternal superego, with which the son's spatial explorations ought to have never merged. Even if Freud's father never visited the Acropolis, it is as if he ultimately owned the ancient site through an unnamed authority. Jeanneret's silence towards his own parents (who also hardly ever travelled outside Jeanneret's Swiss hometown of La Chaux-

las exploraciones espaciales del hijo. Incluso aunque el padre de Freud nunca visitara la Acrópolis, es como si, en último término, poseyera ese antiguo emplazamiento como a través de una autoridad no nombrada. El silencio de Jeanneret hacia sus propios padres (que apenas salieron tampoco de la ciudad natal de Jeanneret en Suiza, La Chaux-de-Fonds) durante todo el tiempo en que el joven viajero permaneció en Atenas, podría indicar un remordimiento similar.[42] Sin embargo, para el arquitecto en ciernes, la Acrópolis establece un límite diferente y una autoridad ideal distinta cuyas fronteras no deben transgredirse. La visita a la Acrópolis es el máximo apogeo, la culminación del viaje, tras la cual sólo queda el regreso. Hojeando miles de fotografías organizadas en carpetas en el instituto arqueológico de Atenas, Jeanneret vio una foto de las pirámides; en ese momento decidió no visitarlas y canceló el resto del viaje. "Lo he decidido... no veré ni la mezquita de Omar ni las pirámides."[43] En realidad, Le Corbusier ya había visto una pirámide *virtual* la primera vez que vió el Monte Athos, pero vería una real -no en Egipto sino en Italia como indica su boceto de la pirámide de Caius Cestius en Roma[44]. "Y, sin embargo, escribo con ojos que han visto

de-Fonds) for the entire period that the young traveler was in Athens might indicate a similar remorse.[42] However, for the emerging architect the Acropolis set a different limit and a different ideal authority whose boundaries should not be transgressed. The visit to the Acropolis is the highest apogee, the culmination of the journey—after that there is only the return. Flipping through thousands of photographs arranged in folders in the archaeological institute of Athens, Jeanneret saw a picture of the pyramids; at that moment he decided not to visit them and canceled the rest of the journey. "My mind is made up…I shall see neither the mosque of Omar nor the pyramids."[43] Le Corbusier had in fact already seen a *virtual* pyramid the first time he saw Mount Athos, but he would in fact see a real one—not in Egypt but in Italy, as indicated by his sketch of the pyramid of Caius Cestius in Rome.[44] "And yet I write with eyes that have seen the Parthenon—and have seen it with joy!" concludes Corbusier after deciding to end his journey.[45]

Yet such "joy" was not always present. During his final days in Athens, and following Klipstein's departure, Jeanneret writes in his *carnet*

el Partenón -¡y lo han visto con placer!" concluye Corbusier tras decidir poner fin a su viaje.[45]

No obstante, dicho "placer" no estuvo siempre presente. Durante sus últimos días en Atenas, y tras la partida de Klipstein, Jeanneret escribió en su *carnet* que sus dolencias habían vuelto, y que se sentía "solo como una vaca."[46] Mientras contemplaba la Acrópolis desde la colina Lycabettus, vió una gigantesca res muerta bajando las montañas hacia El Pireo. Ya no podía soportar la visión del monumento, que ahora "parece un cadáver".[47] El viaje a la Acrópolis había concluido y sin embargo la Acrópolis se convirtió en un viaje en y de sí misma. En contraste con las procesiones religiosas de la antigüedad hacia el Partenón, el antiguo monumento conduce su propia procesión colina abajo y de vuelta al puerto desde el que Jeanneret había ascendido previamente. La descripción imaginaria simula una escena cinematográfica emitida al revés. En sus notas finales sobre Atenas, Jeanneret menciona una procesión funeraria con sacerdotes y un ataúd abierto con moscas revoloteando sobre un rostro verde.[48] El anteriormente animado Partenón se convierte en parte de esa ceremonia móvil. A la adoración del edificio durante el primer encuentro

that his ailments have returned, and that he feels "alone like a cow."[46]
While looking across the Acropolis from the Lycabettus hill, he sees a gigantic
carcass traveling down the mountain to Piraeus. He can no longer bear the
sight of the monument, which now "looks like a corpse."[47] The voyage to the
Acropolis has ended, and yet the Acropolis has become a voyage in and of
itself. In contrast to the religious processions of antiquity to the Parthenon,
the ancient building leads its own procession down the hill and back to
the port from which Jeanneret had previously ascended. The imaginary
description simulates a filmic scene played in reverse motion. In his final
notes from Athens, Jeanneret mentions a funeral procession with priests and
an open coffin with flies swarming over a green face.[48] The formerly animated

Journey to the East, 1911

Viaje a Oriente, 1911

le sucede la repulsión y hostilidad desencadenada hacia la visita final.
Como en los escenarios *rítmicos* de Appia, el monumento pasa de la luz a la
oscuridad y parpadea con ambivalencia. Recordando la experiencia de
Freud de la "despersonalización", el Partenón se convierte para Jeanneret
en un espacio de ansiedad que divide al sujeto, una división estructural
que delimitará cada viaje posterior.

Postmortem

El último plan de viaje fue la propia muerte del arquitecto. "¡Qué agradable
sería morir nadando hacia el sol!" se dice que había afirmado Le Corbusier.[49]
El proyecto se completó con éxito en la costa de Cap Martin durante los

Parthenon now becomes part of that gruesome ceremony. The adoration of the building during the first encounter is succeeded by the revulsion and hostility unleashed towards the final visit. As in Appia's *rhythmic* stage-sets, the monument turns from light to dark and flickers with ambivalence. Echoing Freud's experience of "depersonalization," the Parthenon becomes for Jeanneret the space of anxiety that divides the subject—a structural split demarcating every subsequent voyage.

Postmortem

The final travel plan was the architect's own end. "How nice it would be to die swimming toward the sun!" Le Corbusier had reportedly said.[49] The project would be successfully completed on the coast of Cap Martin during the final days of August 1965. But if his death went according to plan, the architect's funeral performed with pomp and circumstance at the grand court of the Louvre might not have suited Le Corbusier's own wishes (or so his biographers claim). There was, however, one part of the ostentatious ceremony that would have certainly pleased the architect.

últimos días de agosto de 1965. Pero si su muerte tuvo lugar según el plan, el funeral del arquitecto, celebrado con pompa y circunstancia en el gran patio del Louvre, quizás no se habría adecuado a los gustos del propio Le Corbusier (o así lo afirman sus biógrafos). No obstante hay una parte de la ostentosa ceremonia que sin duda habría gustado al arquitecto. Durante su discurso necrológico en el Louvre, André Malraux, entonces ministro de Cultura francés, anunció que entre los tributos materiales a Le Corbusier un representante de India vertería agua del Ganges sobre los restos del arquitecto y un dignatario griego depositaría una porción de tierra de la Acrópolis en su tumba.[50] Como en el primer encuentro de Jeanneret con el Monte Athos y el Partenón, era como si parte del edificio y su emplazamiento hubieran viajado para encontrarse con el arquitecto. Una visión sobrenatural se había transformado en una *visitación* póstuma. Lástima, que nosotros, como el arquitecto, nunca sabremos si esos representantes del edificio realmente *llegaron,* y si el arquitecto estaba allí para recibirlos.

During his obituary address at the Louvre, André Malraux, at the time French Minister of Culture, announced that among the material tributes to Le Corbusier, a representative from India would pour water from the Ganges over the architect's remains and a Greek dignitary would deposit a portion of earth from the Acropolis into his grave.[50] As in Jeanneret's first encounter with Mount Athos and the Parthenon, it was as if part of the building and the surrounding site had travelled to meet the architect. A metaphysical vision had again transformed into a real visit that coincided with a posthumous *visitation*. Too bad then that we, like the architect, shall never know whether these building representatives actually *arrived*, and if the architect was there to greet them.

1   Le Corbusier, *Journey to the East*, editado y traducido por Ivan Zaknic (Cambridge, Mass: MIT Press, 1989), 180, 209.

2   Ibid., 184.

3   Ibid., 214.

4   Ibid., 174-5.

5   Sobre el viaje de Corbusier véase la introducción de Giuliano Gresleri en *Le Corbusier Viaggio in Oriente* (Venecia: Marsilio Editori, 1984), 15-67, y H. Allen Brooks, *Le Corbusier's formative years: Charles-Edouard Jeanneret at La Chaux-de-Fonds* (Chicago: The University of Chicago Press, 1997), 255-303.

6   Véase Ivan Zaknic, "Editor´s Preface" en Le Corbusier, *Journey to the East*, p. viii, y Gresleri, *Le Corbusier Viaggio in Oriente*, 45.

7   Ahora publicados como Ch.-E. Jeanneret (Le Corbusier), *Voyages D'Orient, Carnets,* (Milan: Electa, 1987). Edición inglesa (Milan: Electa, 2002).

8   Zaknic, "Editor´s Preface" *Journey to the East*, ix.

9   Véase el capítulo "Carnet de Route, 1910" en Le Corbusier, *Almanach d'Achitecture Moderne* (Paris: G. Crés et Cie, 1925) 55-71, y Le Corbusier, *Creation is a Patient Research*, traducido por James Palmes (New York: Praeger, 1960), 32-37.

10   Le Corbusier, *Le Voyage d'Orient* (Paris: Forces Vives, 1966).

11   Sigmund Freud, "A disturbance of memory on the Acropolis (Una carta abierta a Romain Rolland con motivo de su setenta aniversario)" en *The Standard Edition of the Complete Psychological Works of Sigmund Freud*, traducido

1   Le Corbusier, *Journey to the East*, trans. and ed. by Ivan Zaknic (Cambridge, Mass: MIT Press, 1989), 180, 209.

2   Ibid., 184.

3   Ibid., 214.

4   Ibid., 174-5.

5   On Corbusier's trip, see the introduction by Giuliano Gresleri in *Le Corbusier Viaggio in Oriente* (Venice: Marsilio Editori, 1984), 15-67, and H. Allen Brooks, *Le Corbusier's Formative Years: Charles-Edouard Jeanneret at La Chaux-de-Fonds* (Chicago: The University of Chicago Press, 1997), 255-303.

6   See Ivan Zaknic, "Editor's Preface," in Le Corbusier, *Journey to the East*, viii, and Gresleri, *Le Corbusier Viaggio in Oriente*, 45.

7   They are now published as Ch.-E. Jeanneret (Le Corbusier), *Voyages D'Orient, Carnets*, (Milan: Electa, 1987). English edition (Milan: Electa, 2002).

8   Zaknic, "Editor's Preface," *Journey to the East*, ix.

9   See the chapter "Carnet de Route, 1910," in Le Corbusier, *Almanach d'Achitecture Moderne* (Paris: G. Crés et Cie, 1925), 55-71, and Le Corbusier, *Creation is a Patient Research*, trans. James Palmes (New York: Praeger, 1960), 32-37.

10 Le Corbuier, *Le Voyage d'Orient* (Paris: Forces Vives, 1966).

11 Sigmund Freud, "A disturbance of memory on the Acropolis (An open letter to Romain Rolland on the occasion of his seventieth birthday)," in *The Standard Edition of the*

por James Strachey (London: Hogarth Press, 1960) Vol. 22, 237-248.

12 Sobre la correspondencia de Freud con su familia durante sus viajes de verano, véase Siegmund Freud, *Unser Hertz zeigt nach dem Süden: Reisebriefe 1895-1923* editado por Christfried Tögel (Berlin: Aufbau Verlag, 2002).

13 Freud, "A disturbance of memory on the Acropolis," 240.

14 Freud, *Unser Hertz zeigt nach dem Süden*, 188-9.

15 Le Corbusier, *Journey to the East*, 214-6.

16 Véase la descripción de "Die Bahnung" (traducido por James Strachey como "facilitation") en la obra de Freud "Proyecto para una psicología científica" en Sigmund Freud, *The Origins of Psychoanalysis: Letters to Wilhelm Fliess* traducido por E. Mosbacher y J. Strachey

(New York: Basic Books, 1954), 374-86.

17 Le Corbusier, *Journey to the East*, 149.

18 Ibid., 216-223.

19 Freud, *Unser Hertz zeigt nach dem Süden*, 190.

20 Ibid.

21 Freud, "A disturbance of memory on the Acropolis," 241.

22 Sigmund Freud "The Architecture of Hysteria" in Freud, *The Origins of Psychoanalysis*, 202-3, y *Civilization and its Discontents* in *The Standard Edition of the Complete Psychological Works of Sigmund Freud*, Vol. 21, 64-73.

23 Le Corbusier, *Creation is a Patient Research* (*La creación es una búsqueda paciente*) (New York: Praeger, 1960), 21.

Complete Psychological Works of Sigmund Freud, Vol. 22, trans. by James Strachey (London: Hogarth Press, 1960) 237-248.

12 On Freud's correspondence with his family during his summer trips, see Siegmund Freud, *Unser Hertz zeigt nach dem Süden: Reisebriefe 1895-1923* ed. by Christfried Tögel (Berlin: Aufbau Verlag, 2002).

13 Freud, "A disturbance of memory on the Acropolis," 240.

14 Freud, *Unser Hertz zeigt nach dem Süden*, 188-9.

15 Le Corbusier, *Journey to the East*, 214-6.

16 See the description of "Die Bahnung" (translated by James Strachey as "facilitation") in "Project for a Scientific Psychology" in Sigmund Freud, *The Origins of Psychoanalysis:*

Letters to Wilhelm Fliess, trans. E. Mosbacher and J. Strachey (New York: Basic Books, 1954), 374-86.

17 Le Corbusier, *Journey to the East*, 149.

18 Ibid., 216-223.

19 Freud, *Unser Hertz zeigt nach dem Süden*, 190.

20 Ibid.

21 Freud, "A disturbance of memory on the Acropolis," 241.

22 "The Architecture of Hysteria," in Freud, *The Origins of Psychoanalysis*, 202-3, and *Civilization and its Discontents* in Freud, *The Standard Edition of the Complete Psychological Works of Sigmund Freud*, Vol. 21, 64-73.

24 Le Corbusier, *Creation is a Patient Research*, 37.

25 Allen Brooks, *Le Corbusier's formative years*, 283-4.

26 Le Corbusier, *Journey to the East*, 217, 220.

27 Ibid., 230-1.

28 Le Cobusier, *Creation is a Patient Research*, 21.

29 Le Corbusier, *Journey to the East*, 223.

30 Freud, "A disturbance of memory on the Acropolis," 244.

31 Ibid., 245.

32 Sobre *anaclisis* o *étayage*, véase Jean Laplanche, *Life and Death in Psychoanalysis (Vida y muerte en psicoanálisis)*, traducido por

Jeffrey Mehlman, (Baltimore: The Johns Hopkins University Press, 1976), 15-18.

33 Para una reproducción del boceto de Klipstein, véase Gresleri, *Le Corbusier Viaggio in Oriente*, 304.

34 Le Cobusier, *Creation is a Patient Research*, 21.

35 Gresleri, *Le Corbusier Viaggio in Oriente*, 60-1.

36 Ch.-E. Jeanneret (Le Corbusier), *Voyages D'Orient, Carnets* (2002) Carnet 3, 92.

37 A propósito de la cerámica Serbia, Jeanneret menciona en broma que Klipstein había formulado una teoría de "El momento psicológico en el momento popular en el arte del siglo veinte." Le Corbusier, *Journey to the East*, p. 19. Sobre Auguste Klipstein, véase Gresleri, *Le Corbusier Viaggio in Oriente*, 24-5.

23 Le Corbusier, *Creation is a Patient Research*, (New York: Praeger, 1960) 21.

24 Ibid., 37.

25 Allen Brooks, *Le Corbusier's formative years*, 283-4.

26 Le Corbusier, *Journey to the East*, 217, 220.

27 Ibid., 230-1.

28 Le Cobusier, *Creation is a Patient Research*, 21.

29 Le Corbusier, *Journey to the East*, 223.

30 Freud, "A disturbance of memory on the Acropolis," 244.

31 Ibid., 245.

32 On *anaclisis* or *étayage*, see Jean Laplanche, *Life and Death in Psychoanalysis*, trans. Jeffrey Mehlman, (Baltimore: The Johns Hopkins University Press, 1976), 15-18.

33 For a reproduction of Klipstein's sketch, see Gresleri, *Le Corbusier Viaggio in Oriente*, 304.

34 Le Cobusier, *Creation is a Patient Research*, 21.

35 Gresleri, *Le Corbusier Viaggio in Oriente*, 60-1.

36 Ch.-E. Jeanneret (Le Corbusier), *Voyages D'Orient, Carnets*, Carnet 3, 92.

37 Apropos the Serbian pots, Jeanneret jokingly mentions that Klipstein had formulated a theory of "the psychological moment in popular pottery in twentieth-century art." Le Corbusier, *Journey to the East*, 19. On Auguste Klipstein,

38 Alois Riegl, "The Architecture" in *Late Roman Art Industry* (El arte industrial tardorromano) (1901), traducido por Rolf Winkes (Rome: Bretschneider, 1985), 19-50.

39 Para las "Three conceptions of space" véase Sigfried Giedion, *Space Time and Architecture (Espacio, tiempo y arquitectura)* 5ª edición (Cambridge, Mass: Harvard University Press, 1967), lv-lvi; and Sigfried Giedion, *Architecture and the Phenomena of Transition: The Three Space Conceptions in Architecture* (Cambridge, Mass: Harvard University Press, 1967), 2-6.

40 Sigfried Giedion, *The Eternal Present II: The Beginnings of Architecture* (Princeton: Princeton University Press, 1964), 349-414.

41 Freud, "A disturbance of memory on the Acropolis," 247.

42 Corbusier escribió a su hermano Albert desde Atenas el 11 de septiembre de 1911, pero no escribió a sus padres hasta que llegó a Nápoles el 7 de octubre de 1911. Para una recopilación de cartas de Corbusier a sus padres durante su viaje a oriente, véase Le Corbusier, *Choix de lettres*, editado por Jean Jenger (Basilea: Birkhauser, 2002); y Gresleri, *Le Corbusier Viaggio in Oriente*, 359-405.

43 Le Corbusier, *Journey to the East*, 236

44 Ch.-E. Jeanneret (Le Corbusier), *Voyages D'Orient, Carnets* (2002) Carnet 4, 141, también reproducido en Le Cobusier, *Creation is a Patient Research*, 40.

45 Le Corbusier, *Journey to the East*, 236.

46 Ch.-E. Jeanneret (Le Corbusier), *Voyages D'Orient, Carnets* (2002), 123, and Carnet 3, 128.

47 Le Corbusier, *Journey to the East*, 234, 236.

see Gresleri, *Le Corbusier Viaggio in Oriente*, 24-5.

38   Alois Riegl, "The Architecture," in *Late Roman Art Industry* (1901), trans. Rolf Winkes (Rome: Bretschneider, 1985), 19-50.

39   For Giedion's "three conceptions of space," see Sigfried Giedion, *Space Time and Architecture*, 5th ed. (Cambridge, Mass: Harvard University Press, 1967), lv-lvi; and Sigfried Giedion, *Architecture and the Phenomena of Transition: The Three Space Conceptions in Architecture* (Cambridge, Mass: Harvard University Press, 1967), 2-6.

40   Sigfried Giedion, *The Eternal Present II: The Beginnings of Architecture* (Princeton: Princeton University Press, 1964), 349-414.

41   Freud, "A disturbance of memory on the Acropolis," 247.

42   Corbusier wrote to his brother Albert from Athens on 11 September, 1911, but he did not write to his parents until he arrived in Napoli in 7 October, 1911. For a collection of Corbusier's letters to his parents during his trip to the East, see Le Corbusier, *Choix de lettres*, ed. Jean Jenger (Basel: Birkhauser, 2002) and Gresleri, *Le Corbusier Viaggio in Oriente*, 359-405.

43   Le Corbusier, *Journey to the East*, 236.

44   Ch.-E. Jeanneret (Le Corbusier), *Voyages D'Orient, Carnets*, Carnet 4, 141, also reproduced in Le Cobusier, *Creation is a Patient Research*, 40.

45   Le Corbusier, *Journey to the East*, 236.

46   Ch.-E. Jeanneret (Le Corbusier), *Voyages D'Orient, Carnets*, 123; Carnet 3, 128.

48   Ibid., 235.

49   Nicholas Fox Weber, *Le Corbusier: A Life*, (New York: Knopf, 2008), 8 n.773.

50   Ibid., 13.

47 Le Corbusier, *Journey to the East*, 234, 236.

48 Ibid., 235.

49 Nicholas Fox Weber, *Le Corbusier: A Life*, (New York: Knopf, 2008), 8 n.773.

50 Ibid., 13.

BETWEEN THE SKY, THE EARTH, AND THE SEA

JUAN M. OTXOTORENA
& HÉCTOR GARCÍA-DIEGO

ENTRE EL CIELO, LA TIERRA Y EL MAR

THE WORLD OF architects is associated with an astounding variety of particularly intense and ambitious travel experiences. These experiences range from the merely touristic, invested with obvious *added intimations*, to the drastic existential self-exile of those who depart from their known worlds to embark on a new life. This second type of travel produces people who end up building their specific habitats in distant and preferably uncontaminated settings—settings that match the radicality of their decisions.

This type of experience has a much more drastic transcendence than a simple trip of leisure. The discovery of a new encounter and the corresponding fascination with the Other are colored with nuances that are almost necessarily traumatic and difficult to digest. A further associated phenomenon, comes from a certain obligatory pact between a protagonist and the unknown, a subsequent integration with all that is different. It was this situation that conjured the three photographs referenced here, as representatives of a significant phenomenon associated with the intensity of architects' travel experiences. These images depict houses, all designed during the same period of time in Spain by a series of foreign and highly

EL MUNDO DE los arquitectos se asocia a toda una gama de experiencias viajeras de especial intensidad y ambición. Tales experiencias van desde la meramente turística, investida de obvias 'connotaciones añadidas', hasta la del drástico autoexilio existencial de quien se aparta del mundo conocido para iniciar una nueva vida. Y esa segunda culmina en el caso de quien acaba por construirse su hábitat específico lejos de todo, en un entorno con preferencia incontaminado y dotado de un atractivo situado a la altura de la radicalidad de su opción.

Tal tipo de experiencia posee una trascendencia mucho más drástica que la del simple viaje de placer. Tiñe de matices el descubrimiento de lo nuevo o la correspondiente fascinación por lo ajeno, casi por fuerza indigesto y traumático. Y le asocia un fenómeno añadido, que viene del pacto obligado de su protagonista con lo desconocido: el de su consiguiente integración de lo diferente. Es ésta la situación que evocan las tres fotografías a las que se hace referencia aquí, representativas de un fenómeno significativo, asociadas a la intensidad de la experiencia del viaje en el caso específico de los arquitectos. Y son imágenes de las casas diseñadas para sí en una misma época, y en la geografía española,

renowned architects Bernard Rudofsky (Nerja, 1970) (1), André Bloc (Carboneras, 1964) (2), and Jorn Utzon (Porto Petro, Majorca, 1972) (3)—all of whom settled in these houses with the conviction and resolution this act entails. And they represent a situation that is worth to be observed, known its connotations.

1 House, Bernard Rudofsky, Nerja, Spain, 1970

1 Casa, Bernard Rudofsky, Nerja, España, 1970

por una serie de arquitectos extranjeros muy ilustres como Bernard Rudofsky (Nerja, 1970) (1), André Bloc (Carboneras, 1964) (2), y Jorn Utzon (Porto Petro, Mallorca, 1972) (3) que se instalan en ella con la convicción y resolución que esto indica. Y representan una situación que vale la pena sin duda observar, habida cuenta de sus connotaciones.

Inhabiting the frontier: from the outset this is what the leading players in these situations have done, and it is also what moves them into the realm of abstraction. This utopian and unimaginable place is most assuredly non existent, but is abstract. It is the abstraction of the *line* that delimits and separates, possessing neither thickness nor size—the abstraction of the transition between the before and the after.

The situation represented by this series of examples also possesses a two-fold power: merging the material with the spiritual, the world of explorers or discoverers with the world of poets. In short, there are two counterpoints of a single experience: active and passive, incisive and reticent, of adventure and concealment, or of advancement and withdrawal. It conquers new horizons and laboriously searches for a permanent and safe haven. Nonetheless, it is interesting to note the degree to which both aspects converge in a single point here.

The case of Paolo Soleri in Arizona has a multitude of parallelisms. Images of César Manrique in Lanzarote or Paul Gauguin in the South Seas also evoke many of the characteristic ingredients of the attitude of those

Habitar la frontera: eso es de entrada lo que hace quien protagoniza este tipo de situaciones, y es también lo que los empuja a instalarse en la abstracción. El lugar utópico e inimaginable, ciertamente inexistente; la de la mera escisión desgarradora y, a la vez, la de la 'raya' que delimita y separa pero no es nada en sí ni tiene espesor ni dimensión. Se trata de la abstracción de la transición entre el antes y el después.

La situación representada por esta serie de ejemplos posee, a su vez, una doble valencia: la material y la espiritual, la del explorador o descubridor y la del poeta. Se trata en definitiva de dos aspectos contrapuestos de una misma experiencia: activo y pasivo, incisivo y retraído, de aventura y escondite o de avance y retirada. La conquista de nuevos horizontes y la afanosa búsqueda de un refugio definitivo y seguro. Parece interesante observar al respecto, no obstante, la medida en que aquí ambos aspectos concurren en paralelo.

El caso de Paolo Soleri en Arizona encuentra multitud de paralelismos. Lo mismo que la suya, la imagen de César Manrique en Lanzarote o la del Gauguin de los Mares del Sur puede evocar muchos de los ingredientes característicos de la actitud de quien se identifica con el perfil iográfico

2 Casa, André Bloc, Carboneras, España, 1964

who identify with the biographical profile associated with this experience. This is the personal experience of architects who settle and build in empty landscapes, in dialogue with the vicissitudes of the weather—a message addressed to the world they intend to leave forever. This is the intentional atmosphere that governs the incorporation of their residential architectures into their final resting points, even if they end up hardly recognizable as such.

The attraction of coasts and seashores plays a very important, and even characteristic, role in this area as well. It is not in vain that the meeting space is represented stripped of the forces of nature in the confines of *livable* territory. This clichéd situation is associated with the classic expression "between heaven and earth," used to designate the agonizing horizon in which man is cast into the *outside* world and only stands alone in the end.

Residential architecture offers an ideal testing ground for committed and conscious architects to project their personal expectations and their methodological obsessions and inclinations. The home is in itself a materialized reflection on architecture as such. The author's vision makes

asociado a este tipo de experiencia. No es otra la vivencia de los arquitectos que se asientan en paisajes vacíos en diálogo con las vicisitudes de la meteorología, si no fuera por el mensaje que arrojan hacia atrás, dirigido al mundo del que pretenden alejarse definitivamente, también en clave teatral. Esta es al cabo la atmósfera intencional que rige la incorporación al lugar de sus arquitecturas residenciales. Están profundamente marcadas en todos los aspectos por su vocación de radicalidad; e incluso apenas resultan reconocibles como tales.

La atracción de la costa y la orilla juega en este ámbito un papel muy importante, e incluso característico: no en vano representa el espacio de encuentro desnudo de las fuerzas de la naturaleza en el confín del territorio 'pisable'. Se asocia a la tópica situación aludida con la clásica expresión "entre el cielo y la tierra", llamada a designar el horizonte agónico en que el hombre se encuentra arrojado al mundo 'exterior' y, en fin, solo ante sí mismo.

La arquitectura residencial ofrece un campo de pruebas idóneo al arquitecto comprometido y consciente para la proyección de sus expectativas personales y sus obsesiones e inclinaciones metodológicas.

it accelerate, translating it or exuding it. Of course, the issue worsens depending on the extent of the client's disposition, or when the client cooperates and agrees with the architect's undertakings and pretensions. And, obviously, it is carried to extremes when client and architect coincide. Then the architect can consider striving for genuinely surpassing himself as his only obligation, giving his very best, and such an enormous and extraordinary responsibility can end up knocking him down and even tends to quash him.

Creating his own house is a classic and almost inevitable challenge in the biography and mentality of every architect. All architects surely think about this possibility, both risky and inspirational.

3 Can Lis House, Jørn Utzon, Porto Petro, Spain, 1972

3 Casa Can Lis, Jørn Utzon, Porto Petro, España, 1972

La casa es en sí una reflexión materializada sobre la arquitectura como tal: la propia de su autor; la hace precipitar y la traduce o destila. Desde luego, el asunto se agrava en la medida de la disposición del cliente, cuando éste coopera y se pone a favor del empeño y las pretensiones del arquitecto. Y, obviamente, se extrema cuando cliente y arquitecto coinciden. Entonces sí que éste no puede sino considerarse obligado a alcanzar el auténtico do de pecho, a dar lo mejor de sí mismo. Tan enorme e insólita responsabilidad podría llegar a acogotarle, e incluso tiende a ahogarle.

El de hacerse la propia casa es un reto clásico y casi inevitable en la biografía y mentalidad de todo arquitecto. A todo arquitecto se le plantea sin duda esta posibilidad, a la vez arriesgada e ilusionante.

However, it is not uncommon to see it as an eminently stressful and overwhelming challenge. Even though it is only a commitment to themselves,, many architects give up on even trying it, for reasons of health and mental tranquillity, or due to feeling incapable of facing up to the tremendous commitment it entails. This section clearly must make mention of the magnificent exception in the case of true geniuses such as Utzon, whose house in Porto Petro fulfils the confluence of inspirations alluded to in the title of this essay. The house simultaneously becomes an observatory and a votive temple, like the stepped pyramids of the Mayans, surrounded by jungle and erected as platforms where humankind entered into direct dialogue with the firmament and the sun.

Surely the case of those architects with exceptional talent or incredible capacities for abstraction and uncommon powers of concentration must be left aside here. They would need to imagine that they were working for another when designing their own houses. In the majority of cases, architects who consciously assume the challenge end up lumbering into a headstrong exercise, and a somewhat falsified and impure one

Sin embargo, no es infrecuente verla como un reto excesivo y desbordante, eminentemente estresante. Muchos arquitectos renuncian a intentarlo, por razones de salud y serenidad mental o por sentirse incapaces de afrontar el tremendo compromiso correspondiente. Sin duda hay que salvar en este apartado la magnífica excepción del caso de los verdaderos genios como precisamente Utzon, cuya casa en Porto Petro cumple con la confluencia de inspiraciones a que alude el título de estas reflexiones: ella la convierte al mismo tiempo en observatorio y templo votivo, al modo de los de las pirámides escalonadas de los mayas, rodeados de selva y erigidos en plataforma de diálogo directo del género humano con el firmamento y el sol.

Seguramente hay que dejar a un lado, en fin, el caso de aquellos arquitectos que poseen un talento excepcional, o bien una increíble capacidad de abstraerse y un poder de concentración insólito: aquel que precisarían para figurarse que trabajan para otro cuando diseñan su propia casa. En la mayor parte de los casos, aquellos arquitectos que asumen el reto de modo consciente acaban incurriendo en un ejercicio voluntarioso, y un tanto mixtificado e impuro, con mucho de experimento figurativo. Vemos el proyecto de su propia casa de aquellos arquitectos lo bastante

with a lot of figurative experimentation. We will look at the projects in which architects designed their own homes; architects who were audacious enough to dare to tackle the challenge later faced relative disappointment. These are generally architectures that are weighed down by the *compulsory* enormity of their pretensions and almost too *laden with gestures*: profoundly sculptural, lacking in elegance and exemplariness from a stylistic viewpoint. Exceeded by their responsibilities, they have to settle for vague suggestions defined by their vocation for permanence and barely orientated to the conventional aim, so much more banal and romantic, of *gazing at sunsets*.

In any case, the attempt falls short in much more trivial terms than those hypothetically prescribed in the theoretical plane, and it does so through the construction of a refuge or an idyllic *nest* created to simultaneously be a house, observatory, and a temple. But this construction is onerous and difficult, responding to a work that is absolutely not festive, happy, or light-hearted, no matter how much it may pretend. It ends up being burdensome and *sad*, falling prey to the tensions of the "obligation to

osados para atreverse a abordarlo como un empeño abocado a descubrirse relativamente decepcionado. Lo vemos casi como un proyecto llamado a reconocerse 'esforzado' y aun vagamente híbrido, por su superposición de obligaciones en conflicto, a menudo violento. Se trata, en general, de unas arquitecturas lastradas por la 'forzosa' enormidad de sus pretensiones y algo así como demasiado 'gesticulantes': tanto profundamente escultóricas cuanto, a su vez, no demasiado elegantes ni ejemplares desde el punto de vista estilístico. Sobrepasadas por sus responsabilidades han de conformarse con sugerirse vagamente marcadas por su vocación de permanencia y apenas orientadas a la meta convencional, ya más banal y romántica, de "contemplar los atardeceres".

El intento precipita en cualquier caso en términos mucho más triviales que los hipotéticamente prescritos en el plano teórico; y lo hace a través de la construcción de un refugio o un 'nido' idílico llamado a ser al mismo tiempo casa, observatorio y templo. Pero esta construcción es onerosa y difícil; responde a un trabajo en absoluto festivo, alegre o desenfadado, por mucho que quiera fingir. Resulta pesado y 'triste', por cuanto ha de perfilarse bajo la tensión de aquella 'obligación de construir' que Manfredo Tafuri identificase

construct" that Manfredo Tafuri identified in his time—at the height of the boom of postmodernist self-awareness—as a limit and unsurpassable frontier for its own critical discourse. In summary, it is somewhat impelled to be materialized via the limited resources, too recognizable and hackneyed, from which one can but expect a type of umpteenth frustrated attempt.

Such a dwelling is inserted into a landscape that is almost always privileged and precisely chosen with the wish to integrate this setting into its structure. The task of its shaping is resolved by revising and manipulating the procedures of popular architecture, particularly when it is precisely defined as having special harmony towards the ideals of the Modern Movement, already submitted in the 1940s and 1950s to the oscillations of the less-spirited and more liberalizing and integrating waves of what must be considered its *second era*.

In the end, the small-scale, plastic experimentation and recourse to traditional materials and artisanal technology converge in these types of experiences. Mediterranean popular architecture arises against a background of the ideal contrasts from which it is brilliantly outlined.

en su día —en pleno auge de la autoconciencia postmodernista—como límite y frontera infranqueable para su propio discurso crítico; y también, en definitiva, en tanto impelido a materializarse mediante un juego compositivo demasiado reconocible y trillado, del que apenas cabe esperar sino una especie de enésimo ensayo frustrado.

Tal refugio, en fin, aparece inserto en un paisaje casi siempre privilegiado, y muy escogido, con la voluntad de integrarse en su estructura. La tarea de darle forma se resuelve por la vía de la revisión y manipulación de los procedimientos de la llamada arquitectura popular. Máxime cuando ésta se define, precisamente, como una opción de especial sintonía para con los ideales del denominado Movimiento Moderno, ya sometido en los años 40 y 50 a los vaivenes de las olas menos fogosas y más aperturistas e integradoras de lo que cabría considerar su 'segunda época'.

En este tipo de experiencias convergen a la postre la pequeña escala, la experimentación plástica, el recurso a los materiales tradicionales y la tecnología artesanal. La arquitectura popular mediterránea se erige, en su caso, en un fondo de contraste ideal sobre el que se perfilan brillantemente. No puede ser más marcada la fascinación que produce a los ojos del turista

No greater fascination could be revealed in the eyes of erudite tourists, who gaze upon *architecture without architects*—pure white volumes cut out with emphatic decisiveness by black shadows under the intense sun of Spain's beautiful coastlines.

The allusion to the famous exhibition by Bernard Rudofsky, "Architecture without Architects," at New York's Museum of Modern Art in 1964 could be legitimately valuable as a representative of the new sensibility that surfaced in the development of the unofficial postulates of modern architecture. At that time, the professional world returned its glance to this unpedigreed and vernacular architecture created anywhere with native materials, using designs and techniques transmitted from generation to generation over the centuries. Indeed, it represents an important milestone in claims for the values of this anonymous architecture against trends and signatures. This happened at a time of relative weariness, after many long years of the hegemony of the so-called International Style, viewed as a universal standard, equalizing and averse to any type of personalization, including the correlative of some hypothetical regional

ilustrado la 'arquitectura sin arquitectos,' de los puros volúmenes blancos recortados con rotunda decisión por negras sombras bajo el sol intenso de sus bellas costas.

La alusión a la famosa exposición de Bernard Rudofsky, "Arquitectura sin arquitectos," en el Museo de Arte Moderno de Nueva York en 1964 podría valer justo como representativa de la nueva sensibilidad surgida en el propio desarrollo de los postulados oficiosos de la arquitectura moderna. En ese momento, el mundo profesional volvió la mirada hacia esa arquitectura vernácula y sin pedigrí realizada en cada lugar con materiales autóctonos, mediante diseños y técnicas transmitidos de generación en generación a través de los siglos. De hecho, ella marca un importante hito en la reivindicación de los valores de esa arquitectura anónima frente a la de la moda y las firmas. Esto sucede en un momento de relativo hastío sobrevenido tras largos años de hegemonía del llamado Estilo Internacional, visto como norma universal, igualadora y reacia a toda clase de personalización, incluida la correlativa de unos hipotéticos rasgos regionales. El mismo Rudofsky, terminó instalándose en España algunos años más tarde, a finales de la década.

features. Rudofsky himself ended up settling in Spain some years later, at the end of the decade.

The disenchantment, however, is not tied to verifying the solid rigidities of the figurative codes of the *internationalist* avant-garde. Nor is the subsequent formulation of the thesis—much more critical—a coincidence, according to which the Mediterranean latitude could be the ideal site for the development of the canonical languages of the Modern Movement. With regard to the type of productions in which Rudofsky's house in Nerja is inscribed, indeed, the clemency of the climate favors an even more radical and abstract *elasticity*.

Nonetheless, the passing of time has taught us to moderate premature enthusiasms. In this field, intentions are not always accompanied by results. Thus, nobody ignores the great pitfall hidden behind the argument that raises said popular architecture to the status of methodological horizon. We have already been warned against the maximalist and ingenuous readings of the Mies's famous "Less is more," and we can see its obvious shortcomings, related to the technological backwardness of its

No es casual el desencantamiento de las fuertes rigideces de los códigos figurativos de la vanguardia 'internacionalista'; ni la subsiguiente formulación de la tesis —ya mucho más crítica con ella— según la cual la latitud mediterránea sería incluso la idónea para el desarrollo de los lenguajes canónicos del Movimiento Moderno. En lo tocante al tipo de realizaciones en que se inscribe la casa de Rudofsky en Nerja, de hecho, la benignidad del clima favorece un 'plasticismo' aún más radical y abstracto.

Sin embargo, a su vez, el paso del tiempo nos ha enseñado a moderar algunos entusiasmos prematuros. Tampoco en este ámbito las intenciones se ven siempre acompañadas de resultados. Así, ya nadie ignora la gran trampa que esconde el argumento que eleva a la llamada arquitectura popular a la condición de horizonte metodológico. De entrada, ya estamos prevenidos frente a las lecturas maximalistas e ingenuas del célebre 'Menos es más' de Mies, y vemos sus obvios inconvenientes, relacionados con el retraso tecnológico que reflejan sus soluciones materiales, a menudo no poco precarias, y su falta de capacidad para integrar las conquistas de la industria posterior, en especial en el ámbito de la equipación doméstica y el acondicionamiento técnico.

material solutions, often quite precarious, and its lack of ability to integrate the subsequent conquests of industry, particularly in the area of domestic furnishings and technical fittings.

Secondly, all possible temptation must be handled with great caution to transpose valid solutions in the area of small scales and domestic functions to resolve megalomaniac constructions and broader, maybe even mass programs. Indiscriminate changes of scale don't work.

And there is more. Thirdly, the same probably occurs with this type of architecture as with the marvellous spontaneity and fresh and brilliant flexibility of children's drawings. The level of inventive and visual effectiveness of children's drawings is absolutely not within range of *older people*. In the end, the drawings of children—perhaps with some noted exceptions, like those of acclaimed Joan Miró—can hardly be imitated. The *architecture without architects* so admired by Rudofsky in abstract terms does not admit valid continuations. It can only be succeeded by architectures with architects. Not only would it be hard for it to establish a rigorous point of comparison for a truly responsible and serious updated

En segundo término, es obligado manejar con una enorme cautela toda posible tentación de transponer soluciones válidas en el ámbito de la pequeña escala y la función doméstica a la resolución de construcciones megalómanas y programas más amplios y quizá aun masivos. No valen los cambios de escala indiscriminados.

Y hay más. Ocurre probablemente con este tipo de arquitectura, en tercer lugar, lo mismo que con la maravillosa espontaneidad y el plasticismo fresco y brillante del dibujo infantil: que el grado de inventiva y eficacia visual del dibujo de los niños no está en absoluto al alcance de los 'mayores'. El dibujo de los niños, en fin, acaso con algunas honrosas excepciones como especialmente la del aclamado Joan Miró, apenas se puede imitar. La 'arquitectura sin arquitectos', tan admirada por Rudofsky en términos abstractos, no admite continuaciones válidas; sólo puede ser sucedida por arquitecturas 'con' arquitectos. No sólo es muy difícil que pueda llegar a constituir un punto de comparación riguroso para una edificación actualizada realmente responsable y seria sino que, además, no admite emulaciones solventes en el terreno lingüístico ni se deja recrear en circunstancias nuevas, más allá del penoso ejercicio —siempre asequible pero de 'legitimidad' e interés dudosos— de la copia literal.

building, but it does not admit solvent emulations in linguistic terrain, nor does it allow recreation under new circumstances, beyond the laborious exercise–always obtainable but of dubious interest and *legitimacy*–of the literal copy.

A final precision, however, is perhaps required. The experience of reconstruction architecture and the managed settlements of the first years after the Spanish Civil War represent an eloquent example, at times spectacular, of the degree to which it is possible to work with the material and linguistic essentials of popular architecture in modern projects with specific urban planning ambitions and at larger organic scales, adding new operative and syntactic ingredients. This is particularly true of work that includes extensive geometry and repetition. Among these projects, we may cite the examples of Vegaviana (Cáceres), 1954, by the architect José Luis Fernández del Amo, and Caño Roto (Madrid), 1956, designed by the architects Iñiguez de Onzoño and Vázquez de Castro.

The argument suggests a fructiferous inversion of the point of view. It can offer new clues for finding a solid compensatory line towards

Quizá haya que hacer, no obstante, alguna precisión final. La experiencia de la arquitectura de reconstrucción y los poblados dirigidos de los primeros años de la postguerra española constituye un elocuente ejemplo, en ocasiones espectacular, de la medida en que es posible trabajar con las claves materiales y lingüísticas de la arquitectura popular en programas modernos de específicas ambiciones urbanísticas y escala orgánica mayor, y con la incorporación de nuevos ingredientes operativos y sintácticos: en especial la geometría extensiva y la repetición. Entre estos proyectos podemos señalar los ejemplos de Vegaviana (Cáceres), 1954, del arquitecto José Luis Fernández del Amo y Caño Roto (Madrid), 1956, diseñado por los arquitectos Iñiguez de Onzoño y Vázquez de Castro.

Precisamente, el argumento sugiere una fructífera inversión del punto de vista. Podría ofrecer nuevas pistas para encontrar una sólida línea de compensación para con las dificultades aducidas; y serviría también para reafirmar el interés objetivo de experiencias profesionales tan singulares como las aludidas aquí y avivar la atención contemporánea. La cuestión estaría en recordar la doble dirección en que cabe hacer trabajar la idea: que lo que confiere su radical abstracción a los lenguajes de la arquitectura

the aforesaid difficulties. It could also be used to reaffirm the objective interest of professional experiences as unique as those mentioned here and to stimulate contemporary attention. The issue here is to remember the double direction of the idea: what radical abstraction confers to the languages of modern architecture, is also what gives modern architecture the ideal capacity and potency to connect with that typical of the languages of popular architecture. It is not about observing that popular architecture can establish a terrain in which to continue levels of coherence and radiance that are the ambition of genuine modern experiences. It is instead and complementarily about taking the inverse journey. Modern architecture provides the weapons necessary for popular architecture to survive and continue with its admired and victorious redemption through history. The full scope of this idea is perhaps still pending exploration and, consequently, has yet to be fully exploited.

moderna, es también lo que otorga la capacidad y la potencia idónea para enlazar con la propia de los lenguajes de la arquitectura popular. Se trataría de observar no ya que la arquitectura popular puede constituir un terreno en que continuar con las cotas de coherencia y brillantez que ambiciona la genuina experiencia moderna. Más bien, complementariamente haciendo el recorrido inverso. La arquitectura moderna proporciona a la arquitectura popular las armas necesarias para sobrevivir y continuar con su admirado y triunfal desempeño a través de la Historia. Una idea cuyo recorrido está quizá aún pendiente de explorar del todo y, en consecuencia, de terminar de explotar.

PAPER TAKEN ON TRIPS, TRIPS TAKEN ON PAPER

JOSÉ MANUEL POZO
& JOSÉ ÁNGEL MEDINA

EL PAPEL EN EL VIAJE Y EL VIAJE DE PAPEL

ONE VERY THOUGHT-PROVOKING concept that springs to mind when talking
about the journeys of architects is the ways in which their content has
been recorded, conserved, and, later, conveyed and been absorbed by others.

Until now documents generated by trips have, for the most part,
taken the form of photographs, sketches, and essays. We would like to make
two comments about these sources.

The first is to highlight how these three types of documents have
lost almost all their testimonial value in the present day. Perhaps this
can be considered a reflection of the diminishing importance of journeys
themselves.

The second refers to the authenticity of these documents. At times
there is a definite dose of invention, suggestion, and even legend, precisely
due to the importance the documents were given until mass travel became
more common a few decades ago. As noteworthy explorers, people eagerly
awaited their ability to relate what the rest did not have a chance to see.

Along with the first two points, a third consideration must be made
about the *trip without traveling*; a journey that does not include traveling to

UN ASPECTO MUY sugerente de entre los que se pueden considerar al
hablar de los viajes de los arquitectos es el modo en que su contenido ha
sido recordado, conservado y transmitido después y, en definitiva, como
ha sido asimilado por los demás.

Los documentos generados por el viaje hasta ahora han sido
fundamentalmente las fotografías, los dibujos y los relatos, en relación
con los cuales queremos hacer dos reflexiones.

La primera es destacar como esas tres fuentes documentales
han perdido hoy casi todo su valor testimonial, y tal vez podamos
considerar que eso refleja la pérdida de importancia de los viajes en
sí mismos.

La segunda se refiere a la autenticidad de esos documentos, en
los que a veces hay cierta dosis de invención, de sugestión y hasta de
leyenda, precisamente por la importancia que hasta hace unas décadas
se les atribuía como relatos de descubridores destacados, de los que
se esperaba que fueran capaces de señalar lo que los demás no veíamos.

Junto a esas dos, una tercera consideración que cabría hacer
es acerca del 'viaje sin viaje': esto es, del que se hace sin viajar sirviéndose

a destination, but uses only paper to find out about the places and buildings that we would like to visit.

The principal document of classic trips was until quite recently the travel notebook. Today, these are only rarely created. Interest in them has declined. On the one hand, the incredible proliferation of media—Internet, video, cinema, television—bring everything to everybody, so that almost no surprise remains. On the other hand, now we all travel extensively and feel less of a need to capture details about what is discovered, or even to look

1 Self-portrait, Federico García Lorca, New York, 1929–1930

1 Autorretrato, Federico García Lorca, Nueva York, 1929–1930

sólo del papel, a través del que se llega a conocer los lugares y edificios que se desearía visitar o a los que se querría viajar.

El documento principal de un viaje clásico era hasta hace poco la libreta de viaje. Es claro que, salvo excepciones, ahora ya no se hacen. Su interés ha decaído; de una parte, porque ya casi no existe la sorpresa, por la proliferación increíble de medios que acercan todo a todos: Internet, vídeo, cine, televisión,...; de otra porque ahora se viaja muchísimo y no se siente la necesidad de captar el detalle de lo que se descubre, ni mirar con tanta atención, porque se sabe que se puede volver cuando se quiera a ese lugar.

Los viajes, en resumen, han perdido su poesía y el sentido de aventura que tuvieron. (1) Ya nadie se permite un viaje de seis meses o de un año,

at things with great attention, because we can always go back to places whenever we want.

Trips have lost the poetry and feeling of adventure they once had. (1) Now nobody can permit themselves a journey of six months, a year, or even a month. Travels are now about curiosity or verification, but not about learning.

The second consideration refers to the difference between paper that is taken on trips and trips that are taken on paper. In the first case, the paper in journals and notebooks contains the impressions of a trip. In the second, the paper in books and magazines allows a reader to recreate a journey. In the first case paper is used as a guide and support to contemplation during travel. In the second, paper represents a journey in itself, far from the physical toils of travel.

We could also say that paper is the illustration of any impression of a visited architectural work. Paper may be a sketch, a photograph, some annotations, or the memory itself—in short, an operative strategy for contemplation. If we ponder the reason for traveling, it would have its origins in the yearning for contemplation.

y ni siquiera de un mes. El viaje es ahora de curiosidad, de verificación si se desea, pero no de aprendizaje.

La segunda consideración se refiere a la diferencia entre el papel en el viaje y el viaje de papel. En el primer caso el papel recoge en cuadernos las impresiones de un viaje. En el segundo el papel en libros y revistas permite al lector recrear el viaje. Por un lado el papel sirve de guía y soporte para la contemplación en el viaje. Por otro, el papel constituye un viaje en sí mismo, lejos de la atadura física del viaje.

Asimismo, podríamos decir que, el papel es la ilustración de cualquier impresión de la arquitectura visitada. El papel puede ser un dibujo, una fotografía, unas anotaciones o la misma memoria. En definitiva, una estrategia operativa de contemplación. Si nos preguntásemos la motivación para desplazarnos, éste tendría su origen en el anhelo de contemplación.

El viaje es valioso para el arquitecto en cuanto que significa la contemplación de lo que ve. Así, la contemplación, lógicamente, es posible no sólo en el mismo momento de la "visita" sino a partir del "papel" (o recuerdo) generado en esa visita. El enfrentamiento crítico a una obra de arquitectura requiere estrategias de contemplación. Una de esas estrategias es la toma de datos.

Travel is valuable for architects in so far as it means contemplating what is seen. Thus, contemplation is logically possible not only at the time of the *visit* but also by reviewing the *paper* (or memory) generated during the visit. The critical confrontation of an architectural work requires contemplation strategies. One of these strategies is taking data. Certainly this contemplation achieves different levels and therefore contemplation is possible during the journey as well as after it. Paper is crucial: it is the support that lays the foundation for this contemplation. We could affirm that the generated paper establishes another journey in itself, so that anyone can *travel* without physically moving.

Of course it is possible to find valuable and eloquent examples of what we are claiming. One of the most descriptive cases, due to his relationship to both the European and American continents, would be the that of Louis I. Kahn and his celebrated sketches. (2) It is well known that the architect did not sketch his works *in situ* but long afterwards using a postcard or photograph as a model, recreating the memory and reinterpreting the works he visited. We could also say this of Le Corbusier's

Desde luego que esta contemplación tiene distintos niveles y registros y por lo tanto, la contemplación es posible tanto durante el viaje como después del viaje. Por eso el papel tiene una importancia crucial ya que es el soporte que fundamenta esta contemplación.

Por lo tanto, podríamos afirmar que, el papel generado, en sí mismo, ya constituye otro viaje. De manera que cualquiera, sin haber realizado físicamente ese desplazamiento, puede "viajar".

Desde luego, es posible encontrar valiosos y elocuentes ejemplos de lo que apuntamos. Uno de los casos más reseñables, por lo que tiene relacionar ambos continentes europeo y americano, sería el de Louis Kahn y sus celebrados dibujos. (2) Es conocido que, el arquitecto no dibujaba in situ sus obras sino que, muy posteriormente al viaje y con una postal o fotografía como modelo, recreaba el recuerdo e interpretación de la obra visitada. Del mismo modo, podríamos decir del famoso libro El viaje a Oriente de Le Corbusier, el cual fue escrito muchos años después, con innumerables correcciones por parte de su autor.[1]

Al mismo tiempo, cabe la consideración de lo que este "papel" generado significa más allá de su propio autor, sobretodo cuando se difunde.

famous book, *Journey to the East*, which was published years after traveling with numerous corrections made by its author.[1]

Additionally it is worth considering what the *paper* generated represents, beyond its state as a work of an author, especially when it is widespread. The autonomy of paper and its capacity to construct and project a journey can end up being more important than the documented trip. Of course, there are some notorious examples that illustrate this point. The daydreams provoked by all of Piranesi's engravings and any illustrations we may find in a single magazine, stashed in a remote place in a distant library. (3)

2 Sketch of San Marco Square, Louis Kahn, Venice, Italy, 1951

2 Boceto de la Plaza San Marcos, Louis Kahn, Venecia, Italia, 1951

La autonomía del papel y su capacidad de construir y proyectar un viaje puede resultar en sí misma, más importante que el viaje que ha propiciado este documento. Desde luego que también existen también algunos célebres ejemplos de ilustran este extremo. Las ensoñaciones provocadas por cualquier grabado de Piranesi o por cualquier ilustración de una revista única encontrada en un lugar remoto de una remota biblioteca. (3)

Resulta evidente que existen diferencias entre cualquier tipo de viajes. Sin ir más lejos, si a tendemos a las distintas peculiaridades históricas que han condicionado los viajes, podemos observar muy variadas estrategias e intensidades de contemplación: desde el viaggio de nuestros antepasados hasta los fugaces desplazamientos característicos de nuestro tiempo.

3 Via Appia Imaginaria, frontispiece for the second book of the *Veduti di Roma*, Giovanni Battista Piranesi, 1756

3 Via Appia Imaginaria, frontispicio para el segundo libro de *Veduti di Roma*, Giovanni Battista Piranesi, 1756

It is clear that there are distinctions between different types of journeys. Without going into great detail, if we look at the different historical peculiarities that have determined journeys, we can observe a wide variety of strategies and intensities of contemplation: from the *viaggi* of our ancestors to the fleeting trips that are characteristic of our times.

Contemplation strategies and their results have also varied. The format for taking data has expanded enormously, as well as the ease of dissemination. Indeed the incredible advances of the Internet make the union of two extremes possible: paper taken on trips and trips taken on paper can end up being one and the same. Until recently this phenomenon would have been inconceivable.

The aim here is not to assess whether the past was better than the present. However it is necessary to emphasize and articulate the differences in strategies and intensities between architects of different eras, not only with respect to contemplation but also to the manner in which these journeys are recreated.

Asimismo, las estrategias de contemplación y su resultado han variado de manera elocuente. El formato de toma de datos se ha ampliado enormemente al igual que la facilidad de su difusión. De hecho, el increíble desarrollo de la red posibilita la unión de ambos extremos: el papel en el viaje y el viaje de papel pueden llegar a ser lo mismo. Este fenómeno sería impensable hace escasos lustros.

No se trata aquí de valorar si cualquier tiempo pasado fue mejor. Sin embargo, desde luego, es necesario subrayar y reseñar diferencias de estrategias e intensidades que podemos observar en arquitectos de distintas épocas. No sólo en cuanto a la manera de contemplar sino en la manera de recrear estos viajes.

Si hemos dicho que las libretas han perdido su sentido, lo mismo que las fotografías, podría parecer que con ellas lo hubieran perdido también los viajes que las generaban. Pero esto no es cierto: siguiendo a Zevi, podemos decir que no hay nada que pueda sustituir a la experiencia: hay que ir a los edificios y recorrer los espacios.

Para que el viaje tenga sentido ahora que ya no hay sorpresas, porque todo es conocido a priori, debemos de buscar exactamente las ganancias a

If we mentioned that travel notebooks, just like photographs, seem to have lost their meaning, it may be because we have also lost the journeys that brought them about in the first place. But this is not true. Following Bruno Zevi, we can still say that there is nothing that can replace experience: you must go to the buildings and wander in their physical spaces.

In order for the trip to make sense now that there are no surprises, because everything is known a priori, the gains made despite the losses are exactly what must be sought, given that we can fully study the place we want to visit before making the journey. And then this aspect or angle of the trip taken on paper remits to the second way of considering the question.

In some ways, a trip consists of traveling in order to discover what there is somewhere else. However, at times, this journey cannot be made and can be replaced with the imagination if supplied with enough information. And this information that nourishes the trip now becomes the baggage that is obtained on the adventure, which is experienced in the pages of the book or the magazine.

Is this trip really a trip? Do we really become familiar with what is *visited*? Is the learning taken advantage of? Although it will depend on the

pesar de las pérdidas, dado que podemos estudiar completamente el lugar que queremos visitar antes de realizar el viaje. Y entonces este aspecto o ángulo del viaje de papel remite a la segunda manera de considerar la cuestión.

Un viaje de alguna manera consiste en trasladarse para descubrir lo que está en otra parte. Pero a veces ese viaje no puede hacerse, y entonces ese viaje puede suplirlo la imaginación si se le proporciona suficiente información. Y esa información que alimenta el viaje es ya el bagaje que se obtiene en esa aventura, que se vive en las páginas del libro o la revista.

Ahora bien, ¿es realmente un viaje ese viaje?, ¿se llega a conocer lo que 'se visita'?, ¿se aprovecha lo aprendido? Aunque dependerá del 'viajero', de su atención y de su interés, podemos decir que sí, como veremos reflejado en el ejemplo que propondremos.

El viaje de papel tiene un valor relativo pero es innegable su papel sustitutivo. Y desde luego lo que no se puede poner en duda es su valor formativo.

Así, por ejemplo mucho tienen que ver esos 'viajes virtuales' con el salto considerable que se dio en España en la arquitectura y en el arte en los años cincuenta, que es a su vez la causa remota de los resultados que se contemplaron hace tres años en la exposición On site: New Architecture in Spain del MOMA.

traveler, on his attention and his interest, we can say yes, as will be reflected in the example that follows.

The trip taken on paper has a relative value, although its role as a substitute is undeniable. And its educational value is unquestionable.

These *virtual trips* have much to do with the considerable leap that occurred with architecture and art in Spain in the 1950s, which are arguably the remote cause of the results on view during the 2006 exhibition "On Site: New Architecture in Spain" at the Museum of Modern Art.

We refer to this particular case because it is very revealing, if we consider that Spanish architecture lagged extremely far behind at the

4 Ortiz-Echagüe, Barbero and De la Joya
with the Reynolds Prize, 1957

5 The diploma of the award

THE AMERICAN INSTITUTE OF ARCHITECTS
CERTIFICATE OF HONOR
THE 1957
R. S. REYNOLDS MEMORIAL AWARD
TO
CESAR ORTIZ-ECHAGUE RUBIO
MANUEL BARBERO REBOLLEDO AND
RAFAEL DE LA JOYA CASTRO
ARCHITECTS OF SPAIN
AND TO THE OWNERS OF THE SOCIEDAD
ESPANOLA DE AUTOMOVILES DE TURISMO
FOR THE
VISITORS AND FACTORY LOUNGE CENTER · BARCELONA
* * *
HONORING AN OUTSTANDING EXAMPLE OF DESIGN
IN WHICH THE PERSONALITY OF ALUMINUM IS ENCOURAGED TO PLAY
THE MAJOR ROLE FOR WHICH IT HAS BEEN CHOSEN · A ROLE THAT ADDS
DISTINCTION TO THE ARCHITECTS' ORCHESTRATION OF MATERIALS
AND MAKES REALITY OF A VISION

EN RECONOCIMIENTO A UN PROYECTO SOBRESALIENTE DONDE
LA PERSONALIDAD DEL ALUMINIO HA MERECIDO UNA FUNCION PRIMORDIAL
QUE OTORGA DISTINCION A LA ARMONIA DEL CONJUNTO ARCHITECTONICO,
PLASMANDO EN REALIDAD UN SUEÑO

4 Ortiz-Echagüe, Barbero y De la Joya con
el Premio Reynolds, 1957

5 El diploma del Premio

Nos referimos a ese caso particular porque es muy revelador si pensamos que a comienzos del siglo XX la arquitectura española estaba atrasadísima. Y pienso que no hay en el mundo contemporáneo un conjunto arquitectónico identificable que haya evolucionado tan considerablemente en tan poco tiempo. Y tiene mucho que ver precisamente con los 'viajes de papel'.

Hay un viaje hecho por un arquitecto español a USA en 1957 que da muchas pistas acerca de como esos viajes de papel permiten vivir la arquitectura cuando se da la información correcta: gráfica, fotográfica y escrita.

El viajero de aquel viaje se llamaba César Ortiz-Echagüe. (4) La ocasión: le habían concedido el premio Reynolds por una de sus obras, el

beginning of the twentieth century. I believe that there is no identifiable architecture in the contemporary world that has evolved so considerably in such a short time. And it is precisely related to trips taken on paper.

A journey made by a Spanish architect to the United States in 1957 provides many clues about how these trips taken on paper allow architecture to be experienced when we are given correct graphic, photographic, and written information.

The name of the traveler who made that trip was César Ortiz-Echagüe. (4) The occasion: he had been awarded the very first Reynolds Prize for one of his works, which he had to collect in New York. (5) He took advantage of the trip to really see the works he had admired by the American masters and had only previously become familiar with through books. So he made great efforts to see work by Ludwig Mies van der Rohe and Frank Lloyd Wright that he already knew very well and was really impressed.

The journal he kept about his impressions and his travel combined surprise, in the moment of seeing them personally, with his previous

primer premio Reynolds. (5) Y tenía que recogerlo en New York, y aprovechó para ver 'de verdad' las obras que admiraba de los maestros americanos, que sólo conocía por los libros. Cuando llegó a Estados Unidos puso un empeño grande en ir a ver las obras concretas de Mies y Wright, que conocía muy bien, y que le impresionaron mucho.

Se conserva el relato que él mismo hace de esas impresiones y de las visitas que realiza, en las que se combinan la sorpresa del momento con el previo conocimiento, que se vislumbra, entre líneas, con una intensidad mucho mayor que la de la simple noticia.

Hablando de Nueva York, dice:

Nunca he sido un entusiasta de los rascacielos, pero en Nueva York, precisamente por su densidad, me impresionaron profundamente. Como es lógico quise ver pronto el realizado por Mies van der Rohe, por el que sentía tanta admiración: el Seagram Building. Cuando me encontré delante del edificio de 40 pisos, con su fachada en bronce, la realidad superó lo que esperaba.[2]

knowledge. Between the lines, we can catch sight of a much greater intensity than a simple news account.

About New York, he wrote:

> I have never been an enthusiast of skyscrapers, but in New York, because of its sheer density, they deeply impressed me. I naturally wanted to see the one created by Mies van der Rohe as soon as possible, for which I felt great admiration: the Seagram Building. Suddenly standing before this forty-story building, with its bronze façade, the reality surpassed all my expectations.[2]

He was expecting something specific.
And later referring to his time in Chicago, he stated:

> The trip we took the following day heightened my enthusiasm for Mies' architecture. In the end we entered the imposing "Crown Hall"

Luego esperaba algo concreto.
Y refiriéndose más adelante a su estancia en Chicago relata:

> El recorrido que hicimos al día siguiente reforzó mi entusiasmo por la arquitectura de Mies. Al final entramos en el imponente edificio del «Crown Hall», con su techo de más de 5 metros de altura y las grandes vigas metálicas, de 18 metros, de las que cuelga la cubierta plana, y que fueron luego nuestra fuente de inspiración para la sala de exposiciones de la filial de Barcelona.

> Encontramos a Mies en la Escuela al lado de un tablero, rodeado de sus alumnos, que no se perdían palabra de los comentarios que el maestro iba haciendo sobre el proyecto de uno de ellos. Nos saludó, dijo a los alumnos quiénes eramos y volvió a concentrarse en su tarea de enseñanza. Recorrimos lentamente el interior del edificio, del que también hice innumerables fotos de detalles, y nos despedimos de Mies.[3]

building, with its ceiling looming over 5 meters high and the enormous, 18-meter, metal beams, from which the flat ceiling hangs. They would later become our inspiration for the exhibition hall of the affiliate in Barcelona. We met Mies at the school next to a blackboard, surrounded by his students, who didn't miss a word of the comments the teacher was making about one of their projects. He greeted us and told his students who we were and started concentrating on his teaching tasks again. We wandered slowly around the inside of the building, of which I also took numerous photos of the details, and then we said goodbye to Mies.[3]

Later, on this same trip, they also got the chance to meet Eero Saarinen. Ortiz-Echagüe would write:

6 Barbero, Mies van der Rohe and Ortiz-Echagüe, 1957

6 Barbero, Mies van der Rohe y Ortiz-Echagüe, 1957

Y luego, en ese mismo viaje, pudieron conocer también a Saarinen, y dirá:

Le comentamos que sentíamos no visitar la famosa casa de Frank Lloyd Wright, llamada «Fallingwater», una de sus obras maestras. Sabíamos que no estaba lejos de nuestra ruta.

Saarinen nos dijo entonces que conocía bien a los dueños, la rica familia Kaufmann, que vivia en Nueva York y que solía pasar frecuentemente el fin de semana en la famosa casa. Estábamos en viernes y Saarinen nos propuso llamar a los Kaufmann para preguntarles si ese fin de semana iban aviajar alli y, en caso afirmativo, si podríamos visitarles. Nos pareció muy bien, habló con ellos, se confirmó que estarían en «Fallingwater»

We commented that we were sorry we hadn't been able to visit Frank Lloyd Wright's famous house, called "Fallingwater", one of his master works. We knew it wasn't far off of our route. Then Saarinen told us that he knew the owners well, the wealthy Kaufmann family, who lived in New York and frequently spent weekends at the famous house. It was Friday and Saarinen suggested that he call the Kaufmanns to ask them if they were going there that weekend and, if so, if we could visit them. We thought it was a great idea. He spoke to them and they confirmed that they would be at "Fallingwater" and invited us to spend Saturday night at the house and leave on Sunday so we would have the time to really see the house....

Finally, hidden among the forest, we discovered Wright's famous house....

The following day, we went to take a stroll to see the house from all viewing points that were best known from photographs. The conjunction of architecture and nature is perfectly achieved.

y nos invitaron a dormir en la casa en la noche del sábado al domingo para que pudiéramos ver la casa con tranquilidad....

Por fin, escondida entre el arbolado, descubrimos la famosa casa de F.LL.W....

Al dia siguiente, salimos a dar un paseo para ver la casa desde los puntos de vista más conocidos por fotograflas. La conjunción de la arquitectura con la naturaleza está perfectamente lograda. Nos contaba uno de los Kaufmann que nos acompañó en el paseo, que su padre, despues de comprar el terreno, quería a toda costa que fuera F.LI.W. el que proyectase y construyera la casa, pero que encontró mucha resistencia por parte del famoso arquitecto, que vivía y trabajaba en el otro extremo de Estados Unidos, en California.[4]

Son relatos que pertenecen de lleno al mundo de los viajes de papel, en cuyas hojas se aprecia con claridad el previo conocimiento y la admiración

One of the Kaufmanns who accompanied us on our walk told us that his father, after buying the property, wanted Frank Lloyd Wright to design and build the house at any price. However, he met with great resistance from the famous architect, who lived and worked at the other end of the United States, in California.[4]

These are stories that fully belong to the world of paper trips. On these pages, we can relish the clarity of the previous knowledge and admiration that Ortiz-Echagüe felt for these works that he *knew well* and had already *visited* before, in magazines and in books. (6)

In these books, his vision of the works could not be the vision of a tourist. His eyes sought to see concrete architecture, analyzing the

7 Ortiz-Echagüe and Echaide, SEAT cars warehouse, Barcelona, 1961

7 Ortiz-Echagüe y Echaide, Almacén de coches de la SEAT, Barcelona, 1961

que Ortiz-Echagüe sentía por esas obras, que 'conocía bien' y que ya había 'visitado' antes: en las revistas y en los libros. (6)

Pero su visión de esas obras, en esos libros, no pudo ser la de un turista. Su ojo buscaba ver una arquitectura concreta, analizar los detalles, medir, captar, entender, comprobar... aquello que de algún modo ya sabía. (7)

Podemos defender que si los arquitectos españoles pudieron ponerse al día tan de prisa y con tanto acierto en los 50, es porque llevaban años intentando hacer aquello que no podían hacer, por falta de capacidad técnica y económica, y por falta del cliente adecuado (no estaba España para experimentos, cuando de lo que se trataba era de sobrevivir y rehacerse de los sucesos vividos en la guerra civil), pero habían 'visitado'

details, measuring, absorbing, understanding, verifying those things he already knew in some way. (7)

I dare to defend the claim that Spanish architects could catch up so quickly and so successfully in the 1950s because they had spent years trying to do what they simply were not able to because of lack of technical and economic resources, as well as a lack of suitable clients. (Spain was not the place for experiments at that time; the issue was survival and recovering from the events of the Spanish Civil War.) But these architects had visited these works in their imaginations many times; they had traveled extensively around the world on paper.

We can contribute two interesting things to support this consideration, starting with the difference between the case of Spain starting in the 1950s and the rest of Western Europe.

First a particularly revealing datum: in the 1930s, the number of magazine subscriptions remained the same or dropped in Europe, but in Spain this figure jumped dramatically.[5] Second there is Bruno Taut's statement about post–World War I Germany during the twenties: if they

imaginariamente muchas veces esas obras: habían 'viajado' por todo el mundo a través del papel y habían 'viajado' mucho.

Dos cosas interesantes podemos aportar para apoyar esa consideración, a partir de la constatación de la diferencia entre el caso español a partir de los 50 y el del resto de Europa occidental.

De una parte un dato particular muy revelador: mientras en los años 30 en Europa se mantenía o bajaba el número de suscriptores a revistas, en España crecía de modo llamativo.[5] De otra lo que Taut señalaba hablando de la postguerra alemana de los años veinte: si ellos pudieron hacer tanto en aquellas dos décadas es porque llevaban muchos años pensando sin poder hacer nada, de modo que cuando llegó el momento de actuar, sabían ya perfectamente qué querían hacer.[6] Como en España en los 50.

Por eso estos viajes de papel deben hacerlos sin excepción los estudiantes, 'recorriendo' los edificios importantes que no sabe si podrán visitar o aunque los puedan visitar. Serán viajes hechos con la imaginación, lo que supone que cada uno hará 'su' viaje; en el que se aprende mucho, pero que exige un esfuerzo grande, porque no es el simple pasar las

could accomplish so much in that decade, it was because they spent so many years thinking without being able to do anything, so that when the time came to act, they already knew exactly what they wanted to do—just like Spain in the 1950s.[6]

For this reason, students must, without exception, take these trips on paper, traveling to important buildings that they may never visit. There will be trips made with the imagination—each person will make his or her journey. They will learn much on these trips, but they require a great effort, because it is not simply leafing through the pages of a book or magazine or looking at photographs. It is a genuine study trip.

This is the trip taken by many Spanish architects in the twenties, thirties, and forties, when it was the only trip possible for them to take to learn about what was being done on the other side of our borders. And this is why they could create the architecture that they created.

This also demands a great effort from those who prepare travel books, not designed to sell novelties, but rather to teach, instruct, and educate. These are essential conditions for the useful trip of paper:

páginas del libro o la revista, ni ver fotografías; es un viaje de estudio, verdaderamente.

El que hicieron muchos arquitectos españoles en los veinte, treinta y cuarenta cuando era el único viaje posible para conocer lo que se hacía allende nuestras fronteras. Y por eso pudieron hacer la arquitectura que hicieron.

Eso exige también esfuerzo en quien prepara el libro de 'viaje', no pensado para vender novedades sino para formar, instruir, educar. Estas son condiciones imprescindibles para el viaje de papel útil: las que permitan ofrecer al ojo y a la imaginación la satisfacción 'espacial' que es posible, por lo que es preciso que haya datos de escala, definición, sinceridad, descripción, exhaustividad.

they offer the eyes and the imagination all the *spatial* satisfaction that is possible, so they must contain data about scale, definition, sincerity, description, and thoroughness.

1   Le Corbusier's trip occurred between May and October 1911. The book was published in 1965.

2   Ortiz-Echagüe, César, "Notes on my trip to New York" (unpublished journal, 13 May 1957), General Archive of the University of Navarra.

3   Ibid.

4   Ibid.

5   Between 1931 and 1933, the subscriptions in the Escuela de Arquitectura de Madrid skyrocketed from 170 to 431. Carlos Sambricio, *Madrid y sus anhelos urbanísticos,* *memorias inéditas de Secundino Zuazo*, 1919-1940, (Madrid: Nerea, 2003), 65.

6   Taut, Bruno, Die Neue Baukunst in Europa und Amerika (Stuttgart: Hoffman, 1929).

1   El viaje de Le Corbusier data de 1911, entre los meses de mayo a octubre. El libro se publicó en 1965.

2   Cfr. Legado D. César Ortiz-Echague, "Notas de mi viaje a Nueva York" (diario no publicado, 13 de mayo de 1957) Archivo General de la Universidad de Navarra.

3   Ibid.

4   Ibid.

5   Cfr. Carlos Sambricio, *Madrid y sus anhelos urbanísticos. Memorias inéditas de Secundino Zuazo*, 1919-1940, Nerea, Madrid, 2003, p.65. Según el autor, entre 1931 y 1933, las subscripciones en la Escuela de Arquitectura de Madrid varió de 170 a 431.

6   Cfr. Taut, Bruno, *Die Neue Baukunst in Europa und Amerika*, Hoffmann, Sttutgart, 1929.

THE MYTH
OF THE LOCAL

MARK WIGLEY

EL MITO
DE LO LOCAL

THERE IS NO such thing as a simple journey. No journey goes from A to B because the whole point of the journey is that traveling to B changes A. The journey can never be from A to B because when you reach B, A is no longer A. Stranger still is that just the thought of the journey already changes A. When you eventually make the journey, the journey has already happened. The trip from A to B is always a repetition, a rehearsal of something that has occurred before. Every journey is an echo or reverberation, more like an oscillation or vibration than a movement along a line.

This basic strangeness of the journey is important to remember when thinking about the structure of the architect's journey. Indeed, architecture might be nothing more than turning the strangeness of all journeys into an art. There is so much talk about travel in our field. Architects are always on the move, and it is hard to think of a single presentation or analysis of a project that doesn't include some story about a journey. Yet we almost never hear a real celebration of foreignness in architecture—a passionate embrace of leaving the familiar world behind and having all one's assumptions challenged by the strangeness of the encounter with things that are thoroughly

EL VIAJE PURO no existe. Ningún viaje transcurre de A a B ya que la esencia del viaje es que viajar a B modifica A. El viaje nunca puede ser de A a B, ya que cuando se alcanza B, A ha dejado de ser A. Pero resulta aún más extraño que el simple pensamiento del viaje modifica A. Cuando finalmente se realiza el viaje, éste ya ha tenido lugar. El viaje de A a B es siempre una repetición, un recuerdo de algo que ya ha sucedido. Cada viaje es un eco o reverberación, más parecido a una oscilación o vibración que a un movimiento a lo largo de una línea.

Es importante recordar este carácter de extraño, esencial en el viaje, cuando se piensa en la estructura del viaje del arquitecto. De hecho la arquitectura podría no ser más que convertir lo extraño de todos los viajes en arte. Se habla tanto de viajes en nuestra disciplina. Los arquitectos están siempre en movimiento y es difícil pensar en una simple presentación o análisis de un proyecto que no contenga la historia de algún viaje. Sin embargo, casi nunca se oye una verdadera alabanza de lo extraño en arquitectura, una apasionada aceptación del hecho de dejar atrás el mundo conocido y permitir que todos nuestros supuestos sean espoleados por la extrañeza del encuentro con cosas que son totalmente

other, palpably alien. A quiet but relentless celebration of the local lurks behind all the talk by even the most global of architects. The very reason the globe-trotting designer is invited to a distant city is that he or she supposedly has a special ability to tune into the local, to see things in the local that the locals cannot see. It is as if only the visitor can tell you what your home is and therefore what it could be in the future. The most radical and transformative act of the architect is simply to describe the existing situation.

Even this deep-seated defense of the local by the invited foreigner is not so simple, because the very idea of the local already requires the foreign. In fact, the word *local* always implies a return from a journey— a return to something now thought of as local, a return to something that was supposedly there before the journey but was never experienced as such before. The local is always and only ever the fantasy of a traveler. To imagine yourself in a local situation is to act as if having returned from a journey. To be, as it were, simply local without the thought of travel would mean to be oblivious to one's environment. We may or may not,

otras, palpablemente extrañas. Una silenciosa pero implacable celebración de lo local acecha detrás de todo el discurso incluso de los arquitectos más globales. La razón de que el diseñador trotamundos sea invitado a una ciudad distante es la suposición de que posee una especial habilidad para sintonizar con lo local, para ver cosas en lo local que los lugareños no ven. Como si solo el visitante pudiera decirte cómo es tu casa y, por tanto, cómo podrá ser en el futuro. El acto más radical y transformador del arquitecto es sencillamente describir la situación existente.

Incluso esta defensa tan firmemente arraigada de lo local por parte del extranjero invitado no es tan sencilla, ya que la propia idea de local requiere de lo foráneo. De hecho, la palabra "local" implica siempre el regreso de un viaje, un regreso a algo que ahora se piensa como local, un regreso a algo que supuestamente estaba ahí antes del viaje pero que nunca se había experimentado como tal. Lo local es siempre y exclusivamente la fantasía de un viajero. Imaginarse a uno mismo en una situación local es actuar como si se regresara de un viaje. Ser, por así decirlo, sencillamente local sin el pensamiento del viaje significaría ser completamente ajeno al propio entorno. Podríamos considerar o no, por ejemplo, la posibilidad

for example, consider the possibility of a journey to another planet. But only when we do can we say that our local environment is the earth. There is this great moment at the end of a typically endless Buckminster Fuller lecture where somebody asks "Mr. Fuller sir, do you believe in life in outer space?" and he replied "Young man, where do you think you are?" The ability to locate yourself—to see one's position in the local situation—is made possible by journey. Which means, by the way, that there is no such thing as a local architect. It's a contradiction in terms. Architects are travelers and have always been so. Homer, for example, tells us that Daedalus, the founder of Greek architecture, imported his design ideas from Egypt. Even the sense of ancient Greece as a beginning point that structured so much of the discipline's formation and daily operations, and that still haunts our field, is the sense a founding journey—a primal scene of importing. The architect is always a tourist, not simply through traveling so constantly, but because the basic role of the architect is to make the built environment visible, to make the local appear, and the trick is that you can only make the environment visible by changing it. The paradox is therefore

de un viaje a otro planeta. Pero solo al considerarlo podemos decir que nuestro entorno local es la tierra. Hay un gran momento al final de una de las interminables conferencias de Buckminster Fuller en el que alguien pregunta "Sr. Fuller, ¿cree usted que hay vida en el espacio exterior?" y él contesta "Joven, ¿dónde cree que está?" La habilidad de situarse uno mismo, de ver la propia posición en la situación local, se hace posible mediante el viaje. Lo que, por otra parte, quiere decir que el concepto de arquitecto local no existe. Es una contradicción en los términos. Los arquitectos son viajeros y siempre lo han sido. Homero, por ejemplo, nos dice que Dédalo, el fundador de la arquitectura griega, importó las ideas de sus diseños de Egipto. Incluso el sentido de la Grecia Antigua como punto de partida que tanto ha contribuido a estructurar la formación de la disciplina y su funcionamiento cotidiano, y que aún nos obsesiona, es el sentido de un viaje fundacional, una escena primigenia de importación. El arquitecto es siempre un turista, no sólo a través de sus constantes viajes, sino porque el papel fundamental del arquitecto es hacer visible el entorno construido, hacer que aparezca lo local, y el truco es que sólo se puede hacer visible el entorno modificándolo. La paradoja es, por tanto, que

that the local can only appear as something other than itself. The very concept of architecture takes one out of the everyday precisely by making the everyday visible as everyday and in that sense gives a sense of mobility to the stationary world around us. The gift of the architect is to produce a sense of departure even at home. Architecture is architecture only in as much as it exceeds the local, producing, as it were, the idea of the local in the very moment of leaving the local behind. The architect not only travels but produces the effect of travel.

This is why architects walk though cites with their heads up like tourists, looking at everything with wide eyes while human beings go about their business with their heads down, largely oblivious to the environment— no more conscious of the city than a fish is of water. The architect is the person for whom everyday life is foreign and every detail of the environment becomes a fascinating surprise. The very decision to become an architect is already to leave one's environment simply by starting to see it.

More precisely, the role of the architect is to graft the foreign onto and into the local. Architectural objects are not simply inserted into particular

lo local sólo puede aparecer como algo distinto de sí mismo. El concepto mismo de arquitectura nos aparta de lo cotidiano precisamente haciendo que lo cotidiano sea visible como "cotidiano" y en ese sentido da una idea de movilidad al mundo estacionario que nos rodea. El talento del arquitecto consiste en producir un sentido de partida incluso en el propio hogar. La arquitectura es arquitectura sólo en tanto que excede lo local, produciendo, por así decirlo, la idea de lo local en el mismo momento en que lo deja atrás. El arquitecto no solo viaja sino que produce el efecto del viaje.

Este es el motivo de que los arquitectos caminen por las ciudades con la cabeza levantada, como los turistas, mirándolo todo con los ojos muy abiertos, mientras los seres humanos se ocupan de sus asuntos con la cabeza baja, completamente ajenos al entorno, sin más conciencia de la ciudad que la que un pez tiene del agua. El arquitecto es la persona para quien la vida diaria es algo extraño, cada detalle del entorno se convierte en una fascinante sorpresa. La decisión misma de convertirse en arquitecto supone ya dejar el propio entorno por el simple hecho de comenzar a verlo.

Más concretamente, el papel del arquitecto es injertar lo foráneo a y en lo local. Los objetos arquitectónicos no se insertan sólo en un lugar

sites but into a kind of hypothetical genetic code. The architect detects a set of key genetic traits in the local situation and inserts something of the outside into the code that will make the code itself visible. This is the classic logic of the travel sketch. The traveling architect claims to have detected and captured some genetic markers in a site, sampling some local traits and recording them in the form of minimal sketches that can carried back to the studio where a project can be grafted into that basic genetic material. The graft broadcasts the ideas that the architect has imported but equally brings the local environment to life. The sense that something has been imported is inseparable from the new sense of the local environment. Indeed, it is as if the import acts as the host of the local rather than the local hosting the visitor. Even with the most foreign-looking projects, architecture is always an act of grafting in which an object speaks for the environment it is inserted into.

The basic idea of architecture as articulate building, as an object that can talk, communicating collective aspiration, depends on the implanting of something foreign. The real paradox is that the architect

concreto sino en una especie de hipotético código genético. El arquitecto detecta una serie de rasgos genéticos fundamentales en la situación local e inserta algo del exterior en el código, que hará que el propio código sea visible. Es la lógica clásica de los bocetos de viaje. El arquitecto viajero afirma haber detectado y capturado algunos marcadores genéticos en un lugar, tomando muestras de rasgos locales y registrándolas en forma de bocetos que pueden trasladarse al estudio donde un proyecto puede injertarse en ese material genético básico. El injerto transmite las ideas que el arquitecto ha importado pero al mismo tiempo da vida al entorno local. La sensación de que algo ha sido importado es inseparable del nuevo sentido de entorno local. De hecho, es como si lo importado actuase como anfitrión de lo local en lugar de que lo local sea anfitrión del visitante. Incluso en los proyectos que parecen más foráneos la arquitectura es siempre un acto de injertar en el que un objeto habla en nombre del entorno en el que ha sido injertado.

La idea básica de la arquitectura como edificio articulado, como un objeto que habla, que comunica una aspiración colectiva, depende de la implantación de algo foráneo. La verdadera paradoja es que el arquitecto

claims that this foreign graft makes the local more like itself than it was before. The basic trick of the architect is to say, "I will add something to a situation that makes the situation more like what it was before I added it." This sounds altogether too tricky until you think of how you can feel more like yourself after a coffee. An infusion from the outside can allow the inside to be itself—to feel natural. In a certain sense, the role of the architect is to naturalize the everyday, to make the local seem natural, and to naturalize an object is always to transform it. The transformation already occurs in the seemingly innocent travel sketch that radically alters the situation while pretending to simply extract key local conditions. In a sense, the most radical act of design occurs in the site sketches rather than the project they support. Or the real project is in the redesigning of the site that the building will then speak for.

I want to give a quick example: the Sydney Opera House. Sydney is in Australia, of course, but perhaps you only know of Australia because you think of it, correctly, as a massive continent that emerges out of the rear end of the Opera House. The building is not an object in Australia

afirma que este injerto foráneo hace que lo local sea más él mismo de lo que era antes. El truco fundamental del arquitecto es decir "voy a añadir algo a una situación que haga que la situación sea más ella misma de lo que era antes de que lo añadiera." Esto suena demasiado complicado hasta que piensas en cómo puedes llegar a sentirte más como tú eres después de tomarte un café. Una infusión del exterior puede hacer que el interior sea él mismo, se sienta natural. En cierto sentido, el papel del arquitecto es naturalizar lo cotidiano, hacer que lo local parezca natural y naturalizar un objeto es siempre transformarlo. La transformación sucede ya en el aparentemente inocente boceto de viaje que altera radicalmente la situación cuando simplemente pretende extraer las condiciones locales esenciales. En un sentido, el acto más radical de diseño tiene lugar en los bocetos, más que en el proyecto que sustentan. O el verdadero proyecto está en el rediseño del lugar del que la construcción hablará después.

Quiero poner un ejemplo rápido: la Ópera de Sydney. Sydney está en Australia, por supuesto, pero tal vez sólo conozcan Australia porque piensan en ella, acertadamente, como un inmenso continente que emerge desde la parte posterior de la Opera House. El edificio no es un objeto que

but a kind of machine producing the Australia effect. That—effect, the sense that this object arrived from somewhere else but in such a way that allows Australia to be Australia, more like itself than it ever was before—is the paradox I am considering here. The building is positioned on a peninsula in a harbor, the classic trading space of import and export. We could already ask ourselves if the building is arriving or leaving. Its heavy horizontal base seems to belong to the land and the light curves of the shells above seem to belong to the sky—as if the wind has pulled it into the land or is pulling a piece of land out into the harbor. It is an emphatically foreign object unlike anything around it, a dramatic import, yet we simply couldn't imagine the scene without it. Most people only look at this scene because of this building, and even if the building were to go away we would all still see the same scene. The image of what was there before it has been forever transformed. The project is such a successful work of architecture, which is to say such a successful graft, because it is forever suspended between local and foreign, with the tangle of the two never able to be undone.

se encuentra en Australia, sino una especie de máquina que produce el efecto de Australia. Dicho efecto, la sensación de que ese objeto llegado de otra parte pero de tal modo que permite que Australia sea Australia, más ella misma que lo que fuera nunca, es la paradoja que estoy considerando aquí. El edificio está situado en una península, en un puerto, espacio clásico de importación y exportación. Podríamos preguntarnos si el edificio está llegando o partiendo. Su pesada base horizontal parece pertenecer a la tierra y las ligeras curvas de sus conchas parecen pertenecer al cielo— como si el viento lo hubiera empujado hacia la tierra o como si arrastrara una porción de tierra hacia el puerto. Es un objeto rotundamente foráneo distinto a todo lo que hay alrededor, una importación drástica pero sin la cual no podríamos imaginarnos el lugar. La mayoría de la gente contempla esta escena por este edificio e incluso si desapareciera seguiríamos contemplando la misma escena. La imagen de lo que había antes ha que- dado transformada para siempre. El proyecto es una obra arquitectónica tan lograda, es decir, un injerto tan conseguido, debido a que ha quedado para siempre suspendida entre lo local y lo foráneo, formando un vínculo entre los dos que no podrá deshacerse nunca.

The competition jury gave the design the winning prize in January 1957, but famously it took sixteen years and a major drama for the building to be completed with its architect having resigned ten years before the opening. When he was announced as the winner, Jørn Utzon was thirty-eight years old, officially a *young architect* given our discipline's treatment of anyone under forty as just a beginner waiting for the real action to start. The announcement was already a dramatic statement of the ability of a young architect to defeat his more senior colleagues around the world and conquer, as it were, the land most distant from his own. He did so by importing an architectural concept he later claimed to have discovered in his own travels to ancient cultural sites. His very public journey was made possible by an earlier series of private journeys.

Five years after winning the competition, Utzon published his only extended account of the logic behind the Sydney building in a text called "Platforms and Plateaus: Ideas of a Danish Architect" in *Zodiac*, the "International Magazine of Contemporary Architecture" produced in Milan. This endlessly cited text is a tour de force of architectural persuasion.

El jurado del concurso dio a este diseño el primer premio en enero de 1957, pero supuso dieciséis años y un auténtico drama que el edificio fuera terminado, habiendo dimitido su arquitecto diez años antes de la inauguración. Cuando se le anunció como ganador, Jørn Utzon tenía treinta y ocho años, oficialmente un "joven arquitecto" teniendo en cuenta el tratamiento que en nuestra disciplina se da a cualquiera que sea menor de cuarenta años, como si se tratara de un principiante en espera de que empiece la acción. El anuncio fue una drástica declaración de la habilidad de un joven arquitecto para vencer a colegas más experimentados de todo el mundo y conquistar, por así decirlo, la tierra más distante de la suya. Y lo hizo importando un concepto arqui-tectónico que posteriormente afirmó haber descubierto en sus propios viajes a yacimientos culturales antiguos. Su verdadero viaje público fue posible gracias a una serie de viajes privados anteriores.

Cinco años después de ganar el concurso, Utzon publicó en *Zodiac*, la "Revista Internacional de Arquitectura Contemporánea" de Milán, su único relato extenso sobre la lógica tras el edificio de Sydney en un texto titulado "Plataformas y Mesetas: Ideas de un Arquitecto Danés". Este texto, citado hasta el infinito, es un verdadero tour de force de persuasión arquitectónica.

It begins with a series of sketches and photographs of pre-Columbian temple sites in Mexico, where Utzon, as the first sentence puts it, "fell in love" with the idea of the platform during a 1949 "study trip."[1] Two sites in the Yucatan are described by several photographs and a single diagrammatic sketch showing the profile of the flat temple base rising above the contour of the surrounding horizontal landscape. The sketch conveys the

1 Page from Jørn Utzon, "Platforms and Plateaus: Ideas of a Danish Architect," in *Zodiac* 10, 1962

The platform as an architectural element is a fascinating feature. I first fell in love with it in Mexico on a study trip in 1949, where I found many variations, both in size and idea of, the platform, and where many of the platforms are alone without anything but the surrounding nature.

All the platforms in Mexico were positioned and formed with great sensitivity to the natural surroundings and always with a deep idea behind. A great strength radiates from them. The feeling under your feet is the same as the firmness you experience when standing on a large rock.

Let me give you two examples of the brilliance of the idea behind. In Yucatan, in Uxmal and Chichen-Itza, the same principle is followed, based on identical natural surroundings. Yucatan is a flat lowland covered with an inaccessible jungle, which grows to a certain uniform defined height. In this jungle the Mayans lived in their villages with small pieces of land cleared for cultivation, and their surrounding, background as well as roof, was the hot, damp, green jungle. No large views, no up and down movements.

4 2-3. Platform, Yucatan, Mexico.

By introducing the platform with its level at the same height as the jungle top, these people had suddenly obtained a new dimension of life, worthy of their devotion to their Gods. On these high platforms — many of them as long as 100 meters, — they built their temples. They had from here the sky, the clouds and the breeze, and suddenly the jungle roof had been converted into a great open plain. By this architectural trick they had completely changed the landscape and supplied their visual life with a greatness corresponding to the greatness of their Gods.

Today you can still experience this wonderful variation in feeling from the closeness in the jungle to the vast openness on the platform top. It is parallel to the relief you feel here in Scandinavia when after weeks of rain, clouds and darkness, you suddenly come through all this, out into the sunshine again.

217

1 Página de Jørn Utzon, "Platforms and Plateaus: Ideas of a Danish Architect" (Plataformas y Mesetas: Ideas de un Arquitecto Danés), en *Zodiac* 10, 1962

Comienza con una serie de bocetos y fotografías de templos precolombinos en México, donde Utzon, como lo expresa la primera frase "se enamoró" de la idea de la plataforma durante un "viaje de estudios" realizado en 1949.[1] El texto describe dos yacimientos de Yucatán por medio de fotografías y un único boceto esquemático que muestra la silueta de la base plana del templo elevándose por encima del contorno del paisaje horizontal

principle of the "architectural trick" that "completely changed the landscape" simply by creating a new vantage point above the tree line.[2] (1) The site has been dramatically "converted" by repositioning people into a new intersection between land and sky. Utzon says the "same principle is followed,

2 Page from Jørn Utzon, "Platforms and Plateaus," *Zodiac* 10, 1962

are based on this architectural element, the platform. Besides its architectural force, the platform gives a good answer to todays traffic problems. The simple thing that cars can pass underneath a surface, which is reserved for pedestrian traffic, can be developed in many ways.

Most of our beautiful European squares suffer from cars. Buildings, that ,, spoke with each other " across a square, either in axis systems or in balanced composition, are not corresponding any more because of the traffic flow. The height of the cars, their speed and surprisingly noisy behavior make us seek away from squares, which used to be restful places for walking.

In some of the schemes shown, there are various traffic layers under the platform — for covered pedestrian intercommunication, for cartraffic and for parking. The buildings stand on top of the platform supporting each other in an undisturbed composition.

In the Sydney Opera House scheme, the idea has been to let the platform cut through like a knife and separate primary and secondary functions completely. On top of the platform the spectators receive the completed work of art and beneath the platform every preparation for it takes place.

To express the platform and avoid destroying it is a very important thing, when you start building on top of it. A flat roof does not express the flatness of the platform.

As shown here in the schemes for the Sydney Opera House and the High School, you can see roofs, curved forms, hanging higher or lower over the plateau. The contrast of forms and the constantly changing heights between these two elements result in spaces of great architectural force made possible by the modern structural approach to concrete construction, which has given so many beautiful tools into the hands of the architect.

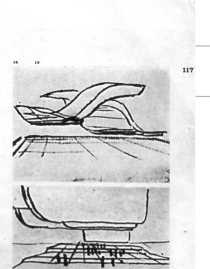

117

2 Página de Jørn Utzon, "Platform and Plateau," *Zodiac* 10, 1962

circundante. El boceto transmite el principio de "truco arquitectónico" que "cambia completamente el paisaje" simplemente mediante la creación de una nueva posición estratégica por encima de la línea de los árboles.[2] (1) El lugar ha quedado drásticamente "transformado" al recolocar a la gente

based on identical natural surroundings" with the flat lowland in the two Yucatan sites he shows, hence the single diagram to explain them, yet he sees exactly the same principle in operation in a series of radically different sites.[3] The next images are of a mountain site in Mexico where, as another diagrammatic sketch shows, the profile of the land drops steeply away from both sides of the horizontal platform produced by flattening the mountaintop. The text doesn't refer to this example until the very end, where it says that again the natural site has been radically "converted" by a simple gesture whereby "the human regulation or adaption of the site has resulted in something even stronger than nature...a whole new planet."[4] Architecture is not simply inserted into the environment. It produces a whole new environment, a completely different world.

In between these Mexican sites that frame his whole argument, Utzon does a series of sketches and descriptions showing the same principle in locations as diverse as India, China, and Japan, "not forgetting the Acropolis and the Middle East." He finally announces that some of his recent projects are based on the same principle and concludes with just

en una nueva intersección entre tierra y cielo. Utzon afirma que "se sigue el mismo principio, basado en entornos naturales idénticos" con terreno llano en los dos yacimientos de Yucatán que se muestran, de ahí que haya un único diagrama para explicarlos, aunque él ve el mismo principio operando en una serie de lugares totalmente diferentes.[3] Las siguientes imágenes pertenecen a una zona montañosa de México donde, como muestra otro boceto esquemático, el perfil del terreno desciende de manera pronunciada a ambos lados de la plataforma horizontal producida al allanar la cima de la montaña. El texto no hace referencia a este ejemplo hasta el final donde afirma que de nuevo el entorno natural ha sido drásticamente "transformado" por un simple gesto mediante el cual "la ordenación o adaptación humana del lugar ha dado como resultado algo más fuerte incluso que la naturaleza... un planeta totalmente nuevo."[4] La arquitectura no sólo se inserta en el entorno. Produce un entorno totalmente nuevo, un mundo completamente diferente.

Entre estos lugares de México, que encuadran toda su argumentación, Utzon realiza una serie de bocetos y descripciones que muestran el mismo principio en sitios tan distintos como India, China o Japón "sin olvidar

two short paragraphs on the Opera House scheme. A set of three sketches show first some clouds floating above the horizontal surface of the sea, then curved solids floating like clouds over a gridded horizontal plane, and then people standing on the stepped surface of the plane underneath a fluid canopy. (2) In this sequence of three images, a drawing of found nature steadily morphs into the drawing of a constructed building. The text then ends and the following two pages are filled with photographs of little figures climbing the steps and passing under the shells on the model of the Opera House platform, and a few pages later we encounter photographs of the platform itself under construction in Sydney Harbor—the most delicate sketches have given way to the most massive solidity.

This canny essay symptomatically begins with an image of Utzon driving in his car. (3) We see him close up from the back seat. We are getting a personal tour and are presumably leaning forward to hear him explain what we are going to see. His face is calm and assured as it turns a little so we can hear him with the fingers of his left hand lifting up from the steering wheel to point forward to the world he is describing, while those of the right

la Acrópolis y Oriente Próximo". Finalmente anuncia que algunos de sus proyectos recientes se basan en el mismo principio y concluye con sólo dos breves párrafos sobre el diseño de la Opera House. Una serie de tres bocetos muestra primero unas nubes flotando sobre la superficie horizontal del mar, luego sólidos curvados flotando como nubes sobre un plano horizontal cuadriculado y posteriormente gente de pie sobre la superficie escalonada del plano que se encuentra por debajo de una cubierta continua. (2) En esta secuencia de tres imágenes, el dibujo de la naturaleza existente poco a poco se transforma en el dibujo de un edificio construido. Entonces el texto concluye y las dos páginas siguientes están llenas de fotos de pequeñas figuras que suben las escalera y pasan bajo las conchas en la maqueta de la plataforma de la Opera House y unas páginas más adelante encontramos fotografías de la propia plataforma en construcción en el puerto de Sydney, los bocetos más delicados han dado paso a la solidez más robusta.

Este inteligente ensayo comienza de manera significativa con una imagen de Utzon conduciendo su coche. (3) Le vemos de cerca, desde el asiento trasero. Estamos disfrutando de un tour privado y es probable que

hand are firmly in control of the wheel. There is no question who is in control of this journey. The essay deploys the classic architect's narrative trajectory, moving from travel photos and analytical sketches of sites to diagrammatic principles to models to detailed drawings to the building itself. In this passage from images of discovery to images of making, the final building is seen to be imbued with all the force located not just in the natural world but in the ancient architectural trick by which the natural world can be made visible as such and in so doing be radically transformed into something even stronger. As in all the examples from around the world—nature itself, even the planet— will be radically transformed, redesigned by the new form. Sydney harbor will become more like itself than itself with the addition of this horizontal platform lifted up from the peninsula, like those in Yucatan and the white

3 Utzon driving, image from *Zodiac* 10

3 Utzon conduciendo, imagen de *Zodiac* 10

nos estemos inclinando hacia adelante para escuchar sus explicaciones sobre lo que vamos a ver. Su rostro muestra calma y seguridad al girarse un poco para que podamos oírle, levantando del volante los dedos de la mano izquierda para señalar el mundo que está describiendo mientras la mano derecha controla el volante con firmeza. No hay duda de quién está al mando en este viaje. El ensayo utiliza la trayectoria narrativa clásica del arquitecto, moviéndose desde fotos de viaje y bocetos analíticos de los lugares a principios esquemáticos, a maquetas, a dibujos detallados, al propio edificio. En este paso de imágenes de descubrimiento a imágenes de realización, el edificio final parece imbuido de toda la fuerza localizada no sólo en el mundo natural sino en el viejo truco del arquitecto mediante el cual el mundo natural puede hacerse visible como tal y de esa manera ser

shells blown in on the wind. The visitors—and there can only be visitors in such a space with even the citizens of Sydney becoming tourists in their own hometown with this constructed sense of departure at home—will occupy the gap between the emphatically unmoving plinth and the fluttering forms of the canopies, poised between land and sky, experiencing a radically transformed world—or so the story goes, and no critic in the last half century has hesitated to repeat it, endlessly republishing the sketches from the 1962 text.

The year before, in 1961, Utzon had published a lesser-known essay on his Stockholm University competition entry that describes the development of his "plateau projects" and again rehearses the standard narrative about the architect as a sensitive traveler who can tune into local conditions, maximizing the situation by inserting something foreign that allows the local be more than what it was before. He writes that the "continuous" development of the projects "has been achieved through hard and difficult work as well as through the experiences of my journeys, some of which were to Mexico, India and China."[5] The personal experience of the architect's journey is the crucial way to detect, absorb and transmit the capacity

transformado radicalmente en algo incluso más fuerte. Como en todos los ejemplos de distintos lugares del mundo, la propia naturaleza, incluso el planeta serán radicalmente trasformados, rediseñados por la nueva forma. El puerto de Sydney será más él mismo de lo que era con la adición de esta plataforma horizontal elevada sobre la península como las de Yucatán y por las conchas blancas flotando en el viento. Los visitantes, y sólo puede haber visitantes en un espacio así, en el que incluso los ciudadanos de Sydney se han convertido en turistas en su propia ciudad, con este sentido construido de partida en el propio hogar, ocuparán el hueco entre ese pedestal rotundamente inmóvil y las formas ondeantes de las cubiertas suspendidas entre la tierra y el cielo, experimentando un mundo radicalmente transformado- o eso cuenta la historia y ningún crítico del último medio siglo ha dudado en repetirlo, publicando una y otra vez los bocetos del texto de 1962.

Un año antes, en 1961, Utzon había publicado un ensayo menos conocido, para su participación en el concurso de la Universidad de Estocolmo, en el que describe el desarrollo de sus "plateauprojects" (proyectosmeseta) y de nuevo ensaya la narrativa estándar del arquitecto como un viajero sensible que puede sintonizar con las condiciones locales,

of the elevated horizontal platform to radically enhance and transform the environment.

Utzon uses the word "plateau" to differentiate his projects from the ancient "platform" precedents. But the reason he writes this interesting text is that someone who had worked for him had won the Stockholm competition and he was basically complaining that the winning entry took the idea of plateau from him. The young protégée from his office who won agreed in a published response that he took inspiration from the idea but said that Utzon had himself taken it from Frank Lloyd Wright, Le Corbusier, Oscar Niemeyer and Alvar Aalto. Utzon describes the laborious evolution of his own thinking and the key role of his journeys in order to lay original claim on ideas the younger architect says were actually imported from older colleagues. Utzon's text has to walk the fine line between claiming that what he finds in his journeys is some fundamental principle shared by all ancient cultures and claiming that only he has been able to recognize this generic principle and make work out of it in an original way. If architects insist that what they emphasize with their

maximizando la situación al insertar algo foráneo que hace que lo local sea más de lo que era antes. Escribe que el desarrollo "continuo" de los proyectos "se ha logrado por medio de un arduo y difícil trabajo así como a través de las experiencias de mis viajes, algunos de ellos a México, India y China."[5] La experiencia personal del viaje del arquitecto es un modo crucial de detectar, absorber y transmitir la capacidad de la plataforma horizontal elevada para mejorar y transformar radicalmente el entorno.

Utzon utiliza la palabra "meseta" para diferenciar sus proyectos de los antiguos precedentes de "plataforma". Pero el motivo por el que escribe este interesante texto es que alguien que había trabajado para él había ganado el concurso de Estocolmo y Utzon se lamentaba de que el proyecto ganador se había apropiado de su idea de meseta. El ganador, un joven protegido de su estudio, admitió en una respuesta publicada en los medios que había tomado su inspiración de esa idea pero que el propio Utzon la había tomado de Frank Lloyd Wright, Le Corbusier, Oscar Niemeyer y Alvar Aalto. Utzon describe la laboriosa evolución de su propio pensamiento y el papel clave de sus viajes con el fin de reclamar la originalidad de las ideas que, según el joven arquitecto, él habría importado de colegas de más edad. El texto de

projects is already there in the site, they also insist that they are the only ones who can see it.

But what is most interesting about this story is that when Utzon did the Opera House, he had actually not been to most of the places that he was describing. He had been to Mexico in 1949, but he had not visited Asia, India, Japan, the Middle East, or Greece. In other words, he presented an explanation for his ongoing series of projects on the plateau that would culminate in the Sydney Opera House, using examples that he had not experienced. In fact, he had not even been to the site in Australia at all until after winning the competition. The whole discourse about sensitivity to the specificity of local sites and the unique magic experienced in each place is actually a discourse about the fact that the same idea can be imported to every site and that this importation actually allows the site to be more like itself than it was before.

There were some photographs of the site in the twenty-five page competition brief. The commissioning architects had selected the peninsula in mid-1955 from nine alternative sites in Sydney because, in their words,

Utzon tiene que mantener el equilibrio entre afirmar que lo que él encuentra en sus viajes es un principio fundamental compartido por todas las culturas antiguas y sostener que sólo él ha sido capaz de reconocer este principio genérico y crear obras a partir de él de una manera original. Cuando los arquitectos insisten en que lo que ellos ponen de relieve con sus proyectos está ya en un lugar, insisten también en que son los únicos que lo pueden ver.

Pero lo más interesante de esta historia es que cuando Utzon realizó la Opera House no había estado en la mayor parte de los lugares que describe. Había estado en México en 1949, pero no había visitado Asia, India, Japón, Oriente Próximo o Grecia. En otras palabras, presentó una explicación para sus proyectos sobre la meseta que culminarían en la Opera House de Sydney, utilizando ejemplos que no había experimentado. De hecho, ni siquiera había estado en el emplazamiento de la obra en Australia hasta ganar el concurso. Todo el discurso sobre la sensibilidad hacia la especificidad de los lugares locales y la magia única experimentada en cada lugar es realmente un discurso sobre el hecho de que la misma idea puede ser importada a cualquier sitio y que dicha importación permite que ese lugar sea más él mismo de lo que era antes.

"such a harbor setting would be at the same time characteristic of Sydney and provide a landmark for travelers as memorable as the Stockholm Town Hall or the Doge's Palace in Venice."[6] This is already a complicated assignment. The new building is to be characteristic of Sydney but should provide a landmark for travelers that resonates with similar experiences in other places. The building is first and foremost thought from the position of the visitor, and the experience of arriving would be like the experience of arriving by water to Stockholm Town Hall or the Doge's Palace in Venice. In a complex play of the local and the global, the project would simultaneously belong to Sydney and to the set of world masterpieces experienced in the same way. Utzon needed more information about the site, so he visited the local Australian Embassy in Copenhagen and, like any other prospective tourist or immigrant, watched a publicity film about Australia. He later says that in that film he saw some clouds and realized that what he had to bring to Sydney was what was already there in those mobile clouds. But more than that, he saw the site as a variation of his own local environment. He thought the peninsula in Australia was very similar to the peninsula that projects

Había algunas fotografías del lugar de la obra en el informe de 25 páginas del concurso. Los arquitectos encargados de asignar el proyecto habían seleccionado la península a mediados de 1955 entre nueve lugares posibles de Sydney porque, según sus palabras, "el emplazamiento en el puerto sería al mismo tiempo característico de Sydney y proporcionaría un hito para los viajeros tan memorable como el Ayuntamiento de Estocolmo o el Palacio Ducal de Venecia."[6] Se trataba de un encargo complicado. El nuevo edificio tenía que ser característico de Sydney pero suponer un hito para el viajero que evocara experiencias similares vividas en otros lugares. El edificio se concibe antes que nada desde la posición del visitante y la experiencia de la llegada sería como la experiencia acercarse desde el agua al Ayuntamiento de Estocolmo o al Palacio Ducal de Venecia. En un complejo juego entre lo local y lo global, el proyecto pertenecería simultá- neamente a Sydney y a toda una serie de obras maestras mundiales que se experimentan de la misma manera. Utzon necesitaba más informa- ción sobre el lugar así que visito la embajada de Australia en Copenhague y como cualquier otro posible turista o inmigrante asistió a la proyección una película publicitaria sobre Australia. Posteriormente afirmó que en la

into the strait separating Denmark and Sweden. Even more than that, he identified the site with his hometown: "I had no difficulty at all visualizing Bennelong Point in Sydney because we have the Castle of Helsinger on the point just like your tram depot at Fort Macquarie." He recognized his home in Australia. He had, as it were, the hometown advantage on a site he had never been to. On the basis of some photographs, he was able to dream that in Sydney he could be a visitor to his own home. Going to Sydney would not be a journey away but a return.

Utzon sent his entry to the competition along with the other 233 submissions from more than 30 countries that were sent against the wishes of Australian architects, who had tried in vain to insist there should be no foreign architects entering the competition. (4) The problem for them was the

4 International submissions to Sydney Opera House Competition, ca. 1956

4 Participaciones internacionales en el Concurso de la Ópera de Sydney, ca. 1956

película vio unas nubes y se dio cuenta de que lo que debía llevar a Sydney estaba ya presente en aquellas nubes móviles. Pero más allá de eso, vio aquel lugar como una variación de su propio entorno local. Pensó que la península de Australia era muy similar a la península que se proyecta sobre el estrecho y separa Dinamarca de Suecia. E incluso identificó el lugar con su ciudad natal: "No me fue en absoluto difícil visualizar Bennelong Point en Sydney ya que nosotros tenemos el Castillo de Helsinger en el extremo al igual que ustedes tienen el depósito de tranvías de Fort Macquarie." Reconoció su hogar en Australia. Tenía, por así decirlo, la ventaja de su propia ciudad en un sitio en el que nunca había estado Basándose en algunas fotografías, fue capaz de soñar que en Sydney sería un visitante en su propio hogar. Ir a Sydney no sería un viaje a otro lugar sino un regreso.

premier of the nation was himself a first-generation immigrant who couldn't understand their argument, seeing Australia as an immigrant country with every foreigner a potential Australian, as if they were naturalized by virtue of the work they might do there. And anyway, the local architectural community was largely dominated by a substantial group of émigré architects.

Mountains of drawings were submitted for the December 3, 1956, deadline, but Utzon only offered twelve very basic line drawings, except for a perspective of the view out from under the curving shells with the inside of the white shells actually made of gold leaf on the drawing. Symptomatically, Utzon's short typewritten explanation on the site plan begins by saying the project "emphasizes the character" of the site yet ends by saying it is in "clear contrast" to the existing buildings around it. It is the way that "light suspended concrete shells accentuate the plateau-effect," as the text puts

5 Jury members inspecting perspective drawing by Jørn Utzon

5 Los miembros del jurado inspeccionando la perspectiva dibujada por Jørn Utzon

Utzon envió su participación en el concurso junto con otras 233 de más de 30 países, remitidas contra el deseo de los arquitectos australianos, que insistieron en vano en que no se presentaran arquitectos extranjeros al concurso. (4) El problema con el que se encontraron era que el Primer Ministro de la nación pertenecía a la primera generación de inmigrantes y no entendía su argumento, ya que veía Australia como una nación de inmigrantes con un australiano en potencia en cada extranjero, nacionalizado en virtud del trabajo de pudiera desarrollar allí y, en todo caso, la comunidad local de arquitectos estaba en gran parte dominada por un sustancial grupo de arquitectos venidos de otros lugares.

En la fecha límite, 3 de diciembre de 1956, se habían presentado montañas de dibujos pero Utzon sólo ofreció 12 dibujos a línea muy básicos, a excepción de una perspectiva de la vista hacia el exterior

it, that enables this twisting together of local and foreign, site and traveler.[7] The jury was itself half foreign and half local, in keeping with the double mission of the building, with Leslie Martin from England and Eero Saarinen from the United States representing the outside, and Henry Ashford and Cobden Parks representing the inside. (5) It is not by chance that the famous competition occurs in the middle of an architect's journey. Saarinen had arrived five days late for the ten-day jury because he and his wife Lynn were having a holiday in Fiji. Nevertheless, he played a big role in identifying the winner out of the entries that had already been rejected by the other jurors, even doing his own detailed perspectives of the scheme in his hotel room to persuade his colleagues by filling in the gaps in the submitted design. (6)

6 Perspective of Opera House Shells by Eero Saarinen

6 Perspectiva de las conchas de la Ópera de Eero Saarinen

desde debajo de las conchas curvadas con el interior de las conchas blancas realizado en pan de oro. Es sintomático que la breve explicación mecanografiada de Utzon sobre el plan de la obra comenzara por afirmar que el proyecto "enfatiza el carácter" de su emplazamiento y terminara diciendo que estaba en "claro contraste" con los edificios existentes en la zona. Es la manera en la que, tal y como expresa el texto, las "ligeras conchas de hormigón suspendidas acentúan el efecto meseta", lo que permite entrelazar lo local y lo foráneo, el lugar y el viajero.[7] El propio jurado era mitad extranjero y mitad local manteniendo la doble misión del edificio, con Leslie Martin, de Inglaterra y Eero Saarinen de Estados Unidos que representaban el exterior y Henry Ashford y Cobden Parks representando el interior. (5) No es casualidad que este famoso concurso tuviera lugar en

After participating in the announcement of the result, and posing with the other jurors all admiring Utzon's golden interior perspective, Saarinen gave his own drawings of the project to the premier and went back to the United States via Indonesia, India, Rome and London, in a high tourist mode.

Utzon heard of his win when reporters called for his reaction and was completely surprised, saying he never thought he would win, but that the photographs of the site in Australia had made him dream of home. The project is basically a domestic fantasy about homeland that accidentally won a foreign competition. It was not until six months after winning that Utzon travelled to Australia for the first time, bringing with him the model of

7 Utzon presenting first model in Sydney, 1957

7 Utzon presentando la primera maqueta en Sydney, 1957

mitad del viaje de un arquitecto. Saarinen llegó cinco días tarde a los diez días de deliberaciones del jurado porque él y su esposa Lynn estaban de vacaciones en Fiji. No obstante, tuvo un importante papel al identificar al ganador entre los participantes que ya habían sido rechazados por los otros miembros del jurado, realizando incluso perspectivas detalladas del diseño en la habitación de su hotel para convencer a sus colegas completando las lagunas del diseño presentado. (6) Tras participar en el anuncio del resultado, y posar con el resto del jurado admirando la dorada perspectiva interior de Utzon, Saarinen entregó sus propios dibujos del proyecto al Primer Ministro y volvió a Estados Unidos vía Indonesia, India, Roma y Londres en un recorrido turístico.

a refined version of the project to display to the public that had never really seen Utzon's vision for the building, since he hadn't done the mandated perspective of his project for the competition entry. (7) A local architect had been called in the evening to quickly do the perspective that appeared in the newspapers on the day of the announcement. Saarinen himself had already redrawn the overall view to show how it might look, and his drawing was the one displayed during the announcement itself. Already in this desire to help the young architect lies the seeds of the controversy that will simmer, grow, and then explode in the coming years. It is as if the project is thought to be too interesting to be completed by someone so young and too young an idea to actually be built. Immediately after the competition, Saarinen and Martin insisted that Utzon did not have the experience to complete the project they had chosen and suggested that Ove Arup be assigned the engineering task, introducing Utzon to Arup on Saarinen's way back in London, where Arup had himself emigrated to from Copenhagen in the twenties. Martin describes Utzon as "charming," Arup is hired, and a sufficient sense of confidence is established.

Utzon se enteró de que había ganado cuando los periodistas le llamaron para preguntarle cuál había sido su reacción. Se mostró totalmente sorprendido y afirmó que nunca había pensado que ganaría pero que las fotografías del emplazamiento de la obra en Australia le habían hecho soñar con su hogar. El proyecto es básicamente una fantasía doméstica sobre la tierra natal que de manera accidental gana un concurso en el extranjero. Pasaron seis meses desde el concurso antes de que Utzon viajara a Australia por primera vez, llevando consigo la maqueta de una versión refinada del proyecto para mostrarla a un público que en realidad nunca había admirado la visión de Utzon sobre el edificio, ya que éste no había enviado la perspectiva obligatoria de su proyecto para participar en el concurso. (7) La tarde anterior al anuncio se había llamado a un arquitecto local para que apresuradamente dibujara la perspectiva que apareció en los periódicos al día siguiente. El propio Saarinen ya había redibujado una vista general para mostrar cómo sería el edificio, y fue ese dibujo el que se mostró durante el anuncio. Ya en este deseo de ayudar al joven arquitecto está la simiente de la controversia que brotaría, crecería y explotaría en los años siguientes. Era como si se pensara que el proyecto era demasiado

When Utzon finally arrives in Australia with his model in a box after the week-long journey by air from Copenhagen, there was as much discussion of his film-star looks and charm as there was of the project. As if transcending even the attraction of Gary Cooper as Howard Roark, the heroic architect in *The Fountainhead* of 1949, *The Australian Women's*

8 Utzon at Fort Macquarie, Sydney

8 Utzon en Fort Macquarrie, Sydney

interesante para que fuera completado por alguien tan joven y al mismo tiempo se tratara de una idea demasiado joven para que pudiera llegar a realizarse. Inmediatamente después del concurso, Saarinen y Martin insistieron en que Utzon no tenía la experiencia para llevar a cabo el proyecto que ellos habían elegido y sugirieron que se asignara a Ove Arup

Weekly announces that "lanky Jorn Utzon is a young Gary Cooper, only better looking."[8] Throughout the trip a huge smile organizes his face. He proudly stands on the site with Ashford, one relaxed hand in his pocket and the other raised towards where his magic trick will soon occur—telling reporters "this site is even more beautiful than in the photographs from which I worked."[9] (8) The model of the project is set up in the town hall for everyone to visit, and Utzon is photographed looking adoringly and proudly at his new baby. As charming as its architect, the model had shiny gold leaf on the inside of the shells to reflect the light of the water outside and enhance the sense of fluidity and ephemerality in the floating shells. To clarify that it is a hometown project, Utzon announced to the public at the official launch that he is a local architect: "we feel ourselves, when we make this thing, as Australians and as members of a new culture of our time."[10] Three weeks later, he stands on the tarmac in front of the airplane with his arm around his partner Erik Andersson and reassures the country that "eighteen months from now we will be able to put down the foundation stone."[11]

las labores de ingeniería. Utzon es presentado a Arup al regreso de Saarinen a Londres donde Arup había emigrado desde Copenhague en los años veinte. Martin describe a Utzon como "encantador". Se contrata a Arup y se establece de este modo el grado de confianza necesario.

Cuando finalmente Utzon llega a Australia con su maqueta en una caja tras un largo viaje aéreo de una semana desde Copenhague, se habla tanto de su aspecto de estrella de cine y de su encanto como del proyecto. Como si superara incluso el atractivo de Gary Cooper como Howard Roark, el heroico arquitecto de El manantial de 1949, la revista The Australian Women's Weekly anuncia que "el larguirucho Jørn Utzon es un joven Gary Cooper, solo que más atractivo."[8] A lo largo del viaje una enorme sonrisa ordena su rostro. Orgulloso posa en el lugar de la obra con Ashford, una mano relajada en el bolsillo y la otra apuntando hacia donde pronto realizará su truco de magia y declara a los periodistas "este lugar es aún más hermoso que en las fotografías sobre las que trabajé."[9] (8) La maqueta del proyecto se coloca en el ayuntamiento para que todo el mundo pueda verla y se fotografía a Utzon mirando con orgullo y adoración a su nuevo bebé. Tan encantadora como su arquitecto, la maqueta tenía pan de oro

It was on the way back from this first visit to Australia that Utzon finally visited Japan. The experience of the platforms there comes after he had already successfully presented the platform concept as the major idea of the design. He wrote a letter to Ashford in October 1957, informing him that, "on the travel back I have studied a lot in relation to the Opera House and I have had my ideas confirmed as to the shells, the detailing of the glass walls, etc."[12] Going to Japan confirmed the idea that he already had. As always, the architect's journey is not a journey of discovery but of confirmation, a rehearsal or a repetition of something that is already in place.

Six months later, in March 1958, Utzon returned to Australia with the so-called *Red Book*, which opened with a charcoal sketch of the platform and shells followed by a complete series of detailed drawings of the project

9 Cover of the *Red Book*, 1958

9 Portada del *Libro Rojo*, 1958

en el interior de las conchas para reflejar la luz del agua exterior y mejorar la sensación de fluidez y el carácter efímero de las conchas flotantes. Para aclarar que se trataba de un proyecto de su propia ciudad, Utzon comunicó al público en la presentación oficial que él era un arquitecto local: "nos sentimos, al realizar esta obra, como australianos y como miembros de una nueva cultura de nuestro tiempo."[10] Tres semanas después, en la pista, delante del avión, con el brazo en el hombro de su socio Erik Andersson tranquiliza a la nación afirmando "en dieciocho meses podremos colocar la primera piedra."[11]

Es al volver de su primer viaje a Australia cuando finalmente Utzon visita Japón. La experiencia de las plataformas que encuentra allí llega tras haber presentado con éxito el concepto de plataforma como la idea

that would act as the basis for signing the contract for the design. (9)
The *Red Book* included photographs of the first model that had been created
after the competitions, but the shells were already changing as Arup and
Utzon were unable to get the curved geometry to work. Even the platform
was problematic. This began five years of torment as they tried to make
the design work. The first problem was that the peninsula was not really a
peninsula but a piece of reclaimed land—an architectural project in itself.
The concrete podium would actually be stronger than the land on which it
stands—as if Australia is actually hanging underneath the podium. (10)
Much of the platform used a folded plate working as a kind of wide-span
bridge, and the shells could not exert too much force on even the strongest

10 Construction of podium on Bennelong Point, Sydney

10 Construcción del podio en Bennelong Point, Sydney

principal de su diseño. En una carta dirigida a Ashford en octubre de 1957
escribe "en mi viaje de vuelta he estudiado mucho todo lo relativo a la Opera
House y he confirmado mis ideas en cuanto a las conchas, los detalles de los
muros acristalados, etc."[12] El viaje a Japón confirma la idea que él ya tenía.
Como siempre, el viaje del arquitecto no es un viaje de descubrimiento sino
de confirmación, un recuerdo o repetición de algo que ya existe.

Seis meses después, en marzo de 1958, Utzon regresó a Australia
con el denominado Libro Rojo, que comenzaba con un boceto a carboncillo
de la plataforma y las conchas seguido por una serie de dibujos detallados
sobre el proyecto que eran la base para la firma del contrato del mismo. (9)
El Libro Rojo incluía fotografías de la primera maqueta creada tras el

columns in the strongest part of the platform. In yet another twist, the heaviest forces were actually being generated by the image of lightness.

Utzon was canny in remaining ambiguous regarding the nature of the shells while they were trying to figure out a solution. In April '58, after a year of work, the architect and engineer had finally figured out what the platform would be, though they still did not know what shape the shells would have. Maintaining the rhythm of six months between visits, Utzon came back to Sydney in November of '58 and on the way back visited China and again wrote to the client reporting that "everything I have experienced in China confirms that what we are doing is okay." Utzon notes that China had innumerable beautiful staircases and floating roofs. Once again, a journey to retroactively confirm that the concept is good. This had anyway already been true of even the first visit to Mexico in 1949, as Utzon had started doing platform projects some five years earlier. Travel is the effect of a project rather than its generator.

This continuous retroactive confirmation organizes the international reception of the Opera House project. When the charcoal sketch from

concurso, pero las conchas estaban siendo modificadas, ya que Arup y Utzon no lograban que la geometría de curvas funcionara. Incluso la plataforma resultaba problemática. Así comenzaron cinco años de tormento en los que intentaron hacer que el diseño funcionara. El primer problema fue que la península no era realmente una península sino una porción de tierra ganada al mar; un proyecto arquitectónico en sí mismo. El podio de hormigón sería más pesado que la tierra que debía sustentarlo- como si Australia estuviera colgando por debajo de dicho podio. (10) Gran parte de la plataforma utilizaba una placa plegada que funcionaba como una especie de ancho puente y las conchas no podían ejercer demasiada presión, ni siquiera en las columnas más fuertes de la parte más robusta de la plataforma. En una vuelta de tuerca más, las cargas más pesadas eran generadas precisamente por la imagen de la ligereza.

Utzon tuvo la astucia de mantener la ambigüedad con respecto a la naturaleza de las conchas mientras buscaban una solución. En abril del 58, tras un año de trabajo, el arquitecto y el ingeniero habían resuelto cómo sería la plataforma aunque todavía no sabían qué forma iban a tener las conchas. Manteniendo un intervalo de seis meses entre cada visita, Utzon

the *Red Book* was published in *Zodiac* #5, it was described as "the first sketch" and "the first idea," even if it was not done till a year after the competition, and the text notes that "Utzon has found affirmation of his unconventional conception of architecture in foreign cities among peoples and tribes who are forced to exploit the terrain and the utmost, for instance in the remotest desert and mountain regions of North Africa, Mexico and Asia."[13] (11) Likewise, when the cloud sketches are done fully five years after the competition, to be published in *Zodiac* #10 as the culmination of the architect's journey, they take over the role of the first sketch in the imagination of the critics and become famous as the origin of the project. *Zodiac* magazine played a key role in the mythology of the architect's journey, and the idea of the project tied into that journey. The Italian journal

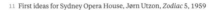

11 First ideas for Sydney Opera House, Jørn Utzon, *Zodiac* 5, 1959

11 Primeras ideas para la Ópera de Sydney, Jørn Utzon, *Zodiac* 5, 1959

volvió a Sydney en noviembre del 58 y en su viaje de vuelta visitó China y de nuevo escribió a su cliente afirmando "todo lo que he experimentado en China confirma que lo que estamos haciendo es correcto." Utzon observa en China gran cantidad de hermosas escaleras y tejados flotantes. Una vez más, un viaje confirma de manera retroactiva que la idea es buena, lo cual, en realidad, ya había sucedido en su primera visita a México en 1949, ya que Utzon había comenzado a realizar proyectos de plataformas unos cinco años antes. El viaje es el efecto de un proyecto más que su generador.

Esta continua confirmación retroactiva rige también la manera en que el proyecto de la Opera House es recibido internacionalmente. Cuando se publica en el número 5 de la revista *Zodiac* el boceto en carboncillo del Libro Rojo, se describe como el "primer boceto" y la "primera idea", aunque no fue realizado hasta un año después del concurso, y el texto

acted as the kind of therapeutic vehicle where Utzon would report on the progress of the project every three years. The first report came in issue five in 1959, the platforms essay came in issue ten in 1962, and all the elements that would occupy the space between the shells and the podium appeared in issue fourteen of 1965. Each of these reports gets exponentially longer, going from a few pages to a whole issue devoted to Utzon, with each report distorting the timeline in order disguise the turmoil in the process with a controlled image of the steady unfolding of a single idea.

Utzon repeats this maneuver by which a project in continuous crisis, with every element extremely problematic, is presented as a single design with each earlier step retroactively legitimized by new images that purport to have come at the beginning. It is not by chance that Utzon does new sketches and publishes the first progress report exactly at the moment that the construction of the podium finally begins, even if the geometry of the shells was still unclear. Likewise, it was not by chance that he does the next report when the shells were resolved. It was only in September of '61 after five

apunta que "Utzon había encontrado afirmación de su poco convencional concepción de la arquitectura en distintas ciudades extranjeras, entre gentes y tribus que se ven obligadas a explotar el terreno al máximo, por ejemplo en los más remotos desiertos y regiones montañosas del Norte de África, México y Asia."[13] (11) De la misma manera, cuando se completan los bocetos de las nubes cinco años después del concurso para su publicación en el número 10 de *Zodiac* como la culminación del viaje del arquitecto, adoptan el carácter de primer boceto en la imaginación de los críticos y se hacen famosos como origen del proyecto. La revista *Zodiac* tuvo un papel clave en la mitología del viaje del arquitecto y en la idea del proyecto ligado a dicho viaje. La publicación italiana actuó como una especie de vehículo terapéutico en el que Utzon informaba del progreso cada tres años. El primer informe llegó en el número 5 en 1959, el ensayo sobre las plataformas en el número 10 de 1962 y todos los elementos que ocuparían el espacio entre las conchas y el podio aparecen en el número 14 de 1965. Cada uno de estos informes crece exponencialmente, pasando de unas pocas páginas a un número totalmente dedicado a Utzon, y distorsionando la secuencia temporal con el fin

years of failure and twelve different geometries, that Utzon has the insight that the shells can be organized on the slicing of a perfect sphere. The details for this solution were quickly resolved in a few months, and Utzon returned to Sydney in March 62, with the so-called *Yellow Book* in which the revised design is detailed. For all of his charm, there had been a huge amount of stress throughout, and the relief can be read on his face. The smile returns, as if his idea is so good it is not even worth his while to discuss its obvious brilliance. He presents the concept in a set of television programs in which the whole thing is made to seem simple, even inevitable. (12) Again, the sense of a magic trick, with the hands of the architect producing the miraculous innovation. Even the architect's more casual clothes mark the new

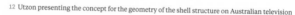

12 Utzon presenting the concept for the geometry of the shell structure on Australian television

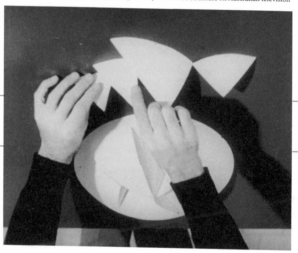

12 Utzon presentando el concepto para la geometría de la estructura de las conchas en la televisión australiana

de ocultar la confusión del proceso, dando una imagen controlada del desarrollo fluido de una única idea.

Utzon repite esta maniobra mediante la cual, un proyecto en continua crisis, en el que todos los elementos resultan extremadamente problemáticos, se presenta como un diseño único en el que cada paso anterior se legitima de manera retroactiva por medio de nuevas imágenes que quieren hacernos creer que estaban ahí desde el principio. No es casualidad que Utzon realice nuevos bocetos y publique el primer informe del progreso exactamente en el mismo momento en el que, por fin, da comienzo la construcción del podio, aunque la geometría de las conchas siga siendo confusa. Del mismo modo que no es casualidad

comfort with the revised model. The liberation of the geometry allows for much more relaxed evolution. With this more calm confidence, everything becomes a photo opportunity as he stands in front of the drawings of this new geometry. It is on returning from this triumph that he does more films explaining the concept and produces his next report for *Zodiac*, publishing the key polemical text on the platforms. A smooth image of progress is projected at the very moment that fragments of the platform are flying into the harbor, as the original massive columns within the platforms that will support the shells are literally being dynamited so they could be enlarged further to receive the new design.

In a sense, the struggle to find the right shape for the shells, which famously required the first sustained serious use of computers in architecture, did confirm the strength of the original design concept. In the *Yellow Book*, Ove Arup presented all the options that had been tested in a single drawing, producing the sense of evolutionary development of an organism, like successive frames in an animation, or the moments of some kind of form in the wind—the very effect that Utzon had been seeking. (13)

que redacte su siguiente informe cuando el problema de las conchas ha sido resuelto. No es hasta septiembre del 61, tras cinco años de fracasos y doce formas geométricas distintas, cuando Utzon comprende que las conchas pueden organizarse como porciones de una esfera perfecta. Los detalles de esta solución se resuelven rápidamente en unos pocos meses y Utzon vuelve a Sydney, en marzo del 62, con el denominado Libro Amarillo en el que se detalla el diseño revisado. A pesar de su encanto, ha habido muchísimo estrés durante el proceso y el alivio que siente se lee en su rostro. Vuelve la sonrisa, como si su idea fuera tan buena que ni siquiera mereciera la pena discutir su evidente brillantez. Presenta la idea en una serie de programas de televisión en los que se hace ver que todo es sencillo, incluso inevitable. (12) De nuevo una sensación de truco de magia, con las manos del arquitecto produciendo la milagrosa innovación. Incluso el atuendo más informal del arquitecto parece indicar que se siente más cómodo con la maqueta revisada. La liberación de la geometría permite una evolución mucho más relajada. En este estado más relajado de confianza todos los momentos se convierten en ocasión para una foto mientras posa delante de los dibujos de su nueva geometría. Al regresar

It is at that point, when the final shell design was worked out, that Utzon moves to Australia to work on the design for the interiors and major glass walls during the two years it was supposed to take to build the shells, arriving with his family in March of '63 and setting up his office adjacent to the site where the platform was being finished. He arrives, that is, in the same gap between platform and shells where the eventual visitors to the building are meant to enter and occupy the final building. Once again, Utzon assumed his confident Howard Roark relationship to the massive object that was rising up, posing with his magic hands waving at the rising hulk as he starts to imagine interiors and glass walls with the same fluidity of the overall composition.

The resulting designs would appear in yet another issue of *Zodiac* in 1965, with yet another repetition of the story of the primal architect's journey. The special issue of the magazine opens with a text by the official historian of modern architecture, Sigfried Gideon—a text that will gain a massive audience two years later when it is added to the end of a new edition of *Space, Time and Architecture*—that begins with images of Yucatan

de este triunfo realiza más filmaciones en las que explica la idea y redacta el siguiente informe para *Zodiac*, publicando su polémico texto clave sobre las plataformas. Se proyecta una apacible imagen de progreso en el mismo momento en que fragmentos de la plataforma vuelan hacia el puerto al ser literalmente dinamitadas las inmensas columnas originales de las plataformas que debían soportar las conchas, con el fin de aumentar su tamaño para recibir al nuevo diseño.

En un sentido, la lucha por encontrar la forma correcta para las conchas, famosa por haber requerido por primera vez la utilización continuada de ordenadores en arquitectura, confirma la fuerza del concepto del diseño original. En el libro amarillo Ove Arup presentó en un único dibujo todas las opciones que se habían probado, produciendo una sensación de desarrollo evolutivo de un organismo, como los fotogramas sucesivos de una animación o como los distintos momentos de una forma en el viento, precisamente el efecto que Utzon había buscado. (13)

Es en este momento, cuando se ha logrado el diseño final de la concha, en el que Utzon se traslada a Australia para trabajar en el diseño de los interiores y de los muros acristalados durante los dos años que

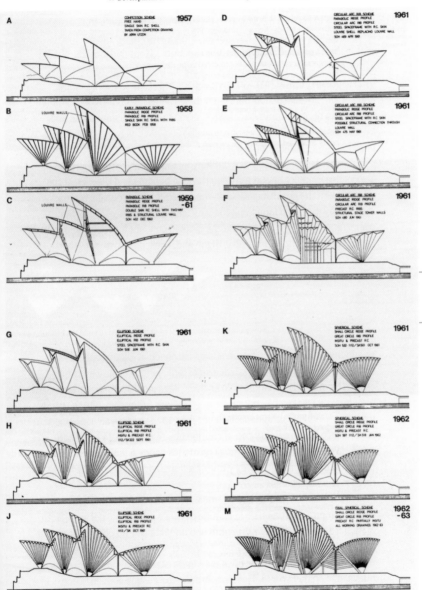

temples and Utzon's sketches from the earlier *Zodiac*, now inaccurately described as the "preliminary" drawings of the project. For Gideon, Utzon represents the arrival a new generation of modern architects that search for "previous architectonic knowledge" through travel, yet Gideon insists that in the Yucatan, Utzon "recognized something that had long slumbered within him: wide horizontal planes as a constituent element of architectural expression," and that with subsequent trips to China, India, Nepal and Japan, "strange encounters led remote themes to come close to aims dormant in his own creativity."[14] What Utzon finds in a distant place and time is something already within himself. Yet again, the basic strangeness of all journeys—finding home the further away you travel.

What I am trying to point out here all too quickly is that there is always this intimate circuit between the idea of home and the idea of the journey, with the key discoveries on the road actually occurring before the journey itself and launching the very idea of the journey in the first place. Already in 1947, just after the plateau concept first appeared in their Crystal Palace competition entry, Utzon and a colleague had published

se supone va a durar la construcción de las conchas. Utzon llega con su familia en marzo del 63 y establece su estudio junto a la obra en la que se está terminando la plataforma. Es decir, llega al mismo espacio entre la plataforma y las conchas donde se prevé que los futuros visitantes entren y ocupen el edificio terminado. Una vez más, Utzon asume su confiada relación a lo Howard Roark con el enorme objeto que se está erigiendo, posando mientras mueve sus mágicas manos sobre la mole que se eleva y comienza a imaginar interiores y muros acristalados con la misma fluidez de toda la composición.

Los diseños resultantes aparecerán en otro número de *Zodiac* en 1965 con otra repetición de la historia del viaje primigenio del arquitecto. El número especial de la revista abre con un texto escrito por el historiador oficial de la arquitectura moderna, Sigfried Giedion- texto que obtendría una enorme repercusión dos años más tarde al ser añadido al final de la nueva edición de Espacio, Tiempo y Arquitectura – que comienza con imágenes de los templos de Yucatán y los bocetos ya publicados en *Zodiac*, que erróneamente se describen ahora como dibujos "preliminares" del proyecto. Para Giedion, Utzon representa la llegada de una nueva generación

a manifesto with images of India, the Near East, and China before he ever left Scandinavia.[15] It is as if he rehearsed his later trips in manifesto form, very much influenced by the visit to China by his teachers Kay Fisker and Steen Eiler Rasmussen twenty years earlier and the 1935 book of travel sketches in China by Rasmussen. Utzon constantly read about China and the possibility of travel there, and the kinds of lessons one would learn on such a journey were being endlessly imagined by him. Actual travel is just a confirmation of fantasy or a kind of stamping of an architect's passport in order to present and legitimize this already established circuit.

More precisely still, there is a kind of circuit between local travel and long-distance travel. Symptomatically, Utzon's decision to become an architect comes out of such a circuit. He was the son of a naval architect (literally designing for travel), who had himself been educated in another country (England) and his parents travelled to the Stockholm exhibition in 1930 and returned with a completely transformed attitude, absorbing the logic of modern design by changing their house, clothes, food, and

de arquitectos modernos que busca "conocimientos arquitectónicos previos" a través del viaje, aunque Giedion insiste en que en Yucatán Utzon "reconoció algo que llevaba mucho tiempo dormido en su interior: extensos planos horizontales como un elemento constituyente de la expresión arquitectónica", y que en posteriores viajes a China, India, Nepal y Japón "extraños encuentros propiciaron que temas remotos se acercaran a objetivos que dormían en su propia creatividad."[14] Lo que Utzon encuentra en un lugar y tiempo distantes es algo que ya estaba en él. De nuevo, la extrañeza esencial de todos los viajes, que encuentra el hogar cuanto más lejos se viaja.

Lo que intento señalar aquí de manera apresurada es que hay siempre un circuito íntimo entre la idea de hogar y la idea de viaje, donde los descubrimientos clave del camino realmente ocurren antes del propio viaje y son los que en primer lugar impulsan la idea misma del viaje. Ya en 1947, justo antes de que el concepto de meseta apareciera en el diseño presentado al concurso del Palacio de Cristal, Utzon y un colega habían publicado un manifiesto con imágenes de India, Oriente próximo y China sin que hubiesen viajado nunca fuera de Escandinavia.[15] Es como si ensayara sus viajes posteriores en forma de manifiesto, muy influido por la visita a

habits. Utzon recalls that it was in his encounter with this imported design culture at home that he realized that he would become an architect.

He started his study in the local architectural school in 1937, and in 1942 he left occupied Denmark to go to Sweden for the rest of the war, repeating his parents' journey. In 1945, he visits Aalto, who had been involved in the Stockholm exhibition and wrote about it as a young designer. He worked in Aalto's studio for around six weeks, until the discovery of his wife's pregnancy led them to return home. A year after the 1947 manifesto, Utzon traveled to Paris but recalls that the interesting part of that journey was not visiting Le Corbusier, Ferdinand Léger, and others, but going on to Morocco. He increasingly widened the range and historical distance of his journeys, as if to catch up with the images he had already constructed in his writing. In 1949 he got a scholarship to the United States and used that as an excuse to get to Mexico, where he encounters the ancient temple sites that will be used to retroactively explain the opera house project that will finally enable him to complete the journey to the places like China, which he had already read about and written about more than a decade earlier. It is the design that generates

China de sus profesores Fisker y Rasmussen veinte años antes y por el libro de bocetos de dicho viaje, que Rasmussen publicó en 1935. Utzon leía constantemente sobre China e imaginaba una y otra vez la posibilidad de viajar allí y las lecciones que podría aprender en dicho viaje. El viaje real es sólo la confirmación de la fantasía o una especie de sello en el pasaporte del arquitecto con el fin de presentar y legitimizar su ya establecido circuito.

De manera aún más precisa, hay una especie de circuito entre el viaje local y el viaje de larga distancia. Es sintomático que la decisión de Utzon de convertirse en arquitecto surgiera de dicho circuito. Era hijo de un arquitecto naval (que diseña literalmente para el viaje) educado en otro país (Inglaterra) y cuyos padres viajaron a la exposición de Estocolmo de 1930 y regresaron con una actitud totalmente transformada. Absorbieron la lógica del diseño moderno y cambiaron su casa, atuendo, comida y hábitos. Utzon recuerda que fue este encuentro con esa cultura de diseño importada el que le hizo decidir que se convertiría en arquitecto. Comenzó sus estudios en la escuela local de arquitectura en 1937 y en 1942 abandonó la Dinamarca ocupada y se trasladó a Suecia para el resto de la guerra, repitiendo el viaje de sus padres. En 1945 visita a Aalto, que había participado en la

the movement rather than the other way around. Travel comes out of design more than design comes out of travel.

With the final and largest report for *Zodiac*, Utzon takes the interest in movement, wind, and travel to an even higher level, associating the undulating shape of the glass walls that will negotiate the gap between shell and platform with the rhythmic moment of a seagull's wings. The cover image superimposes the proposed glazing system on the image of a seagull in flight that Utzon found in a book about Antarctica. (14) Images of the rippling of the water by the wind in the uninhabited terrain of Antarctica are called in alongside ancient Mexico, China, Japan, Greece, and the Middle East to localize the opera house. Utzon even identifies himself with the flying seagull, appearing on the frontispiece of the issue in an elaborate multi-exposure photograph, looking directly at us while flapping his hands in an echo of the flapping wings of the bird on the cover. (15) But his famous smile has gone. His role has constantly been challenged, and the phase of designing the interiors and glass walls had turned out to be the most tormented of all, breaking the trust in all the partnerships, and prompting

exposición de Estocolmo y escribe sobre ello como joven diseñador. Trabaja en el estudio de Aalto durante unos seis meses hasta que el descubrimiento de que su esposa está embarazada les hace regresar a casa. Un año después del manifiesto de 1947, Utzon viaja a Paris pero recuerda que lo más interesante de su viaje no fueron las vistas a Le Corbusier, Léger y otros sino su estancia en Marruecos. Amplía cada vez más el ámbito y la distancia histórica de sus viajes, como si tuviera que alcanzar las imágenes que ya había construido en sus escritos. En 1949 consigue una beca en Estados Unidos y la utiliza como excusa para ir a México donde conoce las ruinas de los antiguos templos que se usarán retrospectivamente como explicación del proyecto de la Opera House que, finalmente, le permitirá completar su viaje a lugares como China, sobre los que había leído y escrito más de una década antes. Es el diseño el que genera el movimiento y no al revés. El viaje surge del diseño más que el diseño del viaje.

Con el último y más extenso informe para *Zodiac*, Utzon lleva su interés por el movimiento, el viento y el viaje a un nivel superior, asociando la forma ondulada de los muros acristalados que ordenarán el espacio entre concha y plataforma con el rítmico movimiento de las alas de las gaviotas. La imagen de la cubierta superpone el acristalamiento diseñado a la imagen de una

Utzon to hand in his resignation just a few months later in February 1966. The building will be completed another decade later without any of the interiors, glazing, corridors, etc., so thoroughly documented in *Zodiac* 14 as the final consequences of Utzon's journeys of self discovery.

Again it is symptomatic that when Utzon promptly leaves Australia with his family, he doesn't go directly home. He goes to Hawaii and from there to Mexico to revisit the same Mayan sites he had first visited in 1949, as if bringing the whole process full-circle. He sends a postcard of one of the temples to his Australian assistant saying, "went to Yucatan, the ruins are wonderful, so why worry? Sydney Opera house becomes a ruin one day."[16] He wrote another letter to Sigfried Giedion saying that he would use the ideas he developed in Sydney in other projects. The return home would be as productive as the departure from it.

Utzon would complete a small set of highly celebrated buildings, with much of the opera house logic developed in radically different sites. He won every honor in our field, but remained profoundly disconnected from the opera house that he was most famously associated with but

gaviota en vuelo que Utzon encuentra en un libro sobre la Antártida. (14) Imágenes de la ondulación del agua por el viento en una zona deshabitada de la Antártida se unen a imágenes del antiguo México, China, Japón, Grecia y Oriente Próximo para situar la Opera House. Utzon incluso se identifica con la gaviota voladora y aparece en el frontispicio del número en una elaborada exposición múltiple, mirándonos directamente mientras mueve las manos en una evocación del aleteo del pájaro que aparece en la portada. (15) Pero su famosa sonrisa ha desaparecido. Su papel se ha cuestionado permanentemente y la fase de diseño de los interiores y de los muros acristalados ha resultado ser la más tormentosa de todas, acabando con la confianza en todos sus socios. Utzon presentará su dimisión unos meses más tarde en febrero de 1966. El edificio se terminará una década más tarde sin ninguno de los interiores, acristalamiento, pasillos, etc., tan exhaustivamente documentados en *Zodiac* 14 como consecuencia final de los viajes de autodescubrimiento de Utzon.

De nuevo es significativo que cuando Utzon abandona Australia con su familia no regresa directamente a casa. Viaja a Hawai y de allí a México donde revisita los mismos yacimientos mayas que había visitado en 1949,

would never visit. Only in 1999, "too old to travel," did he agree to provide guidelines for the building's future development and in 2000 published one more account of the project that again starts with the retroactive sketches, passing yet again through travel photographs, drawings, and models but for the first time concluding with images of the completed building, as if finally completing the original narrative. He again describes

14 Cover of *Zodiac* 14, 1965

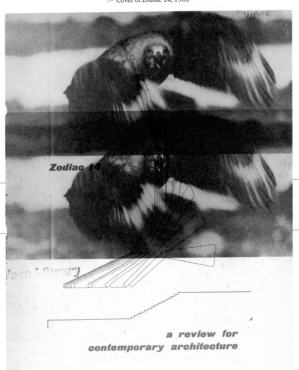

14 Portada de *Zodiac* 14, 1965

como si todo el proceso volviera a donde empezó. En una postal de uno de los templos enviada a su ayudante australiano escribe "he estado en Yucatán, las ruinas son maravillosas, así que ¿para qué preocuparse? La Opera House de Sydney será algún día una ruina."[16] En otra carta dirigida a Sigfried Giedion afirma que utilizará las ideas desarrolladas en Sydney en otros proyectos. El regreso a casa será tan productivo como la partida.

inspiration in "an early visit to the Yucatan Peninsula in Mexico" where the view of the surrounding landscape from the platforms above the tree line produced "a feeling of liberation from daily life."[17] Once again architecture is seen to have the magical capacity to detach the viewer from the everyday environment by simply making the environment visible, and thereby turning it into something more than what it was. Nature is transformed

15 Page from Sigfried Giedion's "Jørn Utzon and the Third Generation," *Zodiac* 14, 1965

S. GIEDION   JÖRN UTZON AND THE THIRD GENERATION

A NEW CHAPTER OF «SPACE, TIME AND ARCHITECTURE»

15 Página de Sigfried Giedion, "Jørn Utzon and the Third Generation"
(Jørn Utzon y la Tercera Generación), *Zodiac* 14, 1965

Utzon completará una pequeña serie de edificios muy aclamados, y desarrollará gran parte de la lógica de la Opera House en lugares totalmente diferentes. Utzon consiguió todos los honores de nuestra disciplina pero permaneció totalmente desconectado de la Opera House, obra por la que es más conocido pero que nunca llegó a visitar. Únicamente en 1999, "demasiado viejo para viajar" accedió a proporcionar una serie de indicaciones para el futuro desarrollo del edificio y en el año 2000 publicó una

into something better than nature. Utzon proudly quotes Louis Kahn's observation of the opera house: "The sun did not know how beautiful it was, until reflecting off the building." This restates the promise made by every architect that a foreign object grafted into the existing environment allows the environment to become more like itself than itself—that the architect's journey, and therefore architecture itself, is such a profoundly strange thing.

After all this talk of travel, Utzon would become increasingly reclusive, retreating more and more to his house on the cliff face of an isolated part of the island of Majorca, and from there to a second, even more withdrawn house up a mountain valley on the island. Which returns our circuit today to—Spain, and Navarra precisely—because the crucial breakthrough in developing the spherical geometry of the opera house in 1962 was made possible by the arrival in Utzon's office of young Rafael Moneo from Navarra, who had graduated in Madrid the year before, arrived uninvited at the doorstep of the office, was accepted, and worked on the geometry of the shells for two years. Rafael's expertise in descriptive

versión más del proyecto, que de nuevo comienza con los bocetos retro-activos, pasando por fotografías de viajes, dibujos y maquetas, pero, por primera vez, concluye con imágenes del edificio terminado, como si finalmente se completara la narración original. Una vez más describe su inspiración a partir de "una visita a la península de Yucatán en México" donde la vista del paisaje circundante desde las plataformas sobre la línea de los árboles le produjo "un sentimiento de liberación de la vida diaria."[17] De nuevo se considera que la arquitectura posee la capacidad mágica de distanciar al observador del entorno cotidiano simplemente haciendo visible el entorno y convirtiéndolo de este modo en algo más de lo que era antes. La naturaleza es transformada en algo mejor que la naturaleza. Utzon cita orgulloso el comentario de Louis Kahn sobre la Opera House "el sol no sabía que era tan hermoso hasta que se reflejó en el edificio." Esto reafirma la promesa hecha por todo arquitecto de que un objeto extraño injertado en el entorno existente permite al entorno ser más él mismo de lo que era- de que el viaje del arquitecto y por tanto la arquitectura misma, es algo profundamente extraño.

Tras todo este discurso sobre el viaje, Utzon fue cada vez más dado a recluirse, retirándose a su casa sobre los acantilados en una aislada zona

geometry is seen as the reason that Utzon was able to solve the puzzle. After working with Utzon, Moneo went back to Madrid, but before doing so, he traveled around the Scandinavian countries, rehearsing the first journey Utzon himself had made and going to meet Aalto in a kind of symbolic repetition of Utzon's contact. Perhaps it is not by accident that this same architect, now a senior statesman in the international field, has recently has completed such a strong building at Columbia University, filling the last gap in the original McKim campus design. The project addresses the most specific local problem, inserting itself literally on top of the not-very-elegant project of an earlier visitor, James Stirling. Something foreign is now overlaid on another foreign import to finally produce the sense of the local. An aluminum building unlike any of those around it becomes the most intense affirmation of local and historical identity. The strange logic of the architect's journey continues—fortunately.

de Mallorca y de ahí a una casa aún más apartada en un valle montañoso de la isla. Esto hace que nuestro circuito vuelva hoy a España y concretamente a Navarra, ya que el paso definitivo en el desarrollo de la geometría esférica de la Opera House en 1962 se debe a la llegada al estudio de Utzon del joven Rafael Moneo, de Navarra, quien, habiendo terminado la carrera en Madrid un año antes, se presentó en el estudio sin haber sido invitado, fue ceptado y trabajó durante dos años en la geometría de las conchas. Los conocimientos de Rafael sobre geometría descriptiva se consideran la razón de que Utzon fuera capaz de resolver el puzle. Tras trabajar con Utzon, Moneo volvió a Madrid pero antes viajó por los países escandinavos, reviviendo el primer viaje que el propio Utzon había realizado y visitando a Aalto en una especie de repetición simbólica de la visita de Utzon. Tal vez no sea accidental que este mismo arquitecto, reconocido hoy como una autoridad internacional, haya finalizado recientemente un edificio tan robusto aquí en la Universidad de Columbia, llenando el último espacio en el diseño original del campus de McKim. El proyecto da respuesta al problema local más específico, insertándose literalmente sobre el proyecto no muy elegante de un visitante anterior, James Stirling. Algo externo se superpone ahora a otro

1 Jørn Utzon, "Platforms and Plateaus: Ideas of a Danish Architect," *Zodiac* 10 (1962).

2 Ibid., 114.

3 Ibid., 114.

4 Ibid., 116.

5 Jørn Utzon, 'Om Stockholm-universitetet,' *Arkitekten* 15 (1961): 290. Cited in Michael Asgaard Andersen, "Embedded Emancipation: the Field of Utzon's Platforms," *Fabrications*, 15, no. 1, (July 2005).

6 Cited in Sigfried Giedion, "Jørn Utzon and the Third Generation," *Zodiac* 14 (1965).

7 Explanatory text on the site plan in the original competition entry.

8 Ronald McKie, "Opera House Designers Come Out of their Shell," The Australian Women's Weekly, (14 August 1957), 13.

9 Peter Murray, *The Saga of the Sydney Opera House: The Dramatic Story of the Design and Construction of the Icon of Modern Australia* (London: Routledge, 2003).

10 Sound clip from public launch in 1957, in *The Edge of the Possible: Jørn Utzon and the Sydney Opera House, directed by Daryl Dellora: Films for the Humanities & Sciences 2003, DVD.*

11 Ibid.

12 Francoise Fromont, *Jørn Utzon: The Sydney Opera House* (Corte Madera: Ginko Press, 1998), 49.

13 Keld Helmer-Petersen, "A New Personality: Jørn Utzon," *Zodiac* 5 (1959): 70-71.

objeto importado para producir finalmente una sensación de local. Un edificio de aluminio, distinto a todos los que le rodean, se convierte en la más intensa afirmación de la identidad local e histórica. La extraña lógica de los viajes del arquitecto continua- afortunadamente.

1 Jørn Utzon, "Platforms and Plateaus: Ideas of a Danish Architect," (Plataformas y Mesetas: Ideas de un Arquitecto Danés) *Zodiac* n°. 10, 1962.

2 Ibid., 114.

3 Ibid., 114.

4 Ibid., 116.

5 Jørn Utzon, 'Om Stockholm-universitetet,' *Arkitekten*, 15 (1961): 290. Citado en Michael Asgaard Andersen, "Embedded Emancipation: the Field of Utzon's Platforms," *Fabrications*, vol. 15, n°. 1, julio 2005.

6 Citado en Sigfried Giedion, "Jørn Utzon and the Third Generation" (Jørn Utzon y la Tercera Generación), *Zodiac* n°. 14, 1965.

7 Texto explicativo sobre el plano de la obra incluido en la documentación original presentada al concurso.

8 Ronald McKie, "Opera House Designers Come Out of their Shell," The Australian Women's Weekly, (14 de agosto de 1957), 13.

9 Peter Murray, *The Saga of the Sydney Opera House: The Dramatic Story of the Design and Construction of the Icon of Modern Australia*, (London: Routledge, 2003).

14 Sigfried Gideon "Jørn Utzon and the Third Generation," *Zodiac* 14 (1965).

15 Jørn Utzon and Tobias Faber, "Tendenser i nutidens arkitektur," Arkitekten, 7-9 (1947).

16 Jørn Utzon, postcard from New York to Bill Wheatland.

17 Sydney Opera House Utzon Design Principles, Jørn Utzon, dated June 4, 2000, accessed April 1, 2010; http://www.sydneyoperahouse.com/.../Content_AboutUs_UtzonDesignPrinciples.pdf.

10 Grabación de la presentación pública de 1957, en *The Edge of the Possible: Jørn Utzon and the Sydney Opera House: Films for the Humanities & Sciences*, de Daryl Dellora (director), (DVD) 2003.11 Ibíd.

12 Francoise Fromont, *Jørn Utzon: The Sydney Opera House* (Ginko Press, 1998), 49.

13 Keld Helmer-Petersen, "A New Personality: Jørn Utzon," *Zodiac* n°. 5, 1959, 70-71.

14 Sigfried Gideon "Jørn Utzon y la Tercera Generación, *Zodiac* n°. 14, 1965.

15 Jørn Utzon and Tobias Faber, "Tendenser i nutidens arkitektur," Arkitekten, 7-9 (1947).

16 Jørn Utzon, postal desde Nueva York dirigida a Bill Wheatland.

17 Jørn Utzon, "The Sydney Opera House," 4 de junio de 2000, en *Sydney Opera House, Utzon Design Principles*, accecido 1 de Abril de 2010; http://www.sydneyoperahouse.com/.../Content_AboutUs_UtzonDesignPrinciples.pdf.

...ndation Le Corbusier (FLC); ...of Avery Architectural and Fine Arts ...olumbia University; 14–15 Courtesy ...a & Louise Lemoine; 23 Courtesy of FLC; ...© Artists Rights Society (ARS) / FLC; 31 © ARS / FLC; 32 © René Burri, Magnum; 33 © ARS / FLC; 35 Courtesy FLC; 37–38 Courtesy FLC; 39 © René Burri, Magnum; 40 photograph Barry Lewis, courtesy Alvin Boyarsky Archive, London; 41 Courtesy of Architectural Association, London; 53–60 Courtesy of Kenneth Frampton; 68–69 Courtesy of Alvin Boyarsky Archive, London; 82–85 Forum Magazine; 108–128 © Carlos Labarta and Pablo de la Cal; 138–158 © ARS / FLC; 159 Courtesy FLC; 164 © ARS / FLC; 174 –177 © Hector García-Diego; 179 © Flemming Bø Anderson; 191 Fundación Lorca; 195 Collection of Sue Ann Kahn; 196–197 Courtesy of Avery Architectural and Fine Arts Library; 200, 203 Courtesy

D. César Ortiz-Echagüe Archive, University of Navarra; 221 © *Zodiac*; 226 © Gordon Short, Fairfaxphotos.com; 227 GPO Collection, State Library of New South Wales; 228 Eero Saarinen collection, Manuscripts & Archives, Yale University; 229 © Don McPhedron, APA Collection, State Library of New South Wales; 231 © Noel Herfort, Fairfaxphotos.com; 233 courtesy State Library of New South Wales; 234 courtesy the Mitchell Collection, State Library of New South Wales; 236–237 © Powerhouse Museum Collection; 238 courtesy the Mitchell Collection, State Library of New South Wales; 241 © ARUP; 247–248 © *Zodiac*

The publisher has endeavored to identify the rights holders for every image in the current volume. Any oversights will be corrected in future editions.

Créditos de las imágenes

9 Cortesía de Fondation Le Corbusier (FLC); 11 Cortesía de Avery Architectural and Fine Arts Library, Columbia University; 14–15 Cortesía Ila Bêka & Louise Lemoine; 23 Cortesía de FLC; 25 © Artists Rights Society (ARS) / FLC; 31 © ARS / FLC; 32 © René Burri, Magnum; 33 © ARS / FLC; 35 Cortesía FLC; 37–38 Cortesía FLC; 39 © René Burri, Magnum; 40 fotógrafo Barry Lewis, Cortesía Alvin Boyarsky Archive, London; 41 Cortesía de Architectural Association, London; 53–60 Cortesía de Kenneth Frampton; 68–69 Cortesía de Alvin Boyarsky Archive, London; 82–85 Forum Magazine; 108–128 © Carlos Labarta and Pablo de la Cal; 138–158 © ARS / FLC; 159 Cortesía FLC; 164 © ARS / FLC; 174–177 © Hector García-Diego; 179 © Flemming Bø Anderson; 191 Fundación Lorca; 195 Colección de Sue Ann Kahn; 196–197 Cortesía de Avery Architectural and Fine Arts Library; 200, 203 Cortesía D. César Ortiz-Echagüe

Archive, University de Navarra; 221 © *Zodiac*; 226 © Gordon Short, Fairfaxphotos.com; 227 GPO Colleción , State Library of New South Wales; 228 Eero Saarinen Collection , Manuscripts & Archives, Yale University; 229 © Don McPhedron, APA Collection , State Library of New South Wales; 231 © Noel Herfort, Fairfaxphotos.com; 233 Cortesía State Library of New South Wales; 234 Cortesía the Mitchell Collection, State Library of New South Wales; 236–237 © Powerhouse Museum Collection; 238 Cortesía the Mitchell Collection, State Library of New South Wales; 241 © ARUP; 247–248 © *Zodiac*

El editor se ha esforzado en identificar a los propietarios de los derechos de las imágenes contenidas en el presente volumen. Cualquier descuido u omisión será corregido en futuras ediciones.

Acknowledgments

The making of *Architects' Journeys* would not
have been possible without the help of many
people. In particular, the editors would like to
thank Rubén Alcolea, Nicholas Boyarsky, Carole
Ann Fabian, Carlos Labarta, Adam Michaels,
Janet Parks, Galia Solomonoff, Irene Sunwoo,
Kim Sutherland, Thomas Weaver, and
Mark Wigley.

This book emerged out of the workshop
Architects' Journeys held on November 13th,
2009, at the Graduate School of Architecture,
Planning, and Preservation, Columbia University
as a preliminary event for the seventh
International Congress "The History of Modern
Spanish Architecture", which took place at the
School of Architecture of the University
of Navarra in May 2010.

Reconocimientos

La realización de *Los Viajes de los Arquitectos*
no hubiese sido posible sin la ayuda de mucha
gente. En particular, los editores quieren
agradecer a Rubén Alcolea, Nicholas Boyarsky,
Carole Ann Fabian, Carlos Labarta, Adam
Michaels, Janet Parks, Galia Solomonoff, Kim
Sutherland, Irene Sunwoo, Thomas Weaver
y Mark Wigley.

El presente libro surgió del taller Viajes de
Arquitectos, llevado a cabo el 13 de noviembre
2009 en la Graduate School of Architecture,
Planning, and Preservation, Columbia University.
El taller fue un evento preliminar del séptimo
Congreso Internacional, "La Historia de la
Arquitectura Moderna Española," presentado
en la Escuela de Arquitectura de la Universidad
de Navarra en mayo 2010.

Graphic Design: Project Projects, New York
Proofreader: Dan Berchenko
Printed in GraphyCems, Spain

...raduate School of
...ning, and Preservation
...ersity / 1172 Amsterdam Ave.
, Hall / New York, NY 10027
..: website at
..;.arch.columbia.edu/publications

© of the Trustees of Columbia University
in the City of New York and
Universidad de Navarra, 2011
All rights reserved
First Edition
Produced through the Office of the Dean,
Mark Wigley and the Office of Print Publications.

No part of this book may be used or reproduced
in any manner without the written permission of
the publisher, except in the context of reviews.

Library of Congress
Cataloging-in-Publication Data
Architects' Journeys: building, travelling, thinking
Los Viajes de los Arquitectos: construir, viajar,
pensar. —1st ed.
    p. cm.
    Text in English and Spanish.
    Includes bibliographical references.
    ISBN 978-1-883584-66-5
1. Architects—Travel—Congresses.
2. Architecture, Modern—20th century—
Congresses. I. Columbia University. Graduate
School of Architecture, Planning, and
Preservation. II. Title: Viajes de los arquitectos.
    NA680.A6837 2011
    724'.6—dc22
                                          2011012126

Publicado por
T6) Ediciones
Escuela de Arquitectura
Universidad de Navarra
Campus Universitario s/n
E31080 Pamplona, Spain
Visítanos en la página web
www.unav.es/arquitectura/publicaciones

© of the Trustees of Columbia University
in the City of New York and
Universidad de Navarra, 2011
Todos los derechos reservados
Primera Edición
Producido a través de la Office of the Dean,
Mark Wigley y la Office of Publications.

Ninguna parte de este libro puede ser
reproducida en cualquier forma sin el
permiso escrito de la editorial, excepto
en el contexto de las reseñas.

Diseño grafico: Project Projects, New York
Corrector de prueba: Dan Berchenko
Impreso en GraphyCems, España